수요일 이후에도 기억나는 설교

이야기식 설교(Storytelling Preaching) 유형과 그 실제

김연수 지음

수요일 이후에도 기억나는 설교
이야기식 설교(Storytelling Preaching) 유형과 그 실제

발행일 2025년 8월 20일
발행처 도서출판 사무엘
등록 제972127호 (2020.10.16.)
주소 안양시 동안구 관악대로 282 고려빌딩 3층

김연수 지음

ISBN : 979-11-986697-6-6 (93230)
값 15,000원

Copyright ⓒ 2025 김연수
이 책은 저작권법에 따라 보호받는 저작물입니다.
저자의 허락 없이 무단으로 전재, 복제하는 것을 금지합니다.
내용 일부를 이용하려면 반드시 저작권자의 서면 동의를 받아야 합니다.

수요일 이후에도 기억나는 설교

이야기식 설교(Storytelling Preaching) 유형과 그 실제

김연수 지음

도서출판 사무엘

일러두기

1. 이 책에서 인용한 한글 성경은 개역개정 제4판과 새번역 성경을 따랐다.
2. 영어 성경은 NIV, KJV, NLT 등을 따랐다.

서문

서문

서로 다른 교회를 다니는 두 절친 여집사가 서로 자기 교회 목사의 설교에 대해 자랑했다. 한 사람이 먼저 말했다. "우리 목사님은 정말 대단하셔. 우리 목사님은 어떤 주제를 택하시든지 그에 대해 한 시간씩 말씀하실 수 있는 분이야!" 그러자 그 이야기를 듣던 친구가 말했다. "얘, 그 정도는 우리 목사님에 비하면 아무것도 아냐. 우리 목사님은 아무 주제 없이도 한 시간씩 말씀하시는 분이야!"

여기에 언급된 두 분의 설교자에 대해 긍정적으로 평가한다면 두 분이 모두 말씀을 잘하시는 분으로 생각된다. 그러나 부정적으로 보자면 한 분은 어떤 주제를 만나든지 지루하게 한 시간씩 말하는 설교자이고, 다른 분은 말을 잘하기는 하는데 정해진 주제나 내용에 대한 논리적인 정리 없이 한 시간씩 장황하게 말을 많이 하는 설교자로 볼 수 있을 것이다.

필자가 스토리텔링 워크숍을 이제는 10년 넘게 진행하면서 여러 교회에서 오신 성도들을 많이 만나게 되었고 그들로부터 종종 그들이 다니는 교회 설교자의 설교에 대해 듣게 되었다. 그리고 상당히 많은 분이 그들 교회 설교자의 설교에 대해 칭찬하는 것을 자주 듣게 되었다. 그들의 칭찬은 "우리 목사님은 설교를 너무 잘하세요. 어떤 본문의 말씀이든지 기가 막히게 잘 쪼개세요." 혹은 "우리 목사님은 강해 설교의 대가 세요. 주일마다 얼마나 은혜가 되는지 몰라요!"와 같은 것들이다.

그럴 때 필자는 보통은 그러느냐고 동조하고 넘어가지만 가끔은 이런 반응을 보이기도 했었다. "집사님이 다니시는 교회 목사님의 설교가 대단한 것 같아요. 정말 감사한 일이에요. 그렇지 않은 교회들도 꽤 있는 것 같아요. 그런데 궁금한 것이 있어요. 혹시 지난주

서문

설교가 어떤 내용이었는지 조금만 소개해 주실 수 있나요?" 필자가 이렇게 질문하면 대부분의 성도는 "그런데 잘 생각은 나지 않아요. 그래도 들을 때에 큰 은혜를 받았어요."

미국의 한 기독교에 관한 통계 회사에서 설교에 대한 설문조사 결과를 발표된 적이 있었다. 그것은 수요일에 그 바로 전주에, 그러니까 3일 전에 들었던 설교의 내용에 대한 설문이었다. 놀랍게도 82%의 사람들이 3일 전에 들었던 설교 내용을 거의 기억하지 못했다. 18%의 사람들이 제목이나 주제, 핵심 내용 등에 대해 기억하고 있었고 그들 중에서 3%의 사람들만이 설교의 흐름이나 내용의 골격을 제대로 기억하고 있었다. 그런데 놀랍게도 그 같은 응답자들의 80%의 사람들이 설교자가 사용했던 예화나 재미있는 이야기는 다 기억하고 있었다는 점이다.

우리가 모두 인정하듯이, 설교의 중요한 목적 중의 하나는 하나님의 말씀을 청중에게 잘 전달하는 것이다. 그런 점에서 설교자에게는 하나님의 말씀을 잘 준비해서 성도들에게 잘 전달해야 하는 중요한 사명이 주어져 있는 것이다. 그런데 우리가 설교자의 의무에 대해 더 깊이 생각해야 할 것은 그 전해진 하나님의 말씀을 통해 성도들의 삶이 변화되고 성숙해 가야 한다는 점일 것이다. 그리고 그렇게 되기 위해서는 무엇보다도 전해진 말씀이 청중에게 되도록 오래 기억되어 그 기억된 말씀 때문에, 그 말씀의 계속되는 도전 때문에 그들의 삶이 조금씩 바뀌어 가야 한다는 것이다.

이야기의 가장 주요한 장점 중의 하나는 역시 이야기를 듣게 되면 그것이 오래 기억에 남는다는 것이다. 심리학자인 제롬 브루너(Jerome Bruner)는 일반적인 통계나 숫자나 논리적인 정보보다 이야기 형태로 전달된 정보는 사람의 기억에 20배 이상 오래 남는다고 주장했으며, 다른 심리학자인 페그 노이하우저(Peg Neuhauser)는 잘 다듬어진 이야기는 그것을 들은 사람으로 하여금 사실의 나열이나 도표보다 훨씬 더 정확하게 오랫동안 기억하게 만든다고 말했다. 그런 점에서 예수님께서 이야기나 비유를 사용하심으로 그 당시 청중에게 전해진 말씀이나 그 안에 담긴 메시지가 청중에게 오랫동안 기

서문

억되게 하셨던 것도 바로 그 이유 때문이었음을 알 수 있다.

그런가 하면 이야기 형태로 전달된 내용은 인간에게 있는 "거울 신경"(Mirror Neuron)으로 인해 다른 형태로 전달된 정보보다 듣는 사람으로 하여금 훨씬 강한 동조(sympathy)가 일어나게 만들어 간접 체험을 하게 만들며, 감성을 자극하여 결단을 내리게 한다. 이것이 바로 이야기 형태의 의사소통이 갖는 또 다른 장점 중의 하나인 것이다.

그렇다면 우리가 하나님의 말씀을 어떤 방식으로 전해야 할 것인가에 대한 고민을 하지 않을 수 없다. 하나님의 말씀을 잘 분석해서 그 말씀에 담긴 의미와 메시지를 잘 전하는 것은 너무도 중요한 일이다. 그런데 그에 못지않게 중요한 것은 청중이 쉽게 깨달을 수 있고 오랫동안 기억할 수 있으며 그 기억된 말씀 때문에 듣는 사람 본인이 변화되고 더 나아가 그것을 기억하고 있다가 다른 사람에게 쉽게 전달할 수 있도록 전하는 것이어야 할 것이다.

이야기식 설교는 분명히 이 부분에서 가장 큰 장점을 가지고 있다. 아마도 그래서 우리가 갖고 있는 성경의 75%의 내용이 이야기 형태로 전달되고 있음을 기억해야 할 것이다. 설교자는 어떻게 하면 청중이 하나님의 말씀에 대해 쉽게 이해할 수 있고 그 말씀을 오랫동안 기억할 수 있으며 그 기억된 말씀을 성령님께서 사용하셔서 그가 그 말씀대로 살게 되므로 변화되고 더 나아가 다른 사람들에게도 쉽게 전달할 수 있도록 전해야 할 것이다.

그런 점에서 우리는 하나님의 말씀을 전달하는 하나의 방식으로서의 이야기식 설교 방법론에 대해 깊이 고려해야만 한다. 이야기식 전달의 강점을 충분히 살릴 수 있는 고민을 다시 새롭게 해야만 하는 것이다.

이 책은 이야기가 갖는 그러한 장점들을 이야기식 설교에 적용하는 것을 보여주는 것에 목적이 있다. 그리고 설교에서 성경 이야기를 어떻게 사용할 수 있는지를 다루게 될 것이다. 또한 거기에서 그치지 않고 필자의 설교 중에서 설교라는 의사소통에서 성경 이야기를 사용하는 10가지 유형에 대한 소개와 그 실제 설교의 예들을

서문

제시하게 될 것이다.

　다만 이것은 설교에 대해 전반적인 것을 다 다루는 책이 아니며, 설교의 다양한 유형을 다 다루지도 않는다. 설교의 여러 유형 중에서 이야기식 설교에 대해서만 주로 다루며, 이야기식 설교 중에서도 필자가 알게 되었고 개발하게 된 10가지 유형만을 다루는 책임을 밝혀둔다. 아무쪼록 이 책을 통해 다양한 배경을 가진 성도들이 하나님의 말씀을 더 쉽게 잘 이해할 수 있고, 들은 말씀을 보다 더 오래 기억함으로 행동의 변화까지 얻게 되고, 성도들의 그러한 변화를 간절히 추구하는 설교자들이 매주 갖는 고민 해결에 작은 보탬이 되길 간절히 염원해 본다.

2025년 8월 20일
목사 김연수

차례

서문   5

제1부 이야기식 설교는 어떤 것이며 어떻게 하는 것인가?   15

01 성경 해석학으로서의 설교학과 다양한 설교 유형   17
1. 해석학으로서의 설교학   19
2. 설교의 다양한 유형   20

02 이야기식 설교   25
1. 이야기 설교를 다루기 전에 알아야 할 것들   27
2. 이야기와 내러티브   29
3. 테일로서의 이야기, 내러티브로서의 이야기, 그리고 일화로서의 이야기   30
4. 이야기식/ 이야기체 설교   31
5. 이야기 설교, 이야기식 설교, 그리고 내러티브 설교   34
6. 이야기식 설교의 기본 유형과 다양한 형태들   35

03 이야기의 특징과 위력   41
1. 이야기의 특징   43
2. 이야기의 위력   49

04 이야기식 설교의 특징 … 53

1. 성경 자체의 이야기 방식을 사용하는 설교 … 55
2. 느끼도록 하는 설교 … 55
3. 사건의 재구성으로서의 설교 … 57
4. 단순한 이야기들의 나열이 아니다. … 57
5. 기억에 오래 남도록 하는 설교 … 58
6. 동기부여까지 인도하는 설교 … 59

05 이야기식 설교를 준비하는 설교자의 성경 읽기 … 61

1. 앞뒤 문맥을 중시하라. … 63
2. 주어진 본문을 한 구절 한 구절 정확하게 읽어야 한다. … 65
3. 기록자/ 성령의 의도를 파악해야 한다. … 66
4. 주어진 본문의 상황(역사적 정황)과 배경(공간적, 시간적)과 환경(지리)을 파악해야 한다. … 67
5. 핵심 사건과 주변 사건을 구별한다. … 69
6. 이야기 구성 요소들에 대해 이해한다. … 69
7. 암시된 의미를 찾는다. … 70
8. 상상력을 활용하라. … 72

06 설교가 일반적으로 지루하게 여겨지는 이유 … 75

1. 설교가 회중의 삶과 연결성이 없기 때문이다. … 77
2. 성경 본문을 깊이 다루지 않기 때문이다. … 78
3. 설교의 내용 구성에 극적인 면이 없기 때문이다. … 81
4. 논문과 같은 긴 설교 혹은 적용도 어려운 교리적인 긴 설교를 하기 때문이다. … 82

07 이야기식 설교의 장단점, 그리고 단점에 대한 보완책 … 85

1. 이야기식 설교의 장점 … 87
2. 이야기식 설교의 단점과 그 보완책 … 89

08 이야기식 설교의 기본 구조 93
1. 내용 95
2. 역동성 96
3. 방향성 96
4. 구성 97
5. 참여성 98

09 이야기식 설교의 다양한 유형 101
1. 유진 로우리(Eugene Lowry)의 이야기 설교 구성 제안 103
2. 웨인 로빈슨(Wayne Robinson)의 설교 구성 제안 110
3. 일인칭 내러티브, 이야기식 설교 준비와 설교 구성 114

10 이야기식 강해(강해식 이야기) 설교 구성 121
1. 강해 설교의 장점들 123
2. 이야기식 강해 설교(강해식 이야기체 설교)의 구성 124

11 이야기식 설교 준비 가이드라인과 훌륭한 설교자의 조건과 노력 127
1. 이야기식 설교 준비의 가이드라인 129
2. 훌륭한 이야기식 설교자의 조건 133
3. 이야기식 설교자의 자기 계발을 위한 노력 137
4. 이야기식 설교에서 성경 본문을 감동 있게 전달하는 방법 140
5. 이야기꾼으로서 설교자 자질들 143
6. 청중과 함께 가는 이야기식 설교자의 설교 여정 가이드 144

12 성경 이야기를 사용하는 10가지 유형의 이야기식 설교 제안 149
1. 이야기 진행식 151
2. 이야기 보류식 152

   3. 이야기 유예식/ 대체식   153
   4. 이야기 전환식   154
   5. 이야기 회귀식   155
   6. 이야기 마무리식   155
   7. 이야기 강해식   156
   8. 이야기 적용식   156
   9. 이야기 대조식   157
   10. 이야기 관점 비교식   158

제2부 이야기식 설교의 실제   159

  1. 이야기 진행식   161
    기적을 바라시나요?(요한복음 2:1-11)
    설교 분석   171

  2. 이야기 보류식   173
    하나님의 쓰임 받음과 신앙적인 성숙(사사기 16:23-31)
    설교 분석   188

  3. 이야기 대체식   191
    심는 대로 거둔다!(갈라디아서 6:1-10)
    설교 분석   199
    이 본문에 대한 일반적인 강해 설교   201
    설교 분석   211

  4. 이야기 전환식   213
    나사로의 부활과 부활 신앙(요한복음 11:20-27)
    설교 분석   226

5. 이야기 회귀식 229
   닫힌 인생을 향한 주님의 초청(마가복음 7:31-37)
   설교 분석 244

6. 이야기 마무리식 247
   향유 옥합을 깨뜨린 여인(마가복음 14:3-9)
   설교 분석 260

7. 이야기 강해식 263
   믿음의 본질(누가복음 17:1-10)
   설교 분석 274

8. 이야기 적용식 277
   왼손잡이 사사 에훗(사사기 3:12-30)
   설교 분석 288

9. 이야기 대조식 291
   사사 기드온의 300 용사와 영화 "300"
   (사사기 7:1-8, 16-23)
   설교 분석 305

10. 이야기 인물 관점 비교식 307
    오병이어 이야기(요한복음 6:1-15)
    설교 분석 317

이야기식 설교 유형별 비교 319

참고문헌 323

제1부
이야기식 설교는
어떤 것이며 어떻게 하는 것인가?

제1부 이야기식 설교는 어떤 것이며 어떻게 하는 것인가?

우리는 기독교에서 오랜 전통과 역사를 가진 설교의 유형이 그렇게 단순하지 않다는 것을 잘 알고 있다. 그리고 한 공동체에 대해 영적으로 책임을 지고 매 주일 설교를 해야 하는 설교자들에게는 설교라는 것이 그렇게 쉽게 넘어갈 수 있는 가벼운 일이 아님도 잘 알고 있다. 그래서 우리는 성도들의 신앙과 신학과 신앙인의 삶에서 설교가 갖는 그 위상과 의미를 다시 한번 짚고 넘어갈 필요를 느낀다.

01
성경 해석학으로서의 설교학과 다양한 설교 유형

01 성경 해석학으로서의 설교학과 다양한 설교 유형

1. 해석학으로서의 설교학

설교는 설교자가 신앙인에게 하나님의 말씀을 전달하는 것으로써 그것 자체가 성경에 대한 해석을 전제로 하는 것이다. 말씀 전달 자체가 설교자의 해석을 기반으로 이뤄지기 때문이다.

　　　그런데 요즘에 와서 설교를 성경 본문에 대한 진정한 해석으로부터 어느 정도 거리가 있어도 되는 것으로 간주하는 경향은 우리를 안타깝게 만들고 있다. 이것은 성경에 대한 학문적인 주해와 하나님의 말씀을 전하는 설교 간의 분열 현상이라고 할 수 있는데 하나님의 말씀을 근간으로 하는 기독교에 치명적인 손상을 일으킬 수 있는 문제라고 볼 수 있을 것이다.

　　　그러한 현상은 설교자들이 본문 연구를 위해 충분한 시간을 사용하지 못하는 것과 직결되어 있다고 할 수 있다. 설교자 자신이 주어진 본문의 연구에 충분한 시간과 노력을 투자하지 않으면서, 깊은 고민 없이 그저 학자들의 주석이나 다른 설교자의 강해서를 사용하는 것에서 그치는 것과도 관련이 있다. 그러나 의식 있는 설교자라면 현대 사회와 그의 청중들이 직면하고 있는 컨텍스트에 대한 감각이 있어야 하고, 청중들의 필요/ 문제 중심적(need/question centered)이면서도 동시에 성경에 제대로 그리고 철저히 뿌리를 내린(biblically based) 설교를 추구해야만 할 것이다. 그러한 설교를 위해서는 청중의 마음을 사로잡을 수 있는 감동과 간접 경험을 하게 만드는 이야기식 설교(Narrative Preaching)에 깊은 관심을 가질 필요를 느끼게 된다. 이에 대해 찰스 캠벨(Charles Campbell)은 "내러티브 설교학이

01 성경 해석학으로서의 설교학과 다양한 설교 유형

다양한 형태들을 취함에도 불구하고 이 영역 안에서 가장 중요한 핵심은 … 예전의 지적인 설교 모델과 달리, 내러티브 설교는 '경험의 단계'(level of experience)에서 청중들의 마음이 감동하는 차원을 추구한다 … 내러티브가 가지고 있는 가치는 청중들이 경험을 얻게 하기 위한 독특한 능력을 갖추고 있다는 점이다."[1]라고 말하고 있다.

2. 설교의 다양한 유형

우리는 복음 전달에 있어서 "오랜 전통을 통해서 세 가지의 특별한 형태 - 대화, 이야기, 시"[2] - 가 사용됐음을 알 수 있다. 이 세 가지 유형은 복음 전달에 있어서 필수 불가결인 것이었다. 우리는 지금도 여전히 이 세 가지 방법의 하나를 사용하고 있다. 그렇다면 복음 의 사소통 방법론 측면에서 설교의 유형들을 생각해 보기로 하자.

설교는 생각보다 훨씬 다양한 유형으로 발전됐다. 그리고 그러한 유형들은 각기 다른 장점과 동시에 약점을 가지고 있는 것이 사실이다. 여기서는 몇 가지 다른 방식으로 그 유형들을 분류해 보도록 하자.

---

1 Charles Campbell, *Preaching Jesus: New Directions for Homiletics in Han Frei's Post-liberal Theology* (Grand Rapids: Eerdmans, 1997), 41.
2 Richard A. Jensen, *Telling the Story: Variety and Imagination in Preaching* (Augsburg Publishing House, 1980), 121-122. 설교는 분명 "복음 의사소통"의 한 형태이지만 일반적으로 설교는 설교자의 독백으로 이뤄지는 경향이 있다. 그러나 그것이 진정한 의미의 의사소통이 되려면 어떤 형태의 대화적인 요소가 삽입되어야만 할 것이다. 그래서 Pieterse는 "설교자가 청중의 질문과 비밀, 필요와 문제를 도입하고 그들에 대한 성경적인 제시함으로, 그리고 청중의 표정과 몸짓 언어에 반응함으로 대화의 요소를 강화해야 한다."라고 주장한다. H.J.C Pieterse, *Communicative Preaching*, 정창균 역. 『설교의 커뮤니케이션』 (수원: 합동신학대학원출판부, 2002, 193). 그런가 하면 일반적인 의사소통에서 Neil Postman과 같은 학자는 "의사소통"을 "포괄적 은유로 보면서 담화뿐 아니라 특정 문화권의 사람들이 서로 메시지를 교환할 수 있는 모든 방법과 기술 체계"로 보고 있다. Neil Postman, 홍윤선 역, 『죽도록 즐기기』(서울: 굿인 포메이션, 2009), 22. 그는 또한 "문화를 꿰뚫어 보는 가장 명확한 방법으로 의사소통 수단을 살펴야 한다."라고 주장한다. Neil Postman, 『죽도록 즐기기』, 25.

01 성경 해석학으로서의 설교학과 다양한 설교 유형

첫째는, 설교에서 본문을 다루는 방식에 따라 그 설교 유형들을 분류할 수 있을 것이다. 이러한 분류에 따른다면 몇 가지 유형들을 생각해 볼 수 있다. 하나는 주제식 설교라고 할 수 있다. 본문에 들어 있는 중요한 주제를 부각하거나 몇 개의 중심 소주제들을 차례로 다루는 방식이다. 여기에는 3대지 설교도 포함될 수 있는데 이러한 유형은 청중을 설득하거나 각성시키거나 그들에게 호소하는 것에 역점을 둔 것으로 볼 수 있다. 이에 대해 Pieterse는 "청중을 설득하고 확신시키기 위해 고안된 것으로 논쟁의 증거에 의해서 설교자의 메시지에서 드러난 관점을 받아들이도록 설득하는 형태의 설교"[3]라고 설명하고 있다.

본문을 다루는 방식에 따른 분류에서 더 생각해 볼 수 있는 유형은 교리(문답) 설교라고 할 수 있다. 이것은 성경의 중요한 교리 체계별로 설교하는 형식으로써 한 본문을 다룬다기보다는 교리의 주제에 맞추어 성경을 인용하는 형식이라고 할 수 있어 넓은 의미에서는 주제식 설교에 속한다고 볼 수 있을 것이다.

본문을 다루는 방식에서 다른 유형은 본문 강해 설교 형태라고 할 수 있을 것이다. 본문의 흐름을 그대로 인정하면서 그 안에 들어 있는 내용에 대해 역사적, 문화적, 문학적 의미들을 찾아내어 전달하는 방식이다. 로빈슨(Robinson)은 이러한 설교 유형을 "성경 본문의 본래 맥락에서 역사적, 문화적 및 문학적인 연구를 통하여 얻어지고 전수된 성경적인 진리를 성령 하나님께서 먼저는 설교자 자신의 삶에 적용하고 그 사람 다음에는 그 설교자를 통하여 청중에게 적용하는 의사소통"[4]이라고 정의했다. 이 설교 유형은 성경 말씀에 근거하여 말씀의 의도와 내용과 적용까지 전달하는 설교 유형이라고 할 수 있다.

둘째는, 설교가 사용하는 문학 장르에 따른 분류를 시도할 수 있을 것이다. 이러한 분류에 따른 유형에는 연설식 설교

---

3 H.J.C. Pieterse, *Communicative Preaching*, 『설교의 커뮤니케이션』, 271.
4 Haddon W. Robinson, *Biblical Preaching*, 2nd ed. (Grand Rapids: Baker, 2005), 21.

01 성경 해석학으로서의 설교학과 다양한 설교 유형

(Declamatory Preaching), 교훈적 설교(Homily), 내러티브 설교(Narrative Preaching)/ 이야기식 설교(Storytelling Preaching), 시적인 설교(Poetic Preaching), 대화식 설교(Dialogue Preaching) 등을 꼽을 수 있을 것이다. 연설식 설교가 연설조나 웅변조의 설교 유형이라면 교훈적 설교는 그보다는 훨씬 교훈조 혹은 훈계조 유형이라고 할 수 있을 것이다. 우리가 흔히 일상생활에서 "설교는 그만해라!"라는 말을 하는 것은 교훈적 설교에 대한 부정적인 식견에서 나온 것이라고 할 수 있을 것이다. 그에 비해 이야기식 설교나 내러티브 설교는 설교 전체 내용이 이야기식 형태를 띠고 있는 것이고, 시적 설교는 많은 설명보다는 간결하고 함의적인 시적 표현을 주로 사용하는 설교 유형으로 볼 수 있을 것이다. 그리고 대화식 설교는 설교자가 2명 이상이 등장하여 대화식으로 설교를 진행하거나 설교자와 청중 간의 대화를 통해 진행하는 방식이라고 할 수 있다.

셋째는, 설교 진행에 따른 분류를 시도할 수 있을 것이다. 이것은 설교의 진행이 일인칭으로 이뤄지고 있는지 아니면 삼인칭으로 이뤄지고 있는지에 따라 설교 유형을 분류할 수 있을 것이다. 설교자는 보통 설교 진행을 삼인칭 형태로 하게 된다. 특히, 성경의 한 인물을 다룬다면 그것은 더 분명해질 것이다. 그러나 그와는 달리 설교 진행을 일인칭으로 전개할 수 있다. 설교자가 성경의 한 인물이나 심지어 동물이나 사물이 되어 일인칭으로 설교를 진행해 갈 수 있는 것이다. 우리는 그러한 설교를 일인칭 설교라고 부를 수 있다. 이야기가 갖고 있는 "긴장, 구체주의(concretism), 감정, 문학적 효과"[5]의 특징을 적절하게 사용할 수 있을 것이다.

넷째는, 설교의 흐름에서 사용되고 있는 논리적 유형에 따라 설교 유형들을 분류할 수 있을 것이다. 그것에 대한 분류에서 가장 두드러지게는 귀납적 설교와 연역적 설교로 나눌 수 있다. 연역적 설교가 본문에서 부각하고자 하는 소주제나 결론을 먼저 내리고 그에 대해 설명해 가는 형태라면, 귀납적 설교는 결론이나 중심 소주제들

---

5 J. Kent Edwards, 김창훈 역, 『강단의 비타민 일인칭 강해 설교』(서울: CLC, 2008), 178.

01 성경 해석학으로서의 설교학과 다양한 설교 유형

을 먼저 다루지 않고 본문을 자세히 살펴봄으로 설교자가 청중에게 그 본문의 결론이나 중심 소주제를 발견할 수 있도록 도와주는 형태라고 할 수 있을 것이다.

그러나 논리적 유형에 따른 설교 유형에는 그 외에도 비귀납적 설교나 반귀납적 설교, 논증적 설교나 변증적 설교도 생각할 수 있다. 비귀납적 설교는 귀납적으로 이야기를 전개하여 중심 사상에 도달한 후에 이에 대해 다시 연역적으로 설명하거나 확증하는 설교라고 할 수 있고, 반귀납적 설교는 각 대지를 제시하지 않고 이야기를 먼저 나누고 그 대지를 제시하는 형태의 설교라고 할 수 있을 것이다.

이에 반해 논증적 설교는 신앙적 의문이나 논란이 되고 있는 주제를 말씀으로 논증하는 설교라고 할 수 있는데, 사도행전의 스데반 설교나 바울의 설교를 그 예로 들 수 있을 것이다(행 7장의 스데반 설교, 행 17장의 바울 설교). 변증적 설교는 신앙을 옹호하는 설교 형태인데 주어진 이슈를 옹호하는 논리를 펼쳐가는 설교라고 할 수 있을 것이다.

이런 점에서 볼 때 강해 설교나 이야기식 설교는 귀납적이라고 할 수 있으며, 주제 설교나 대지 설교는 하나의 명제를 제시하고 그것을 옹호하고 동의를 얻어내는 방식이라고 볼 수 있기 때문에 연역적이라고 할 수 있다. 사도행전의 많은 설교들이 귀납적인 방법으로 전개되고 있다. 그것은 청중으로 하여금 스스로 메시지를 발견하도록 구성되어 있기 때문이다.

02
이야기식 설교

02 이야기식 설교

우리가 인정하듯이 설교라는 하나님 말씀 전달 방식에서 이야기적인 요소, 혹은 내러티브적 특징은 전혀 새로운 것이거나 최근에야 그 중요성이 대두된 것이 아니다. 그것은 바로 성경의 구원 역사가 하나님께서 이 세상과 인간에 대해 하신 이야기이기 때문이다. 그런 점에서 볼로드(Louis W. Boloede)는 성경이 바로 하나님의 이야기임을 분명하게 지적하고 있다.[6]

> 성경은 실로 이야기 책이다. 그것은 하나님께서 우주와 인간 역사, 인간 간의 관계, 개인의 내적인 삶에 관여하신 이야기인 것이다. 그분은 창조, 타락, 은혜, 화해, 새 창조, 새 공동체, 새 세계의 환상과 같은 이야기 주제들을 드러내기 위해서 성경에 인간의 이야기를 펼쳐 보이신 것이다.

그래서 우리가 "신앙을 공유하는 성경의 양식은 주로 이야기이다. 그분의 백성들을 위한 인간 역사에서 여호와의 위대한 행적인 이야기인 것이다."[7] 그렇다면 우리가 복음을 설교하는 것은 구원의 사건을 이야기함으로써 예수 그리스도를 선포하는 행위로 볼 수 있으며 그런 점에서 내레이션(이야기 하기)은 설교의 본질에서 핵심적인 것이라고 말할 수 있을 것이다.

---

6 L. W. Bloede, "Preaching and Story," Paper read during the Congress of the Academy of Homiletics, 18-19 December 1979 in Des Paliners, Illinois, 3.
7 A. van Seters, "The Preacher's Own Story as Integral to Preaching the Torah/Jesus Story." Paper read at the congress of the Academy of homiletics. 8-9 December 1979 in Des Plainers, Illinois, 5.

02 이야기식 설교

I. 이야기 설교를 다루기 전에 알아야 할 것들

우리가 어떤 유형의 설교를 다루든지 간에 가장 먼저 알아야 할 것은 하늘에서 내려온 최상의 설교 형식은 존재하지 않는다는 사실을 기억하는 것이다. 어떤 사람들은 완벽한 설교 형식을 찾으려는 경향을 보이기도 한다. 물론 어떤 특별한 청중에게 더욱더 적합한 설교 형식이 있을 수 있을 것이다. 그러나 모든 설교 형식은 그 나름대로 장단점을 가지고 있기 때문에 어떤 설교 형식이 더 바람직하다거나 옳다고 말하는 것에는 문제가 있다. 다만 우리가 고민해야 할 것은 어떤 설교 형식이 청중에게 혹은 본문 내용에 따라 더 효과적일 수 있겠는가일 것이다.

그러므로 우리는 설교하는 데 다른 방식들이 있다는 사실을 분명하게 이해할 필요가 있다. 설교는 다양한 형식을 취할 수 있다. 설교의 형식에서 완벽한 것은 없다고 한다면 우리는 먼저 모든 설교 형식에 대해서 그것들의 장단점을 파악하여 가장 적절하게 활용하는 것이 오히려 지혜일 것이다. 어떤 설교 형식만 옳다거나 더 성경적이라고 주장하는 것은 바람직하지 않을 뿐만 아니라 위험할 수도 있기 때문이다. 오늘날에는 유능한 설교자들이 귀납적인 전개를 많이 사용하는 경향이 있는 것이 사실이다. 그것은 포스트모더니즘 사회에서 설교자가 권위적인 위상에서 탈피하여 청중과의 대등한 의사소통을 추구하려는 설교자의 위상 변화 노력과 깊은 관련이 있는 것으로 보인다. 그런 점에서 현재 사회의 특징과 좀 더 부합되는 설교는 주장을 강요하지 않고 권위주의적인 경향을 탈피하면서도 청중이 스스로 결론을 내릴 수 있도록 도와주는 강해 설교나 이야기식 설교라고 할

02 이야기식 설교

수 있을 것이다.

또한 우리가 이야기식 설교에 대해 다루기 전에 "이야기식 설교"라는 것이 일반적으로 사람들에게 어떤 형태의 설교를 말하는 것으로 이해할 것인지에 대해 아는 것도 필요할 것이다. "이야기식 설교"(Storytelling Preaching, Narrative Preaching)는 일반적으로 네 가지 정도의 입장으로 나누어 생각할 수 있을 것이다.[8]

첫째는, "설교의 내용에서 설명은 없거나 거의 없이 실제 이야기를 사용하는 설교"[9]라고 이해할 수 있다. 설교자는 성경의 이야기를 다시 하거나 설교자의 상상력이 가미된 이야기를 할 수 있다. 아니면 필요하다면 영화나 소설이나 실제 경험담, 간증 이야기를 사용할 수 있을 것이다.

둘째는, 설교 전체 내용이 이야기와 유사한 구조를 가지고 움직이는 설교를 지칭할 수 있다. 이 경우에 이야기식 설교는 이야기가 들어 있는 설교라기보다는 전체 내용이 이야기의 구조로 되어 있는 것을 말한다. 이와 같은 견해를 밝히는 학자는 역시 유진 로우리(Eugene Lowry)[10]라고 할 수 있을 것이다.

셋째는, 이야기식 설교가 때때로 "행동하는 신학"(Doing Theology)과 관련되어 설명되기도 한다. 그들은 이야기하고 그것을 묵상함으로 행동하는 신학을 드러내기도 하는데, 그러한 신학은 "이야기 신학"(story theology)으로 불리기도 한다.

넷째는, 좀 더 전문적인 의미에서 이야기 설교(Narrative Preaching)가 현대의 신자유주의와 관련된 신학적 접근법을 지칭하기도 한다. 그들은 신학자와 설교자의 사역은 세상에 성경 이야기를 다시 말함(retelling)으로 자신들의 주장을 규명할 수 있다고 확신하는

---

8 Mike Graves & David J. Schlafer, eds., *What's the Shape of Narrative Preaching?* (St. Louis, Missouri: Chalice, 2008), 27-29.
9 이것에 대해서는 Eugene Lowry나 John McClure가 이미 많은 토론을 벌였다. Eugene Lowry, *The Sermon: Dancing the Edge of Mystery* (Nashville: Abingdon Press, 1997), 22-23; John S. McClure, "Narrative Preaching: Sorting It All Out," *Journal for Preachers 15* (1991), 24-29.
10 Eugene Lowry, *The Sermon: Dancing the Edge of Mystery*, 22, 25-28.

02 이야기식 설교

사람들이다.

필자는 이 책에서 두 번째 입장에서 이야기식 설교를 다루려고 한다. 필자가 지지하는 태도는 이야기식 설교가 설교에 이야기가 들어 있거나 행동하는 신학으로서의 설교 혹은 신학적 접근법으로서의 이야기식 설교가 아닌, 설교 내용이 이야기식 구조를 가지고 진행되는 설교라는 것이다.

2. 이야기(story)와 내러티브(narrative)

이야기와 내러티브는 많은 경우에 자연스럽게 혼용되는 것이 사실이다. 그런 점에서 이야기식 설교와 내러티브 설교라는 용어도 서로 호환될 수 있을 것이다. 그러나 때에 따라서는 엄밀한 의미에서 서로 구분되어 사용되기도 한다.[11]

이야기는 그것의 가장 간단한 형태가 하나의 은유(metaphor)라고 말할 수 있으며, 어떤 사실들(facts)에 감정과 인과관계의 옷을 입힌 것이라고 할 수 있는데, 그것은 특히, 사실들을 가지고 시간과 공간으로 빚어내는 예술이라고 할 수 있다. 그에 비해 내러티브는 시간과 공간에서 일어나는 어떤 사건들의 이야기들(stories)을 뜻한다. 그런 점에서는 내러티브는 이야기를 포함한다고 말할 수 있을 것이다. 내러티브는 무엇보다도 어떤 사건들에 관한 기술과 깊은 관련이 있다는 것이다. 그렇게 본다면, 사실상 우리 인생의 삶 전체가 하나의 내러티브라고 할 수 있다. "내러티브는 사건의 시간적 연속과 관련성이 있으며, 모든 내러티브에는 어떤 종류의 줄거리(story line)가 있다."[12]고 할 수 있기 때문이다. 그러므로 우리가 내러

11　Mike Graves, & David J. Schlafer, eds., *What's the Shape of Narrative Preaching?*, 87-88. 이 책의 "Story, Narrative, and Metanarrartive"라는 글에서 Fred B. Craddock은 이야기(story)는 설교의 요소가 될 수 있지만 내러티브(narrative)는 설교의 형태(shape)나 움직임(movement)으로서 설교의 한 구성 요소가 아니며 설교 전체를 묘사하는 것으로 구분한다.

12　Walter J. Ong, 임명진 역, 『구술문화와 문자문화』 (서울: 문예출판사, 2018), 231.

02 이야기식 설교

티브를 제대로 이해하기 위해서는 내러티브가 갖고 있는 그 시공간에서 일어난 사건들에 관한 이야기, 즉 어떤 사건들의 줄거리에 대해 먼저 깊은 관심을 가져야만 하는 것이다.

설교의 역동성은 사실상 설교자보다는 성경 자체의 역할이다. 일반 연설에서는 연설자가 연설 내용보다 중요하다. 그러나 하나님의 말씀을 전달하는 설교의 역동성은 그 말씀 자체에 있으며 그것을 깨닫게 하시고 운영하시는 성령님에 달려 있음을 기억해야 할 것이다. 그런 점에서 설교자는 그의 설교가 설교의 유형보다는 설교자가 말씀을 어떻게 대하고 성령님을 어느 정도 의존하느냐에 달려 있음을 명심해야 할 것이다.

3. 테일(tale)로서의 이야기, 내러티브(narrative)로서의 이야기, 그리고 일화(anecdote)로서의 이야기

테일로서의 이야기는 일반적으로나 제한적으로 사용되는 용어로써, 많은 문학적 양식 - 신화(myth), 비유(parable), 무용담(tale of bravery) 등에 나오는 그러한 이야기들을 뜻한다. 이것은 일반적으로 실존하는 것이나 가공의 것에 다 쓸 수 있는 것을 말하는데, 특히 테일로서의 이야기는 줄거리가 비교적 단순하고 여유로운 이야기로서 가공의 이야기나 전설적인 것에 주로 쓰인다고 할 수 있다.

한편 내러티브로서의 이야기는 일어난 사건을 설명하는 형태를 띠는 것으로써, 사건의 연속으로서 말해지고 있는 어떤 것이라고 할 수 있다. 또한 사건은 "시간 내에서 발생-인간 대리자에 의해 혹은 대리자에게 실행된 행동, 혹은 시간 내에 존재하는 상태-사고, 감정, 존재, 소유-의 정신적 혹은 물리적 활동의 어떤 종류를 표현하는 것"[13]으로 정의될 수 있을 것이다. 그러므로 내러티브에서 사건은 등장인물의 행동, 상태, 활동을 포함하는 것임을 알 수 있다. 또한 내

---

13 Steven Cohan & Linda M. Shires, *Telling Stories, A Theoretical Analysis of Narrative Fiction* (New York: Routledge, 1988), 53-54.

02 이야기식 설교

러티브의 줄거리는 바로 그 "사건들의 해석적 배열"을 말하는 것이 될 것이다. 그런 점에서 내러티브는 일반적인 이야기보다는 좀 더 복잡하고 여러 사건이 들어 있어 많은 경우에 실화나 역사적인 사건을 묘사할 때 사용되는 것으로 볼 수 있다. 또한 이러한 내러티브로서의 이야기는 그 안에 여러 개의 작은 이야기들(episodes)을 포함하는 경우가 일반적이다.

일화(anecdote)로서의 이야기는 일반적으로 세상에 숨겨진 흥미로운 이야기나 비밀스러운 이야기 혹은 유명한 사람의 사사로운 일 등을 간결하고 재미있게 엮은 이야기로 사용된다. 그러므로 일화로서의 이야기는 일반적으로 매우 개인적이거나 그동안 대중에게는 잘 알려지지 않은, 특별한 상황에서 실제로 일어난 일에 대한 설명으로 볼 수 있을 것이다. 그런 점에서 테일로서의 이야기와는 상당한 차이가 있는 이야기로 이해될 수 있을 것이다.

4. 이야기식/ 이야기체 설교

이것은 설교자가, 본문을 마치 기자가 사건을 취재하여 사건을 재구성하듯, 본문의 이야기를 구성하여 전달하는 방식의 설교를 말한다. 여기에서 "이야기식"이나 "이야기체"는 둘 다 설교의 내용 전개가 이야기 형식을 가지고 있음을 보여주는 용어라고 할 수 있다. 이러한 설교 형식은 성경 본문에 감추어져 있는 내용이나 암시된 내용까지를 찾아서 본문을 실감 나게 재구성하고, 그것을 이야기 형식으로 전달하는 것이다. 다른 말로 하자면, 성경의 본문을 설교할 때 어떤 사건이나 인물에 관한 이야기 전개 방식을 사건과 장면을 핵심으로 두고 그것을 이끌어 가는 방식이라고 할 수 있을 것이다.

그래서 유진 로우리(Eugene Lowry)는 "최상의 설교가 진짜 이야기와 같은 것으로 생각하는 것은 가장 놀랄만한 일이다. 분명히 말하건대 설교는 이야기(The Story)이며, 그러므로 우리의 임무는 이야기하는 것이며, 이야기를 만들어, 그것의 모습을 형성하는 것이지

02 이야기식 설교

결코 조직하는(organize) 것이 아니다."[14]고 지적하고 있다. 그런 점에서 우리는 이야기식 설교가 하나님 말씀 전달 측면에서 갖고 있는 숭고한 측면을 깊이 생각해 보아야 할 것이다.

여기서 우리가 염두에 두어야 할 것은 탁월한 이야기식 설교자라면 자기가 하고자 하는 "이야기를 어떤 분석적인 개요나 요점에 담아서 전달하지는 않는다."[15]는 것이다. 오히려 우리는 우리의 설교가 "하나님 말씀의 진리에 기초한 메시지여야 하며, 설교자 자신도 말씀의 권위 아래 살아야 한다. 또한 전달 방식도 인간의 정신에 뭔가 배울 것을 주고, 또 마음을 움직이며 의지를 사로잡을 수 있어야 하며, 삶의 적용 방식도 본문 자체에 충실한 것이라야 한다."[16]는 위어스비의 조언에 동의할 수 있을 것이다.

이야기식 설교를 이야기의 구성 측면에서 본다면 설교자는 청중으로부터 호기심을 불러일으킨 다음 청중의 주의를 사로잡으며 계속된 갈등 국면을 통해서 청중에게 안타까움과 해결에 대한 기대를 하게 만든다. 그리고 증폭되는 갈등 구조를 반전 혹은 절정을 통해 그 모든 갈등과 문제를 해소하고, 평상을 되찾은 후에는 자신의 삶을 돌아볼 수 있게 하고, 그것을 삶에 적용할 수 있도록 도와주는 설교라고 할 수 있을 것이다.

이에 대한 성경적인 예를 찾아본다면, 예수님께서 사마리아 여인을 만나셔서 메시아를 알게 했던 사건을 들 수 있을 것이다. 물론 그것은 예수님께서 그녀에게 해주셨던 이야기는 아니다. 오히려 예수님께서 뭔가를 행하셨던 한 사건이다. 그런데 그 사건에서 우리는 이야기가 갖고 있는 모든 구성 요소를 발견할 수 있다. 예수님의 그 여인에 대한 요구를 통해 호기심을 자극할 수 있는 세 가지 언급을 통해서 그 여인이 주의를 집중하도록 만드셨고, 갈등 구조를 발전

---

14 Eugen Lowry, 이연길 역, 『이야기식 설교 구성』(서울: 한국장로교출판사, 1996), 8-9.
15 Steven D. Mathewson, 이승진 역, 『청중을 사로잡는 구약의 내러티브 설교』(서울: CLC, 2004), 34.
16 Wiersbe, Warren W. 이장우 역, 『상상이 담긴 설교』(서울: 요단출판사, 2009), 283.

02 이야기식 설교

시키셨다(하나님의 선물과 야곱의 선물, 야곱보다 크신 예수님, 일반 물과 예수님이 주실 수 있는 생수). 그리고는 그 여인의 과거를 말씀하심으로 자신이 누구신지 알리셨다(반전). 그러자 그 여인은 선지자라는 고백과 더불어 예배 장소에 대해 질문했고(또 다른 갈등 구조), 예수님 자신이 메시아이심을 밝히셨다(절정). 또한 그 여인의 변화된 행동(메시아에 대한 확신과 전도-변화)을 보여주고 있다. 어쩌면 그와 같이 사건 진행이야말로 이야기식 설교의 전형이라고 볼 수 있을 것이다.

그래서 미국의 이야기식 설교자요 설교학자인 유진 로우리(Eugene Lowry)는 이야기식 설교는 "공간적이라기보다는 시간 안에서 일어나는 사건(event in time)이라."[17]고 말한다. 그리고 "그 사건은 불안정 상태(또는 충돌)에서 계속되는 갈등(혼란)을 지나서 극적인 반전으로, 그리고 대단원의 끝으로 이어지는 하나의 이동이라."[18]고 설명한다. 그래서 그는 "설교는 내러티브 예술 형태이다."[19]라고 말하고 있다. 그러니까 그는 이야기식 설교를 사건이 갖고 있는 시간적인 요소를 강조하면서 이야기의 구성 요소가 살아서 움직이는 예술과 같은 형태라고 보고 있는 것이다.

또한 이야기식 설교는 귀납적 설교[20]라고 볼 수 있다. 왜냐하면 먼저 결론을 내기보다는 사건을 이야기 형태로 진행하며 뒤에 가서 청중이 결론을 스스로 찾을 수 있도록 하기 때문이다. 그러므로 그것이 이야기 형태를 사용한다는 점에서 귀납적 설교와 다를 뿐이다.

구약의 많은 저자들은 하나님의 말씀을 그대로 전달하는 훌

---

17 Eugene Lowry, 『이야기식 설교 구성』, 8.
18 Eugene Lowry, "Paper presented at the Academy of Homiletics Meeting," December, (1988), Drew University; Wayne Bradley Robinson, 이연길 역, 『이야기식 설교를 향한 여행』 (서울: 한국장로교출판사, 1998), 5에서 재인용.
19 Eugene Lowry, 『이야기식 설교 구성』, 5.
20 이야기식 설교를 주장하는 사람들은 그것이 귀납적이라고 말하며 예수님의 비유 사용을 그 실제적인 예로 제시한다. Eugene L. Lowry, *How to Preach a Parable* (Nashville: Abingdon Press, 1989), 19-21; Ralph Lewis and Gregg Lewis, *Inductive Preaching* (Wheaton, Illinois: Crossway Books), 1983, 67ff.

02 이야기식 설교

륭한 이야기꾼들(storyteller)[21]이었으며 또한 그들은 그들이 받은 그 말씀을 청중들에게 체계적으로 잘 정리하여 가르치는 탁월한 신학자들(theologists)이었다. 그들은 그들의 청중에게 하나님과 하나님의 말씀을 가리켜 보이기 위해서, 그리고 그의 청중들이 하나님의 진리를 그들 스스로 체계적으로 정리할 수 있게 하도록 이야기를 사용했다.

5. 이야기 설교(Story Preaching), 이야기식 설교(Storytelling Preaching), 그리고 내러티브 설교(Narrative Preaching)

먼저 이야기 설교는 이야기식 설교와 구분할 필요가 있다. 이야기 설교는 설교를 하나의 이야기로 전달하는 것이다. 이야기 자체로 설교를 구성함으로 설교를 이야기로 전하는 방식이다. 그러니까 설교에서 전하려는 메시지를 한 편의 이야기에 담아 전달하는 형식이라고 할 수 있다. 다르게 말한다면, 본문과 상관없는 것 같은 이야기를 들려주고 그것을 본문으로 끌어와서 성경 본문을 이야기로 구성해 내는 것이다. 이러한 설교의 성경적 예를 찾아본다면, 예수님께서 선한 사마리아인의 비유를 말씀하셨는데, 그 비유를 자세히 들여다본다면 그 비유 자체가 한 편의 이야기 설교였다는 것을 알 수 있다. 예수님께서는 그 비유 이야기 안에 말씀하시고자 하셨던 모든 중요한 메시지를 집어넣으셨다고 볼 수 있다.

그런가 하면 이야기식 설교는 설교 전체 내용이 이야기의 구성 요소를 갖는 설교 형태를 말한다. 본문이 이야기라면 그 이야기의 구성 요소나 흐름을 그대로 사용할 수 있을 것이며 이야기 본문이 아니라면 설교 내용으로 준비한 것을 이야기의 구성 요소를 갖춘

---

21 Fred Craddock은 귀납적 설교 방식에 이론적인 바탕을 제시한 설교학자로서 구약 저자들의 기술 방식 자체가 이야기를 통해서 메시지를 전달하는 방식이었다고 주장한다. Fred B. Craddock, *Overhearing the Gospel* (Nashville: Abingdon Press, 1978), 57ff.

02 이야기식 설교

형태로 설교를 이끌어 갈 수 있는데 그것을 이야기식 설교라고 부를 수 있을 것이다.

이야기식 설교와 내러티브 설교 형태는 설교의 진행 방식에서 이야기 구성 요소와 이야기 형태를 사용한다는 점에서는 차이가 없다. 그런 점에서 두 용어를 혼용한다고 해서 어떤 심각한 문제가 되지 않을 것으로 보인다.

내러티브 설교는 미국 예일 대학교 신학파인 후기 자유주의 신학에서 나온 내러티브 신학의 영향을 받았으며 성경의 내러티브가 강조되면서 내러티브 설교가 중요하게 대두되었다. 그래서 신학교에서나 설교학 교재에서는 내러티브 설교가 더 알려지게 되었다.

다만 이야기식 설교가 주로 성경의 이야기 본문을 이야기 형태로 진행하는 것이라면 내러티브 설교는 거기에서 더 나아가 성경 본문이 이야기 형태가 아니더라도 그것을 내러티브화 해서 설교할 수 있다는 점에서 더 넓은 개념으로 볼 수 있다는 설명도 있다. 그렇다고 해서 이야기식 설교가 성경 본문이 이야기 형태가 아닌 본문을 다룰 수 없다고 보는 것은 아니다. 설교자가 이야기가 아닌 본문에서 이야기의 구성 요소를 찾아내고 자신이 준비한 설교 내용을 이야기 형태로 풀어낸다면 그것은 얼마든지 이야기식 설교가 될 수 있을 것이다.

이야기식 설교는 한마디로 이야기의 특성인 플롯을 통해 설교를 구성하는 것이다. 그러니까 이야기식 설교에서 설교자는 호기심으로 관심을 자극, 혹은 모순점 제시, 긴장감 조성, 갈등 심화, 문제 해결 등의 보편적인 이야기의 구조를 사용하게 된다. 그러므로 이야기식 설교에서는 정작 한 편의 이야기도 전혀 사용되지 않으면서 설교를 진행할 수 있는 것이다.

6. 이야기식 설교의 기본 유형과 다양한 형태들

모든 이야기는 배경(setting), 등장인물(character), 구성(plot), 관점

02 이야기식 설교

(point of view)이라는 핵심적인 요소들을 갖고 있다.[22] 그렇다면 이야기 설교의 형태에서도 먼저 그 네 가지 요소들을 중심으로 살펴볼 수 있을 것이다. 여기서는 성경 이야기를 어떻게 이야기 설교에서 사용하느냐에 초점을 맞추어 살펴보려고 한다.

1) 이야기식 설교의 기본 유형

성경의 이야기 혹은 더 나아가서 성경의 내용을 이야기식으로 전달하려는 이야기식 설교에는 기본적으로 세 가지 유형이 있을 것이다.

첫째는, 본문이나 본문의 이야기를 말 그대로 이야기 형태로 설명해 가는 것이다. 여기서 이야기 형태라는 것은 당연히 설교의 전체 흐름이 이야기의 구성 요소를 사용함으로 하나의 이야기를 들려주듯이 설교를 진행해 가는 것이다. 그렇다면 이러한 설교 유형은 이야기가 갖고 있는 시간적, 공간적 배경과 등장인물과 이야기의 구성과 수사법적인 요소를 염두에 두고 이야기를 풀어가는 것이다. 따라서 이 유형에서는 본래 이야기가 갖고 있는 이야기의 구성 요소들이 중요한 역할을 하게 될 것이다.

둘째는, 또 다른 이야기식 설교의 기본 유형으로 본래 성경 이야기의 구성을 그대로 쫓아가기보다는 본문 이야기가 갖고 있는 의미나 메시지를 중심으로 재구성하여 이야기식으로 풀어가는 유형을 생각해 볼 수 있다. 이러한 형태는 때로는 청중이 처해 있는 상황이나 문맥에 맞춘 이야기의 재구성이 될 수도 있고 혹은 본래의 구성이나 진행과는 다르게 그 이야기가 갖고 있는 의미에 따른 새로운 전개 방식으로 만들어진 이야기 진행이 될 수도 있을 것이다.

셋째는, 본래의 이야기에 등장하는 인물들을 어떤 신앙인이나 청중과 동일시함으로 이야기를 재구성하여 성경 이야기를 다르게

---

22 Tremper Longman III은 이 네 가지를 언급하고 있으나 다른 사람들은 "배경, 등장인물, 구성, 수사법"을 이야기의 네 가지 특징으로 주장하기도 한다. Tremper Longman III, "Biblical Narrative," in *A Complete Literary Guide to the Bible*, ed. Leland Ryken and Tremper Longman III (Grand Rapids: Zondervan, 1993), 71.

02 이야기식 설교

전개 시키는 방식이다. 이러한 유형은 성경의 등장인물에 따라 이야기를 그대로 진행하기보다는 현대의 상황이나 문맥에 맞춘 새로운 등장인물들을 본래의 이야기 등장인물과 동일시하여 이야기를 새롭게 전개해 가는 유형이라고 볼 수 있다. 이러한 유형은 마치 소설에서는 번안 소설과 같은 형식으로 이야기의 기본 틀은 유지된다. 하지만, 등장인물과 상황이 달라질 수 있어서 성경 이야기 본래의 메시지가 손상되지 않도록 세심한 주의를 기울여야 할 것이다.

2) 이야기식 설교의 다양한 유형들

그런데 사실상 성경 이야기나 본문을 이야기식 형태로 설교하게 되면 바로 위에서 언급한 이야기식 설교의 기본 유형뿐만 아니라 본래의 이야기를 재진술하는 수준부터 재구성을 지나 새로운 구성까지 생각보다 훨씬 다양한 형태의 유형들이 나올 수 있다. 그 유형들을 일일이 다 열거할 수는 없겠지만 위에서 살펴본 기본 유형에서 파생된 다양한 유형들을 이야기식 설교의 발전 가능성 차원에서 생각해 볼 수 있을 것이다.

(1) 성경 본문을 재진술 하기 – 성경에 대한 이야기식 설교에서 가장 쉽게 시도해 볼 수 있는 유형은 성경 이야기를 설교자가 묵상하고 연구하고 깨달은 대로 다시 진술하는 것만으로도 훌륭한 이야기식 설교가 될 수 있다. 어떤 때는 문어체적인 성경 이야기를 구어체적으로 바꾸어 다시 이야기해도 청중에게 큰 깨달음과 특별한 울림을 전달할 수도 있을 것이다.

(2) 당시의 역사적 배경을 공유함으로 성경 본문을 재진술하기 – 성경 본문 이야기 재진술이 성경의 이야기를 그대로 이해하기 쉽게 다시 말하는 것이라면 이것은 당시의 역사적 배경을 비교적 자세하게 알려줌으로 그 당시 청자들이 이 이야기를 들으면서 느꼈을 분위기를 자아낼 수 있도록 재진술하는 것이다. 일반적으로 청중은 자신도 모르게 그 이야기의 시간적 공간적 배경을 현재에 대입

하여 듣는 경향이 있기 때문에 이러한 시도는 매우 효과적인 방법이 될 수 있을 것이다.

　　　　(3) 성경 본문 이야기를 전혀 다른 관점에서 혹은 부정적인 측면에서 재진술하기 – 사람은 같은 사건에 대해 하나의 관점에 고착되면 다른 관점에서 그 사건을 보는 것이 쉽지 않다. 또한 어떤 사건이나 에피소드를 일단 긍정적인 측면에서 보기 시작하면 그것을 부정적인 측면에서 보았을 때 얻을 수 있는 메시지 발견이 어려워질 수 있다. 이 방법은 바로 이럴 때 사용해 볼 수 있는 좋은 유형 중의 하나가 될 수 있을 것이다.

　　　　(4) 주어진 성경 이야기의 다음 이야기로서 새로운 이야기 만들기 – 우리는 어떤 이야기나 사건에 관해 듣게 되면 그다음에 일어날 수 있는 사건이나 그 결과를 상상해 볼 수 있다. 물론 그다음의 이야기는 성경의 본 이야기가 충분히 이해되었을 때만 그 시도가 가능할 것이다. 하나의 사건이 어떤 파생적인 사건을 만들어 낼 수 있는지를 살펴보는 것은 본래 사건의 의미와 중요성을 깨달을 수 있는 또 다른 방법이 될 수도 있을 것이다.

　　　　(5) 성경의 이야기를 지금 이곳에서 일어난 사건으로 전환[23] – 이러한 시도도 이야기식 설교에서 생각할 수 있는 훌륭한 방식이 될 수 있다. 시간적이고 공간적인 배경을 바꾸었을 때 같은 사건이나 에피소드가 어떤 의미를 갖게 되며 어떤 변화가 일어날 수 있는지를 알아보는 것은 본래 이야기의 본질을 이해하는 데에, 그리고 그것을 지금의 청중이 그들의 삶에 적용하는 데에 도움이 될 수 있다. 성경의 이야기가 오래전 그곳 사람들에게만 있었던 이야기가

---

[23] 이것은 일종의 "동시대화 하기"(contemporizing)로 볼 수 있는데, 성경의 이야기를 현대의 옷을 입고 재진술하는 것이라고 할 수 있다. 그때 그곳에서 그 이야기가 전해졌을 때 그들에게 있었을 역동성과 효과를 살려보려는 시도가 될 것이다. Craig L. Blomberg, *Preaching the Parables* (Grand Rapids: Baker Academic), 2008, 15.

02 이야기식 설교

아니고 지금도 살아서 역사할 수 있는 실제적인 사건임을 깨닫게 해 줄 수도 있을 것이다.

　　　(6) 본문 이야기의 의미를 잘 파악하여 그것을 기초로 경험한 이야기 진술 – 성경에 기록된 이야기는 특수한 상황에서 특별한 사람들에게 일어난 사건 진술이지만, 다른 면에서 본다면 보편적인 상황에서 보통의 사람들에게 일어날 수 있는 사건일 수도 있다. 그렇다면 성경의 이야기가 주는 메시지를 제대로 파악한 후에 그 이야기를 현실 세계에서 그와 유사한 사건이나 에피소드를 가지고 이야기로 진술할 수 있을 것이다. 이러한 이야기는 성경의 문맥을 완전히 떠나지 않으면서도 현실 생활에서 일어난 일을 통해 그 성경 원리를 그대로 적용할 기회를 제공해 줄 것이다.

　　　(7) 성경 이야기의 한 등장인물 중심의 이야기로 설교를 구성하여 청중과의 동일시를 시도 – 이것은 이야기식 설교의 기본 유형 중에서 세 번째의 방식을 발전시킨 것으로 청중과 동일시된 성경의 등장인물은 청중에게 깊은 관심과 몰입도를 만들어 줄 수 있다. 성경의 한 인물이 듣고 있는 청중 중 한 사람이 된다면 청중은 자신의 이야기처럼 성경 이야기를 들을 수 있게 될 것이고 새롭고 실감나는 깨달음을 얻게 될 것이다.

03
이야기의 특징과 위력

03 이야기의 특징과 위력

1. 이야기의 특징[24]

우리가 이 시점에서 이야기의 특징을 다시 한번 정리해 보는 것은 매우 중요하다고 생각된다. 왜냐하면 우리가 성경 메시지를 전달할 때 이야기식 설교 형태를 사용하려면 이야기의 특징과 장점을 아는 것이 무엇보다도 도움이 될 것이기 때문이다.

1) 이야기는 특별한 공동체를 형성한다.

이야기는 그 이야기를 하는 사람에게 다른 사람들이 모여들게 만든다. 우리는 긴 시간이 아니더라도 전에는 잘 몰랐던 사람들과 함께 생활을 시작하게 되면 진기한 현상을 체험하게 된다. 어떤 사람에게는 사람들이 많이 모여든다는 점이다. 물론 그 사람이 유명하거나 영향력이 있는 사람이기 때문에 그럴 수도 있지만 어떤 사람들에 대한 자연스러운 운집은 이야기를 재미있게 잘하는 사람과 깊은 관련이 있다. 이야기는 사람들을 모으고 나아가 특별한 이야기 공동체를 결성하는 힘이 있다. 그런 점에서 아이러니하게도 무서운 독재자 중에 탁월한 이야기꾼이 많다는 것은 새삼 놀라운 일도 아닐 것이다.

---

[24] 여기에서 나열하는 "이야기의 특징"은 이연길, 『이야기 설교학』(서울: 쿰란출판사, 2009), 41-62의 내용을 참고하여 필자가 재구성하고 보강하였음을 밝힌다. 김연수는 그의 책에서 다른 차원에서 이야기의 특징을 9가지로 나누어 다루고 있다. 김연수, 『왜 이야기인가?』(서울: 프리셉트출판사, 2021), 140-145.

03 이야기의 특징과 위력

2) **이야기는 시대와 장소를 초월하고 나이, 인종, 성별, 문화권, 언어권의 제약을 받지 않는다.**
　　　　이야기는 놀랍게도 시간적, 공간적 제약을 받지 않는다. 하나님의 창조로 이 세상에 인간이 존재하기 시작하면서부터 인간에게 있었고 인간이 사는 곳이라면 어느 곳이나 이야기가 존재한다. 인간의 보편적인 진실을 담고 있는 이야기는 시대와 지역을 초월한다. 그래서 예로부터 내려오는 이야기가 여전히 존재하며 국가와 민족과 지역을 초월하여 번져가는 이야기가 있게 된 것이다.
　　　　그런가 하면 이야기는 나이나 학력의 차이, 성별이나 인종의 차이, 문화권이나 언어권의 제약마저 넘어설 수 있다. 이야기의 이러한 특징은 이야기를 사용할 때 어떤 사회, 어떤 언어 문화권에서도 보편적인 효과를 기대할 수 있게 된다.

3) **이야기는 사람의 세계관을 바꾸어 그 사람의 삶이 달라지게 만든다.**
　　　　이야기는 어떤 시간적, 공간적 배경 속에서 사건의 순서나 등장인물의 말이나 행동, 줄거리의 전개 등으로 이뤄지는데 그 모든 요소는 어떤 힘들에 의해 상호작용하고 어떤 결과를 만들어 내게 된다. 그런데 그 모든 것은 어떤 세계관을 반영하고 있다. 그 사람이 갖고 있는 세계관은 "말과 개념들로 형성된 것으로 그것들의 상호작용을 통해 통일된 준거 틀(frame of reference)이 만들어지게"[25] 되고 그것이 그의 삶에 직접적으로 영향을 끼치기 때문이다. 결국 사람의 행동은 그 사람의 자기 이해나 정체성, 확신이나 가치 등에 의해서 결정되는데 이야기가 바로 그러한 것들에 영향을 주어 그의 행동과 나아가 삶에 영향을 주게 되는 것이다. 그러므로 이야기는 어떤 정보나 아이디어만을 전달하는 것이 아니라 그의 생각과 행동에 지대한 영향을 끼치게 된다.
　　　　일찍이 윌버 쉬람(Wilbur L. Schramm)은 여론 조사를 통해 인간의 의사소통에서 일어나는 몇 가지 중요한 특징들을 주장한 바

25　James Sire, 김헌수 역, 『기독교 세계관과 현대 사상』(서울: IVP, 1995), 19.

03 이야기의 특징과 위력

있다.26 그는 사람들이 이미 그들이 믿고 있는 것에만 귀를 기울이는 경향이 있으며, 그들의 기존 가치관과 신념과 조화되는 방법으로 메시지를 해석하며, 그들의 입장이나 확신을 위협하는 메시지를 회피하거나 무시하는 경향이 있음을 발견했다. 그러나 이야기를 듣게 되면 그리고 그 이야기를 신뢰하게 되면 큰 저항 없이, 자신도 모르는 사이에 자연스럽게 그들의 가치와 세계관이 이야기에 따라 바뀌어 가게 되는 것이다.27

4) 이야기는 청중을 사건 속으로 초대한다.

사람은 이야기를 제대로 들으면서 그 이야기와 동떨어져 있을 수 없다. 그 이야기 속으로 빨려 들어가기 때문이다. 이야기에 들어가 등장인물과 함께 호흡하고 함께 느끼며 함께 행동하게 된다. 그래서 인간은 이야기를 들을 때 간접 체험을 하게 되는 것이다.

설교학자 라보우(Rabou)는 다음과 같이 말하고 있다. "내러티브의 위대한 힘은 그것이 청중을 참여시키며 그에게 그것을 전달하는 데 있다 … 당신은 단지 이야기 속 인물들의 경험을 공유한다. 선택의 여지가 없다."28 잘 짜인 줄거리를 가진 내러티브나 일화는 그것들이 아주 잘 구성되어 있어서 "청중으로 하여금 한두 명의 인물과 동일시하도록 한다."29

우리는 이야기를 들을 때 자신도 의식하지 못하는 가운데 그 사건으로 들어가게 되며, 자신과 등장인물을 동일시 해서 가상 체험을 하게 되는 것이다. 그러므로 우리가 성경 이야기를 듣게 되면

---

26 Wilbur. L. Schramm(ed.), *The Science of Human Communication: New Directions and New Findings in Communication Reseach* (Basic Books Inc., 1963), 68, 128-137.
27 이야기를 통해서 "세계관"을 바꾸는 것에 대해서는 Willis, Avery T. & Mark Snowden가 그의 책에서 잘 설명해 주고 있다. Avery T. Willis & Mark Snowden, 김연수· 김택주 역, 『성경스토리텔링』(서울: 아가페북스, 2015), 209-210.
28 A. Rabou, Het verhaal gaat door, 74; H.J.C. Pieterse, 『설교의 커뮤니케이션』 319, 320에서 재인용.
29 H.J.C. Pieterse, 『설교의 커뮤니케이션』, 320, 339.

03 이야기의 특징과 위력

"성경 이야기가 우리를 그 이야기의 실재 속으로 초청하는 것"[30]이 되는 것이다. 이것이야말로 설교의 목적과 직접 관련되어 있다. 왜냐하면 "설교의 목적이 청중으로 하여금 성경의 이야기에 참여시키고 관여시키는 것"[31]이기 때문이다.

5) 이야기는 시대적 요청이다.

이야기는 인간의 모든 시대에 있어 왔지만, 이 시대처럼 이야기가 중요하고 절실하게 사용된 적도 없었을 것으로 보인다. 사람들은 이 시대를 재미와 감성의 시대라고 하기 때문이다. 이 시대인들은 추상적이고 논리적인 내용보다는 모든 것을 재미가 있는가, 없는가, 아니면 감동이 있는가, 없는가로 평가하는 강한 성향을 보인다. 그런데 이야기에는 재미와 감동이 둘 다 들어 있다. 그러므로 시대정신에 맞는 이야기식 교육이나 설교가 이 시대 사람들에게 가장 적합한 방법론이 되는 것이다. 그래서 유명한 설교가 중의 하나인 스프라울(R.C. Sproul)은 "사람들은 추상적인 것은 단 한 번 듣는 것도 지겨워하지만, 이야기는 열 번이라도 들으려고 하므로 나도 내러티브를 설교하는 것을 아주 좋아한다."[32]고 말한 바 있다.

그래서 마페솔리(Maffesoli)는 이 시대를 컴퓨터와 인터넷과 사회적 네트워크 서비스(SNS)가 만들어 낸 "신부족사회"(New Tribalism)[33]이라고 명명하고 있으며, 조나 삭스(Jonah Sachs)는 이 세대를 디지털의 발달이 만들어 낸 구전적 사회라는 의미로 "디지토랄 세대"(Digit-oral Generation)[34]라고 부르고 있다. 이 시대는 어쩌면 한 번도 경험해 보지 못한 새로운 개념의 구전적인 부족사회라고 부

---

30 Richard A. Jensen, *Thinking in Story – Preaching in A Post-literate Age* (Lima, Ohio: C.S.S. Publishing Co., Inc., 1993), 62.
31 Richard A. Jensen, *Telling the Story*, 135.
32 Michael Duduit, "Theology and Preaching in the 90s: An Interview with R.C. Sproul," *Preaching* (March-April 1994): 23; Steven D. Mathewson, 『청중을 사로잡는 구약의 내러티브 설교』에서 재인용.
33 Michel Maffesoli, trans. Don Smith, *The Time of the Tribes: The Decline of Individualism in Mass Society* (London: Sage, 1996), 1.
34 Jonah Sachs, 김효정 역, 『스토리 전쟁』(서울: 을유문화사, 2013), 28.

03 이야기의 특징과 위력

를 수 있을 것이다.

6) 이야기는 치유 능력을 갖추고 있다.

요즘에 와서 "이야기 치료법"이 주목을 받는 이유가 바로 여기에 있다. 이야기를 통한 치유 중에는 성경 이야기를 가지고 연극을 함으로 심리적인 치료를 추구하는 분야도 있다. 그것이 바로 "비블리오드라마"(Bibliodrama)[35]이다. 이것은 본래 성경을 더욱 가까이하며 더 구체적으로 체험하여 신앙을 고취하고자 하는 목적으로 개발되었고 초기에는 심리극과 관련하여 발전하였으나 그것이 성경의 본문을 사용한다는 측면에서 독서치료(bibliotherapy)와 예술치료를 포함하는 통합적 문학치료 그리고 인간의 심리를 다룬다는 측면에서 심리학의 영향을 직간접적으로 받게 되었다. 이야기가 갖고 있는 치유 능력은 사회가 더 복잡해지고 단절된 사람이 늘어갈수록 더 많이 활용되어야 할 분야일 것이다.

7) 이야기는 행동하도록 이끄는 힘이 있다.

이야기는 그것을 듣는 사람을 절대로 강요하지 않으면서도 해야 할 일을 스스로 결정하게 만드는 힘을 가지고 있다. 이야기를 듣는다는 것은 자신도 모르게 어떤 것을 결심하고 결국은 행하게 될 수 있음을 알고 들어야 한다. 이야기는 듣는 사람의 가슴에 다가가기 때문이다.

마틴(Martin)과 훌 모어(Hull Mohr)는 이야기가 그것을 들은 사람에게 어떤 역할을 하게 되는지에 대해 유명한 말을 남겼다. "이야기는 청중으로 하여금 자신의 결정을 하게 하고 자신의 시간에 자신의 방법으로 그것에 반응하기를 결정하게 만든다. 이러한 의미에서 내러티브는 끝이 열려 있다."[36] 우리가 이야기를 들으면 우리가

---

35 이에 대해 더 자세한 것은 이범석, 『비블리오드라마』(서울: (주)한국학술정보, 2008)을 참고할 것.
36 Martin A. and Mary Hull Mohr, "Interpreting the Text and Telling the Story," *Dialog 21*, no. 2 (03/01, 1982): 105.

03 이야기의 특징과 위력

그 이야기로 들어가게 되며 그 이야기 안에서 우리가 뭔가를 결정하고 그것을 행동으로 옮기는 것이다.

인도에서 오랫동안 선교를 했던, 그러나 안타깝게도 50대에 주님의 부름을 받았던 앤소니 드멜로(Anthony de Mello) 신부는 사다나 사목 상담연구소 소장을 역임했었다. 그는 살아 있을 때 이 땅에서 크게 주목을 받지 못했으나 죽은 후에 그가 남긴 두 권의 책 때문에 많은 사람이 그를 알게 되었다. 그는 그가 수집한 평범하지만 깊이 생각하게 만드는 이야기를 모아서 책으로 남겼기 때문이다. 그의 글을 읽으면 잔잔한 감동이 있고 어떤 이야기는 큰 깨달음을 주기도 한다. 그는 자기 책 서문에서 다음과 같이 말하고 있다. 그는 이야기가 갖고 있는 행동으로 이끄는 힘과 치유의 능력을 제대로 알고 있는 사람이었다.

> 진실 하나에 대항하기는 예사롭지만, 이야기 하나를 물리치기는 불가능하다. 이야기 하나를 주의 깊게 듣는다면 당신은 결코 다시 전과 같이 될 수 없으리라. 그 이야기는 당신 마음속으로 서서히 들어가서 저 거룩함을 방해하는 장벽들을 무너뜨릴 것이다. … 어쩌다 읽은 이야기 하나가 당신의 수비망을 살짝 뚫고 들어가, 거의 기대하지 않은 순간에 그 수비망을 폭발시키지 말라는 법은 없다. 따라서 당신은 경고를 받은 것이다! (중략) 이야기 하나를 마음속에 품고 다니다가 한가한 때에 그 이야기를 음미할 수 있게 하라. 그렇게 하면 그 이야기가 당신의 무의식을 움직여 그 숨은 뜻을 드러내 보일 기회가 있을 것이다. 그렇게 되면 어떤 사건이나 상황을 훤히 비추어 보아야 할 바로 그때, 전혀 뜻밖에도 그 이야기가 통찰력을 지니게 해주고, 당신을 내적으로 치유해 주는 것을 보고서 놀라게 될 것이다.[37]

---

37 Anthony de Mello, 『개구리 기도 1권』(서울: 분도출판사), 23-24.

03 이야기의 특징과 위력

2. 이야기의 위력[38]

우리가 앞에서 살펴본 이야기의 특징은 이야기가 우리 인간과 인간 공동체에 어떤 일을 할 수 있는지를 알게 한다. 이야기가 갖고 있는 그 특징과 그 위력을 알게 되면 우리가 왜 설교에서 이야기 형태를 사용해야 하는지를 새삼 깨닫게 된다.

1) 사람들은 훌륭한 이야기를 기억한다.
사람은 자기의 경험을 이야기 형태로 기억한다. 그래서 경험을 묻는 다른 사람의 질문에 대한 그의 대답으로 그 자신의 이야기를 들려주는 것이 자연스러울 수밖에 없다. 그런가 하면 자신에게 의미가 있거나 감동을 주었거나 훌륭한 이야기를 더 잘 기억하는 경향이 있다. 그래서 그 이야기가 그에게 지속적인 영향을 끼칠 수밖에 없는 이유가 바로 여기에 있다.

2) 우리는 이야기 문화 속에 살고 있다.
우리가 요즘 특히나 이야기 문화 속에 살고 있다는 사실은 그렇게 놀랄 일이 아니다. 요즘 세대의 이야기 사랑과 인간 활동의 전 분야에서 이야기 활용은 그 어느 시대보다도 두드러지고 있다. 그래서 거의 모든 분야에서 이야기가 주목을 받고 있으며 의사소통에서 이야기는 가장 중요한 방식으로 사용되고 있다. 그런 점에서, 앞에서 말했던 것처럼, 요즘 세대를 인터넷이나 SNS(Social Network System)가 만들어 낸 하나의 거대한 부족사회로 보아 "새로운 부족사회"(Neo Tribalism)[39]라고 말하거나 디지털이 만들어 낸 구전 사회라

---

[38] 김연수, "스토리텔링 1차 워크숍," 비출판 인쇄물 (스토리텔링사역연구소, 2020), 63을 참고하여 정리한 것임을 밝힌다. 그리고 그 내용은 본래 Haddon W. Robinson & Torrey W. Robinson, 전광규 역, 『1인칭 내러티브 설교』(서울: 이레서원, 2004), 37-39에서 원용했고 그 설명은 필자가 덧붙인 것임을 밝힌다. 또한 김연수는 그의 책에서 "이야기의 필요성"이라는 소제목으로 이야기가 갖고 있는 힘에 대해 5가지로 나누어 다루고 있다. 김연수, 『왜 이야기인가?』, 52-55.

03 이야기의 특징과 위력

는 의미에서 "디지토랄 세대"(Digit-Oral Generation)[40]라고 부르는 것은 이제는 더 이상 낯선 말이 아니다.

3) 이야기는 청중이 하나님의 진리를 경험할 수 있도록 해준다.

이야기는 그것을 듣는 사람으로 하여금 그 사건을 간접적으로 체험할 수 있게 만든다. 성경의 사건 기록은 독자들로 하여금 그 내용을 기억하는 것만을 목적으로 하지 않는다. 그것을 읽고 기억하고 삶에 적용하도록 기록된 것이다. 거기에다가 사람들은 그것을 들을 때 등장인물 중의 한 사람과 자신을 동일시함으로 그 사건을 간접적으로 체험하게 되는 것이다. 인간이 이야기를 들을 때 인간의 신경계에 주어진 "거울 신경"(mirror neuron)[41]은 "공감각"(共感覺)[42]을 가능하게 만들어 자신이 직접 체험하지 않더라도 마치 자신이 행동하는 것처럼 간접적인 체험을 만들어 내는 것이다.

그러므로 이야기는 그것을 듣는 사람으로 하여금 그 사건에 간접적으로 참여하게 만든다. 그렇게 함으로 그가 이야기의 사건을 간접적으로 체험하게 되며 그 사건을 통해서 교훈이나 도움을 받게 되는 것이다. 따라서 인간은 성경을 읽거나 들을 때 그것을 이해하는 것으로 끝나는 것이 아니라 성경의 사건을 간접 체험을 하게 되는 것이며 그러한 간접 체험을 통해서 교훈, 행동, 삶의 방향 등에 대해

39　김연수, "스토리텔링 1차 워크숍," 1.
40　Jonah Sachs, *Winning the Story Wars: Why Those Who Tell and Live the Best Stories Will Rule the Future* (Boston, MA: Harvard Business Review Press, 2012), 20.
41　'거울 신경'은 행동할 때나 다른 사람의 행동을 관찰할 때 그와 똑같이 자극을 받게 한다. 이것이 없으면 다른 사람의 행동, 의도, 감정 앞에서도 소경과 같이 반응할 것이다. 거울 신경의 그러한 영향은 구전 문화권 사람들에게는 더욱 크다고 할 수 있다. 거울 신경은 사회적 학습, 모방, 기술과 태도, 더 나아가 단어의 문화적 전이에도 관여한다고 할 수 있다. Ramachandran, V.S., *The Tell-Tale Brain - A Neuroscientists's Quest for What Makes Us Human* (New York: Norton, 2011), 23.
42　공감각은 "글자에서 소리를 듣고 냄새를 맡고 형상이 보이는 현상"이라고 할 수 있다. 임정섭, 『씽킹 - 왜 나는 아이디어가 없을까』(서울: 루비박스, 2016), 128.

03 이야기의 특징과 위력

지대한 영향을 받게 되는 것이다.

4) 이야기는 사람들의 사고방식에 영향을 끼치는 마음의 그림을 그려낸다.

인간의 일반적이고 보편적인 사고방식은 논리적 사고 체계인 것이 분명하다. 일상생활에서의 합리적인 결정이나 학문적인 활동의 대부분이 그 논리적인 사고방식으로 이뤄지는 것도 분명하다. 우리는 그것을 "개념적 사고"(thinking in ideas)라고 부른다. 그러나 인간이 갖고 있는 또 다른 사고 체계는 "이야기 안에서의 사고"(thinking in story)이다. 한 사람이 어떤 이야기를 받아들이게 되면 그 이야기가 갖고 있는 혹은 그 이야기의 등장인물이 갖고 있는 사고방식을 받아들이는 결과를 갖게 된다. 이것은 "마치 인간의 두뇌에 다른 프로그램(software)을 깐 것과 같다."[43]고 볼 수 있다. 개념적 사고가 이해를 전제로 하는 사고방식이라면 이야기 안에서의 사고는 이야기 속에서 사고하는 것이며 참여를 전제로 하는 사고방식이라고 할 수 있을 것이다.

5) 이야기의 극적인 요소가 사람들을 갈등과 해결에 연루시킨다.

사람들은 이야기를 들을 때 그 사건에 간접적으로 개입할 뿐만 아니라 그 이야기가 갖는 갈등까지도 간접적으로 관여하게 된다. 그리고 그것이 해결될 때 카타르시스를 느끼게 되며 교훈을 얻게 된다. 그래서 현실 생활에서 유사한 사건을 만났을 때 같은 방법으로 해결할 수 있는 통찰력을 얻게 되는 것이다. 아이들의 성장 과정에서 훌륭한 사람의 전기나 다른 사람들의 어려운 문제 해결 기록이 큰 유익을 주는 이유가 바로 여기에 있다.

성경에 기록된 성경 위인들의 삶은 단지 그들의 경험 기록으로 끝나지 않는다. 그것이 오고 오는 신앙인들의 결단과 삶에 영향을 주기 위해 기록된 것이기 때문이다.[44]

---

43 Richard A. Jensen, *Thinking in Story*, 64.
44 로마서 15:4 "무엇이든지 전에 기록된 바는 우리의 교훈을 위하여 기록된 것

03 이야기의 특징과 위력

이니." 유다서 1:7 "소돔과 고모라와 그 이웃 도시들도 … 거울이 되었느니라."
고린도전서 10:6 "이러한 일은 우리의 본보기가 되어 우리로 하여금 그들이
악을 즐겨한 것 같이 즐겨하는 자가 되지 않게 하려 함이니."

04
이야기식 설교의 특징

04 이야기식 설교의 특징

1. 성경 자체의 이야기 방식을 사용하는 설교

성경 내용의 75%가 이야기 형식을 갖고 있으며 성경의 역사, 특히 구속 역사 자체, 성경 인물들의 역사가 모두 이야기로 되어 있다. 성경은 많은 부분이 이야기 형식의 의사 전달법을 사용하고 있다. 이것은 성경이 하나의 큰 이야기이고 그 안에 많은 이야기들이 들어 있으며 그것들이 서로 긴밀하게 연결되어 있음을 시사하고 있다. 그래서 밀러(Calvin Miller)는 이야기식 설교의 정의를 "성경 자체의 이야기를 모방한 형태"[45]라고 주장하고 있다. 그런 점에서 이야기식 설교의 기본 형태는 설교자가 다른 내용을 말하기보다는 성경 이야기를 "다시 이야기하는"(re-telling) 것이 되어야 할 것이다.

그러므로 우리는 성경 이야기를 연구함으로 성경 이야기식 설교를 발전시키고 목회 현장에서 그러한 설교 형태를 적절하게 사용할 수 있게 될 것이다.

2. 느끼도록 하는 설교

예수님은 설교하실 때 이야기로 말씀하셨다. 우리가 예수님을 신학자로 생각하지 않는 이유 중의 하나는 아마도 그분이 단지 탁월한 이야기꾼이셨기 때문일 수 있다. 예수님의 비유 이야기는 엄청난 효력을 발휘했다. 그 당시 평민들은 예수님의 비유에 열광하게 되었고 그의 대적들은 예수님 이야기의 요점을 뼈저리게 깨닫게 되었다. 예수

---

45 Calvin Miller, *Preaching - The Art of Narrative Exposition* (Grand Rapids: BakerBooks, 2006), 148.

04 이야기식 설교의 특징

님께서 비유로 설교하신 최초의 선생이 아니셨다. 고대 세계에서 종교계의 저명인사는 말할 것도 없고 수사학자, 정치가, 예언자, 철학자도 비유를 널리 사용했었다.[46] 그런데 예수님의 비유는 그들의 것과는 비교가 되지 않을 정도로 탁월하고 깊은 메시지를 담은 설교와 같은 것이었다. 예수님의 비유는 사람에게 잘 알려진 수준으로 끝나는 것이 아니었다. 항상 특별히 노리는 것(catch)이 들어 있었다. 예수님께서 사용하신 뭔가를 느끼도록 만들어 줄 뿐만 아니라 "청중들이 그 이야기의 의미가 무엇인지, 무엇을 요구하는지를 생각하게 만드는, 깜짝 놀랄만하거나 혼동을 일으키거나 예기치 못한 뒤틀림이 들어있는"[47] 특징을 가지고 있었다.

예를 들어, 누가복음 15장에 기록된 예수님의 "잃은 것의 비유"를 우리가 연속적으로 듣게 되면 그 세 비유가 우리로 하여금 죄인의 회개를 그렇게도 기다리시는 아버지의 마음을 느낄 수 있도록 만들어 준다. 예수님의 그 비유들이야말로 죄인의 회개를 그렇게 기다리시는 그들을 향한 아버지의 사랑을 가슴 깊이 느끼도록 해주는 주님의 설교이다.

일반적인 연역적인 설교가 아이디어를 조직적으로 전개하는 방법을 사용한다면, 귀납적인 설교의 한 형태라고 할 수 있는 이야기식 설교는 "이야기를 통하여 경험을 형성하도록 이끌어 가는"[48] 특징을 가지고 있다. 청중은 이야기를 듣다가 보면 그 이야기의 동적인 움직임에 따라가게 되는 것이다.

우리가 이 부분에서 신경 써야 하는 것은 바로 설교 전달, 프레젠테이션이라고 할 수 있다. "대부분은 사람들의 주위를 사로잡고 유지하는 것은 바로 프레젠테이션이기"[49] 때문이다. 성경 이야기의

---

46 Barbara E. Reid, *Parables for Preachers* (Collegeville, Minnesota: The Liturgical Press, 1999), 5.
47 Barbara E. Reid, *Parables for Preachers*, 7.
48 Eugene Lowry, "Narrative and the Sermonic Plot", ed. Richard L. Eslinger, *A New Hearing*, (Nashville: Abingdon, 1987), 65f.
49 Andy Stanley, 김창동 역, 『최고의 설교자를 만드는 설교 코칭』(서울: 디모데, 2006), 192.

04 이야기식 설교의 특징

내용은 절대로 변하지 않는다. 다만 우리의 프레젠테이션이 바뀔 뿐이다.

3. 사건의 재구성으로서의 설교

예수님 당시 사람들은 예수님의 설교를 들을 때에 그들이 직접 경험하며 그들이 몸으로 부딪칠 수 있는 언어와 표현으로 들을 수 있었다. 또한 초대 교인들도 사도들의 설교를 들을 때에 자기들의 언어와 삶으로 들을 수 있었다. 그렇기에 그러한 설교들이 그들로 하여금 실감 나게 했으며, 그들의 마음을 움직이게 했다. 그들이 들었던 설교는 자신들과는 아무 관계도 없는 먼 사람들의 이야기를 듣는 것이 아니었다. 오늘날의 설교도 오늘날의 교인들이 실감 나게 듣고 그것을 눈에 보듯이 이해하도록 전달하려는 설교가 바로 이야기식 설교라고 할 수 있다.

4. 단순한 이야기들의 나열이 아니다.

이야기식 설교에 대한 흔한 오해 중의 하나는 설교를 재미있는 이야기처럼 하는 것이거나 다양한 이야기를 많이 하는 것으로 생각하는 것이다. 이야기식 설교는 재미있는 이야기들의 나열이 아니며, 자기식 표현으로서의 이야기거나, 자기의 상상력을 추가한 이야기는 이야기식 설교가 아니다. 오히려 전하고자 하는 하나님의 말씀을 이야기식 구성 – 예를 들면, 기승전결의 구성 – 을 가진 형태로 전달하는 것이라고 보아야 할 것이다. 그런 점에서 본다면 이야기식 설교에는 실제로 이야기가 하나도 들어 있지 않아도 이야기 구성을 하고 있다면 그것은 이야기식 설교가 될 수 있는 것이다.

일반적인 설교가 설교 내용의 구조를 중요하게 다루는 것이라면, 이야기식 설교는 그 진행이 훨씬 더 중요하다. 전체 내용이 이야기의 구조를 가지고 사건의 시간적 흐름과 그 진행이 어떻게 되느

04 이야기식 설교의 특징

냐에 따라 그 이야기식 설교의 중요한 메시지가 드러나게 되는 것이다.

이야기는 내러티브의 흐름 속에서 비로소 이야기되는 것이기 때문에, 이야기식 설교는 바로 이야기의 형식을 갖는 것이라고 할 수 있으며, "이야기 설교가 얼마나 설득력을 가지느냐는 이야기 자체의 성격과 설교의 목적에 달려 있다."[50]고 할 수 있을 것이다.

5. 기억에 오래 남도록 하는 설교

이야기야말로 사람들이 가장 오래 기억할 수 있도록 돕는 효과적인 방법이다. 설교에서 이야기를 들려주는 방식을 사용함으로 전한 말씀을 좀 더 잘 기억하고 더욱더 오래 기억할 수 있도록 도울 수 있다. 그것이 바로 이야기식 설교인 것이다.

어느 대학의 교수가 이런 실험을 했다. 강의를 시작하기 전에 시험을 치르게 될 것을 먼저 말하고 10분간 강의를 했다. 그리고 강의가 끝난 직후 시험을 치렀는데 학생들의 50%만이 그 내용을 기억하고 있음이 드러났다. 두 주 후에는 25%의 학생만이 강의한 것을 기억할 수 있었다. 시험에 나올 것이라고 그렇게 강조하고 가르쳤는데도 그러한 결과가 나왔다는 것은 충격이 아닐 수 없다. 그런데 사실은 모든 인간의 기억이라는 것이 그만큼 제한적이다.

우리가 알게 된 것을 좀 더 오래 기억하기를 원한다면, 단기 기억력 안에서 배운 것을 많이 되풀이시키거나 장기 기억력 안에 이미 저장되어 있던 것들과 연관시키거나 아니면 이야기 형태로 전달해야 한다. 이야기 형태로 전달된 설교가 일반 형태로 전달된 설교의 내용보다 훨씬 정확하게 그리고 훨씬 오랫동안 들은 사람의 기억에 남는 것은 이미 많은 실험을 통해서 증명되고 있다. 이야기 형태로 받은 성경의 말씀이 오랫동안 기억이 된다는 것은 그것을 들은 사람

---

50 Eugene Lowry, 이주엽 역, 『설교자여, 준비된 스토리텔러가 돼라』 (서울: 요단출판사, 2009), 29.

58

04 이야기식 설교의 특징

이 말씀으로 변화될 가능성이 훨씬 커진다는 것이다. 왜냐하면 성령님께서는 하나님의 말씀으로 우리에게 역사하시기 때문이다.

　　　　성경의 복음은 항상 신앙인의 변화를 지향한다. 복음이 그러한 역할을 할 수 있게 하도록 "효과적인 설교자라면 청중이 주어진 말씀 본래의 의미를 제대로 이해하고 그것을 그들의 삶에서 역동적으로 재현할 수 있도록"[51] 해야 할 것이다. 그것은 설교자가 예수님께서 하셨던 것처럼 이야기의 역동성을 잘 활용할 때 가능한 것임을 기억해야 할 것이다.

6. 동기부여까지 인도하는 설교

사실 청중들에게 설교자가 다루는 성경 내용이 완전히 새로울 수는 없다. 성경적인 설교는 모두 성경에 기반을 두고 있으며 청중들의 오랜 신앙생활은 그들에게 그 말씀을 들을 수 있는 다양한 기회를 제공했을 것이다. 그러므로 좋은 설교는 바른 것이 무엇인지 깨닫게 하거나 순종해야 할 것이 어떤 것인지를 가르쳐주는 것으로 끝나서는 안 된다. 오히려 그것을 지나 그것을 행동으로 옮길 수 있는 동기부여까지 해주는 설교가 되어야 한다. 그래야 청중들의 삶이 실제로 변하게 되며 그러한 동기부여를 통해 그 말씀을 행동으로 옮길 때 역으로 그 말씀을 제대로 오래 기억하게 되는 것이다.

　　　　그래서 설교학자 트뢰거(Troeger)는 "설교의 목표는 진리를 깨닫게 할 뿐만 아니라 마음의 벽을 문지르는 것을 느낄 수 있도록 해야 한다."[52]고 말했다. 신앙인이 어떤 설교를 듣고 그 말씀대로 삶에서 살아내야겠다고 결심하게 된다면 그 설교는 살아있는 설교인 것이다. 그가 들었던 설교가 그에게 강한 동기부여가 되었기 때문이다.

51　Barbara E. Reid, *Parables for Preachers*, 8.
52　Thomas H. Troeger, "Shaping Sermons by the Encounter of Text with Preacher," *Preaching Biblically*, ed. Don M. Wardlow (Philadelphia: The Westminster Press, 1983), 172.

05
이야기식 설교를 준비하는 설교자의 성경 읽기

05 이야기식 설교를 준비하는 설교자의 성경 읽기

이야기식 설교를 준비하기 위해서는 무엇보다도 성경을 내러티브/ 이야기로 읽는 방법 혹은 성경을 기록된 연속되는 사건으로 보려는 노력이 필요하다. 그렇게 할 때 성경 본문을 가지고 이야기식으로 엮어내는 일이 더욱 쉬워질 것이다. 그 일을 위해서는 다음과 같은 점들을 유의해야만 할 것이다.

05 이야기식 설교를 준비하는 설교자의 성경 읽기

1. 앞뒤 문맥을 중시하라.

사실상 성경은 "하나의 큰 이야기"(One Story)라고 할 수 있다. 그것은 성경의 모든 이야기가 한 주제를 가지고 하나의 구성으로 이뤄진 거대한 이야기이기 때문이다. 그런 점에서 성경의 모든 이야기는 서로 연결되어 있으며 특히 인접하는 사건들과 에피소드들은 매우 밀접한 관계를 맺고 있다. 또한 성경의 사건 이야기의 정확한 의미는 그것이 갖고 있는 "문맥"에 의해 결정된다고 해도 과언이 아니다. 여기서 우리가 "문맥"이라고 할 때에는 적어도 네 가지의 문맥 유형[53]을 고려해야 함을 의미한다. 문학적 문맥-해당 구절의 앞뒤 문장이나 에피소드 속에서의 문맥, 역사적/ 문화적 문맥-해당 사건의 역사적 문화적 배경, 구원사적 문맥-성경의 전체 구원 역사 속에서의 문맥, 신학적/ 주제적 문맥-해당 본문의 핵심적 신학 주제에 따른 문맥 등이 바로 그것이다. 이러한 문맥을 고려할 때 성경 전체 속에서 그 이야기의 의미를 파악할 수 있으며 본문과 전혀 관계없는 잘못된 해석에서 벗어날 수 있다.

그러므로 우리가 성경 하나의 이야기를 다룰 때 그 이야기 안에서 에피소드들의 연결은 말할 것도 없고 그 이야기의 전후 사건에도 깊은 관심을 가져야 하며 더 나아가 더 넓은 범위의 문맥에도 관심을 가져야 한다. 그 사건들이 전체 이야기 안에서 긴밀하게 연결되어 있기 때문이다.

인접한 문학적 문맥의 중요성을 보여주는 예를 들어 보자.

---

53 Richard L. Schultz, 김태곤 역, 『문맥, 성경 이해의 핵심』(서울: 아가페북스, 2014), 77-104.

05 이야기식 설교를 준비하는 설교자의 성경 읽기

누가복음 17:1-10을 본다면 형식상 한 묶음으로 보이는 이 구절들의 말씀은 몇 개의 다른 소주제를 다루고 있어 내용상 연결성이 약한 본문으로 보이지만 그 흐름을 잘 살펴본다면 서로 깊게 연관된 한 본문인 것을 알 수 있다. 주님께서 다른 사람을 실족하게 하는 일의 심각성을 다루시면서 형제의 죄악을 하루에 일곱 번이라고 용서하라고 말씀하셨다. 그러자 제자들은 믿음을 더해 달라고 요청한다. 그러자 예수님께서는 겨자씨 하나 만한 믿음만 있으면 뽕나무가 뽑혀 바다에 심기는 일도 가능하다고 말씀하셨다.

그러면서 갑자기 주인과 종에 관해 말씀하셨다. 그 주인과 종의 관계에 대한 마무리 말씀을 종이 자신을 무익한 종이라고 고백해야 한다고 말씀하셨다. 여러 소주제가 산발적으로 다뤄지고 있는 듯 보이지만 한 주제의 말씀이 흐르고 있음을 알 수 있다. 제자들은 주님께서 하루에 일곱 번씩이라도 용서하라는 말씀에 자신들이 그것을 행하기에는 너무나 믿음이 부족함을 깨닫고 더 큰 믿음을 달라고 요청한다. 주님께서는 겨자씨만 한 믿음만 있어도 불가능해 보이는 엄청난 일을 할 수 있음을 말씀하셨다. 제자들은 믿음의 양적인 면을 언급하고 있지만 주님께서는 믿음의 질적인 면을 말씀하셨다. 겨자씨는 매우 작지만, 생명력을 갖고 있기 때문이다. 그리고 그러한 생명력이 있는 질적인 면의 믿음은 주님과의 관계에서만 이뤄질 수 있으며, 질적인 믿음을 위한 종의 자세에는 자신을 무익한 종이라고 생각하는 겸손이 있어야 함을 말씀하셨다. 그러므로 이 본문은 모든 부분이 서로 한 주제로 연결되어 있음을 알 수 있다.

성경에서 가장 유명한 구절 중의 하나인 요한복음 3장 16절의 말씀도 마찬가지이다. 본절은 성경의 전체적인 핵심이요 요절이라고 일컬어지고 있으며 문맥상의 의미를 살펴보지 않고 이 구절만을 따로 떼어 사용되는 경우가 많다. 그러나 사실상 이 구절은 예수님과 니고데모와의 대화의 연장선에서 보아야 그 정확한 의미를 알 수 있다. 3장 14절(광야의 불 뱀처럼 인자의 들림), 17절(인자가 구원하러 오심), 18절(독생자를 믿지 않으면 심판)의 의미를 이해할 때 3장 16절을 정확하게 깨달을 수 있다.

05 이야기식 설교를 준비하는 설교자의 성경 읽기

2. 주어진 본문을 한 구절 한 구절 정확하게 읽어야 한다.

성경을 볼 때 한 구절 한 구절을 정확하게 이해하지 않고 대충 넘어가게 되면 어떤 경우에는 중요한 메시지를 놓칠 수 있다. 그것은 성령님께서 치밀하게 말씀하신 것이기 때문이다.

예를 들어, 우리는 창세기 11장의 마지막 부분에서 데라가 아브라함을 70세에 낳았고(26), 그가 205세에 하란에서 죽었음(32)을 보게 된다. 그런데 바로 그다음(12:4)에 보면 아브라함이 하란을 떠날 때 75세였다고 말한다. 우리는 이 부분을 주의 깊게 읽지 않는다면 아무 문제를 느끼지 못하고 지나갈 수 있다. 그러나 조금만 자세히 본다면 뭔가 이상한 점을 발견하게 된다. 데라가 70세에 아브라함을 낳았다면 데라가 하란에서 205세에 죽었을 때 아브라함의 나이는 135세가 되어야 한다. 그런데 아브라함의 나이가 75세일 때 하란을 떠났다고 되어 있기 때문이다. 이 부분에 대해서 스데반도 설교할 때 "아브라함이 갈대아 사람의 땅을 떠나 하란에 거하다가 그의 아버지가 죽으매 하나님이 그를 거기서 너희 지금 사는 이 땅으로 옮기셨느니라."(행 7:4)라고 말하고 있다. 데라가 죽은 후에 아브라함이 하란을 떠났다면 연도가 맞지를 않는다.

이 문제를 해결하는 가장 합리적인 방법의 하나는 이스라엘 사람들의 역사 기술 방법을 이해하는 것이다. 데라와 아브라함이 함께 여행을 시작했지만, 그 한 사람이 그 여정에서 떨어져 나가고 다른 사람이 그 여행을 계속한다면 떨어져 나가는 사람의 끝까지를 먼저 기술하고, 그 여행을 계속하는 사람은 다시 그곳에서 떠나는 시점으로 돌아와 여행을 계속 이어가는 것이다. 그러니까 데라는 하란에 남아 205세가 될 때까지 그곳에 살았고, 아브라함은 그가 75세일 때, 그러니까 그의 아버지 데라가 145세일 때에 하란을 떠났다.

이와 같이 성경의 내용은 한 구절 한 구절 면밀하게 읽히고 연구되어야 한다. 모든 구절이, 모든 내용이 의미 있게 쓰였기 때문이다. 어떤 중요한 부분을 놓치게 된다면 메시지 파악에 큰 영향을 받

05 이야기식 설교를 준비하는 설교자의 성경 읽기

게 될 것이다.

3. 기록자/ 성경의 의도를 파악해야 한다.
- 명시적 의도와 암시적 의도 파악

모든 글은, 그리고 모든 말은 그것을 쓰는 사람이나 말하는 사람이 어떤 의도를 가지고 쓰거나 말하게 된다. 심지어 아무 의도나 목적 없이 쓰거나 말하는 것마저도 그것 자체가 의도나 목적이 될 수 있다. 그렇다면 성경은 어떠한가? 성경은 성령님께서 의도를 가지고 하나님의 사람들을 통해서 말씀하신 것이 글로 쓰이게 된 것이다. 성경의 경우에는 그 성령님의 의도가 성경을 기록한 사람에게 그대로 반영되어 우리에게 전달된 것으로 성령님의 영감으로 쓰인 것이라고 우리는 믿고 있다. 그러므로 우리가 성경을 읽을 때 성령님이나 기록자의 의도를 파악하는 것이 매우 중요할 수밖에 없다.

그런데 성경에서 그러한 성령님이나 기록자의 의도는 두 가지 방식으로 드러나고 있다. 하나는 그 의도가 명시적으로 기록된 경우이고 다른 하나는 그 의도가 암시적으로 들어 있어 그것을 찾아내야 하는 경우이다. 우리는 그것을 명시적 의도와 암시적 의도라고 부른다.

우리가 반드시 알아야 할 것은 암시적 의도도 명시적 의도와 같이 똑같이 중요하다는 점이다. 특히, 암시적 의도는 성경이 언어나 문화가 다른 사람들에게 전달될 때 파악이 매우 어려워지거나 사라질 수도 있어 신중하게 다뤄져야 한다.

예수님께서 중요한 교훈을 주시기 위해 비유를 말씀하실 때도 어떤 경우에는 그 비유를 주시는 목적이 분명하게 드러나 있는 예도 있는가 하면 문맥과 상황을 보고 그 목적을 찾아내야 하는 경우가 있게 된다.

예를 들어, 주님께서는 누가복음 18장에서 "불의한 재판관"의 비유를 말씀하실 때 그 비유를 주시는 목적을 분명하게 말씀하셨

05 이야기식 설교를 준비하는 설교자의 성경 읽기

다. "예수께서 그들에게 항상 기도하고 낙심하지 말아야 할 것을 비유로 말씀하여"(1). 우리는 이 비유를 통해서 항상 기도하고 낙심하지 않아야 한다는 관점에서 그 비유를 해석하고 그 비유로부터 메시지를 얻을 수 있어야 한다. 그 비유를 주신 목적이 그것이기 때문이다.

그러나 누가복음 10장에 기록된 "선한 사마리아인" 비유의 경우에는 그 비유를 주신 목적이 명시적으로 드러나지 않고 있다. 그러나 그 비유를 주신 목적이나 의도를 제대로 파악해야 주님께서 그 비유를 통해 우리가 얻기를 원하시는 메시지를 얻을 수 있게 되는 것이다. 한 율법학자가 주님께 와서 "어떻게 해야 영생을 얻을 수 있겠는가?"라고 질문을 했다. 그런데 그 질문은 예수님을 시험하려고 하는 것이었다. 그는 이미 율법을 행해야 영생을 얻는다는 자신의 답을 가지고 왔다. 그리고 그 율법학자의 두 번째 질문은 "누가 나의 이웃입니까?"였다. 그것은 자신의 이웃관이 옳고 예수님의 이웃관이 잘못된 것임을 드러내기 위해서 한 질문이었다. 그 질문에 대해 예수님께서는 대답 대신 그 비유를 주신 것이다. 그러므로 이 비유에서 우리의 이웃이 누구인지를 발견하지 못한다면 비유를 잘못 보고 있는 것이 될 것이다. 결국 이 비유를 주신 목적과 의도는 숨겨져 있어서 그 이야기의 상황과 배경과 흐름을 살펴봄으로 찾아내야 하는 것이다.

4. 주어진 본문의 상황(역사적 정황)과 배경(공간적, 시간적)과 환경(지리)을 파악해야 한다.

성경의 사건과 이야기는 그것을 읽거나 듣는 사람과는 시간적, 공간적, 문화적 갭을 가지고 있다. 지금 이곳에서 일어난 사건이 아니고 그때 그곳에서 일어난 사건이기 때문이다. 그러므로 그때 그곳의 정황과 배경, 시간과 장소에 대한 이해 없이는 그 사건이 갖는 의미를 제대로 파악할 수 없게 되는 것이다. 또한 어떤 인물이나 어떤 사건은 사실상 지리적 혹은 지정학적인 영향이나 산물로 주어진 것이 많

05 이야기식 설교를 준비하는 설교자의 성경 읽기

아서 그에 대한 이해는 그 사건 이해에 중요한 것이 될 수밖에 없다. 인간의 삶 자체가 하나님께서 정하신 "연대와 거주의 경계"[54]에 연관되어 있으며 모든 역사가 그들이 살고 있는 지리(땅)와 환경과 상황에 따라 형성된다고 해도 과언이 아니기 때문이다.[55]

예를 들어, 창세기 11장의 바벨탑 사건을 살펴보도록 하자. 노아의 세 아들 중 셈의 후손 중에서 에벨(창 10:21)이 태어난다. 그리고 에벨의 두 아들은 벨렉과 욕단인데 벨렉 때에 세상이 나뉘었다고 설명한 것으로 보아(창 10:25) 벨렉 때에 그를 통해서 바벨탑 사건이 일어났음을 시사하고 있다. 그렇다면 그로부터 아브라함이 부름을 받기까지는 236년 정도의 공백기가 있었음을 알 수 있다. 그때에는 아무도 하나님을 부르지 않던 시대에 하나님께서 갑자기 아브라함에게 나타나셔서 그를 부르셨다. 그렇다면 그것은 대단한 사건이 아닐 수 없다. 바벨탑 사건부터 아브라함이 부름을 받기까지의 시간적 공백을 알게 된다면 아브라함이 부름을 받은 사건이 얼마나 뜻밖의 놀라운 사건인지를 짐작할 수 있게 된다.

예수님께서 십자가에서 죽으시고 부활하신 사건 후에 그것을 알지 못했던 엠마오로 가던 두 제자 이야기도 제대로 이해하기 위해서는 그곳에 살지 않아 그곳을 잘 알지 못하는 사람들에게는 배경적 지식이 필요하다. 예루살렘과 엠마오의 거리가 약 13km 정도이다. 이것은 보통 사람의 경우 약 세 시간의 이동 거리이다. 그들이 엠마오에 도착해서야 예수님을 알아보고 그들이 바로 예루살렘으로 되돌아갔는데 그들이 되돌아간 거리는 결코 가까운 거리가 아니었다. 그것은 그들의 놀라움과 감격이 어떠했는지를 잘 보여준다. 우리가 그곳의 지리를 잘 모르기 때문에 별다른 감동 없이 넘어갈 수도 있는 것이다.

---

54 행 17:26 "인류의 모든 족속을 한 혈통으로 만드사 온 땅에 살게 하시고 그들의 연대를 정하시며 거주의 경계를 한정하셨으니."
55 Tim Marshall, 김미선 역, 『지리의 힘』(서울: 사이, 2015), 9. 저자는, "우리의 삶은 언제나 우리가 살아가고 있는 '땅'에 의해 형성돼 왔다. 전쟁, 권력, 정치는 지리적 특성에 따라 이뤄졌다."라고 말한다.

05 이야기식 설교를 준비하는 설교자의 성경 읽기

5. 핵심 사건과 주변 사건을 구별한다.

이야기가 어느 정도 긴 내용이라면 그 이야기 내용이 핵심 사건과 주변 사건으로 구성될 수 있다. 그럴 때 우리가 그 사건을 제대로 이해하기 위해서는 먼저 핵심 사건을 찾아 그 의미를 규명하고 그 후에는 주변 사건에서도 메시지를 얻어낼 수 있어야 할 것이다.

예를 들어, 나아만 장군의 문둥병 치료 사건(왕하 5:1-14)을 살펴보도록 하자. 그 이야기의 주요 등장인물은 나아만, 엘리사라고 할 수 있다. 그리고 그 두 인물은 이 이야기의 핵심 사건의 주요 등장인물이다. 그러나 그들 외에 유대 소녀 또한 그 이야기의 주변 사건에서 중요한 역할을 하고 있음을 볼 수 있다. 사실은 아람인 나아만 장군에게 자신의 고국에 있는 위대한 영적인 인물인 엘리사를 소개한 사람이 바로 그 이스라엘 소녀이기 때문이다. 그 소녀는 아람 군대에 잡혀 와 나아만의 아내를 섬기게 되었다. 그런데 나아만 장군이 문둥병으로 고생하는 것을 보고 그녀가 섬기던 여주인에게 이스라엘의 선지자 엘리사를 소개했다.

하나님의 복음은 그 소녀의 불행한 처지에서도, 그리고 자신을 지배하는 사람에게도 전해질 수 있다. 복음은 본래 원하는 상황이 아닌 비자발적(사로잡혀 옴)인 상황에서, 그리고 원심적인(자기 고향을 떠나 다른 곳에 가게 됨) 방향에서도 전해질 수 있음을 알 수 있다. 또한 그 주변적인 에피소드를 통해 이방 땅, 낯선 곳에서 그 소녀가 여종으로 사는 삶이 어떠했는지를 짐작할 수 있다.

6. 이야기 구성 요소들에 대해 이해한다.

우리는 이야기가 들려주는 사건에 대해서 살펴볼 때 그 이야기 속의 여러 사건의 순서, 이야기의 진행 속도, 어떤 내용 언급의 빈도, 등장인물들 사이 혹은 어떤 상황과의 갈등 등에도 관심을 가져야 한다. 그 이야기가 그렇게 흘러가는 데에는 그만한 이유가 있기 때문이다.

05 이야기식 설교를 준비하는 설교자의 성경 읽기

예를 들어, 우리는 사도행전의 초대 교회가 당했던 박해가 우연히 일어난 것이 아님을 그 흐름을 통해서 알게 된다. 사실 그들에게는 엄중한 지상명령이 주어져 있었다. 그것은 성령이 그들에게 임하시면 모든 지역, 모든 족속에게 나아가 복음을 전하고 그들을 주님의 제자로 삼는 사명이었다. 그리고 그들이 한동안 예루살렘에 머물러야 한다는 명령(눅 24:49 "너희는 위로부터 능력으로 입혀질 때까지 이 성에 머물라")은 그 시한이 정해져 있는 명령이었다. 그런데 안타깝게도 그들은 오순절 성령 사건을 겪은 후에도 아무도 예루살렘 밖으로 나가지 않고 있었다. 그들이 그렇게 했던 것은 나름대로 이유가 있었을 것이다. 수많은 사람들의 회개와 그들의 공동체 영입, 그들에 대한 돌봄과 양육 등 급하게 해야 할 일이 차고 넘쳤을 것이다. 그러나 그러한 상황이 오순절 사건 이후에는 모든 족속에게 나아가 복음을 전해야 하는 지상명령 순종 유보에 대한 정당한 이유는 될 수 없었다.

그래서 하나님께서는 야고보와 스데반의 순교와 대규모 박해를 허락하셨다. 극심한 박해로 인해 초대 교인들이 흩어지게 되었고 비로소 예루살렘 밖에도 복음이 전해지게 되었으며, 흩어진 그들 중 일부가 안디옥 교회를 설립하고 그 교회를 통해 본격적인 세계 선교가 일어날 수 있었다. 우리가 하나님의 복음을 전 세계에 자발적으로 나가서 전할 수 있지만, 그렇지 못하고 있다면 비자발적으로 나아가 복음을 전하게 되는 일이 생길 수도 있음을 기억해야 할 것이다. 우리가 사도행전의 흐름을 통해서 그러한 교훈을 얻을 수 있게 된다.

7. 암시된 의미를 찾는다.

우리가 성경을 읽을 때 성령님이나 기록자의 명시적 혹은 암시적 의도를 찾는 것과 더불어 그 이야기가 갖고 있는 명시적 혹은 암시적 의미를 찾을 수 있어야 한다. 그리고 우리가 기억해야 할 것은 성경

05 이야기식 설교를 준비하는 설교자의 성경 읽기

이야기가 갖는 암시적 의미는 명시적 의미와 똑같이 중요하다는 사실이다. 그런데 암시적 의미는 문맥을 정확하게 이해하지 못하거나 다른 언어로 번역될 때 사라질 수도 있기 때문에 더 신중하게 접근해야 할 것이다.

예를 들어, 솔로몬왕이 일천 번제를 드린 것에 대해 생각해 보기로 하자. 그 일천 번제는 "다윗의 아들 솔로몬은 자기의 왕위를 튼튼히 굳혔다. 주 하나님께서 그와 함께 계시며, 그를 크게 높여 주셨다."(대하 1:1)는 것이 그 배경이 되고 있다. 그러니까 그에게는 특별히 제사를 드려야 할 이유가 있었던 것이 아니고, 하나님의 은혜에 감사해서 일천 번제를 드리게 된 것(대하 1:8-10)이라고 할 수 있다. 그런데 그러한 문맥과 배경을 무시하고 솔로몬의 일천 번제를 우리가 하나님께 무엇인가를 얻기 위한 수단으로 해석하고 그것을 우리의 신앙에 바로 적용하는 것은 잘못된 것임을 알 수 있다. 그것은 그 이야기에 암시된 의미를 잘못 찾고 있는 것이다.

그러한 예는 베드로의 이야기에서도 마찬가지이다(눅 22:58-62). "주께서 돌이켜 베드로를 보시니"라고 되어 있는데, 그렇다면 우리는 주께서 베드로를 바라보았다는 것을 어떻게 알았을까에 대한 궁금증이 있다. 분명한 것은 베드로가 주님을 바라보았기 때문에 주께서 자기를 보고 계신 것을 알게 된 것이다. 그러니까 베드로는 닭이 울었을 때, 반사적으로 주님을 바라보았다. 주님과 눈이 마주치는 순간, 그는 주님이 이미 사랑의 눈으로 자기를 바라보고 계신 것을 보았고, '닭 울기 전에 네가 나를 세 번 부인하리라.'라고 하셨던 말씀이 생생하게 생각이 나서 밖에 나가서 통곡하며 울었다고 보아야 할 것이다. 이와 같이 성경의 간단한 묘사 속에는 암시적인 내용을 담고 있는 경우가 허다하다. 그러한 암시적인 의미를 제대로 이해하지 못할 때 성경 사건의 전체를 제대로 이해할 수 없게 되거나 중요한 메시지를 놓칠 수도 있는 것이다.

05 이야기식 설교를 준비하는 설교자의 성경 읽기

8. 상상력을 활용하라.

하나님께서 인간에게 주신 것 중에서도 놀라운 것 중 하나는 인간에게만 있는 "상상력"이라고 할 수 있다. 인간은 실제 행동을 하지 않고 상상만으로도 엄청나게 많은 것을 느끼거나 깨달을 수 있기 때문이다.

우리는 오감을 사용하여 그 사건에 참여하는 마음으로, 그리고 현장에 있는 것처럼 성경 이야기를 읽거나 들을 수 있다. "이야기를 재구성함으로 상상력을 사용하거나 … 일어났던 환경과 상황을 모두 상상해 볼 수도 있고 … 색깔, 냄새, 맛을 상상하거나 … 주인공의 입장이 되어보거나 다른 등장인물의 반응을 상상해"[56] 볼 수도 있다. 그것은 그 사건이 일어난 시점과 장소와 그 이야기를 듣고 있는 우리의 시점과 공간적 간극에 대해 객관적 거리를 극복할 수 있도록 심리적 거리를 좁혀서 성경 이야기를 읽는 것을 의미한다. 그것이야말로 우리가 성경 이야기를 공감하는 마음으로 읽는 것을 의미하는 것이다.

우리는 어떤 사실을 이해하려고 할 때 원인과 결과나, 어떤 결론과 그에 대한 이유 등의 논리적 사고(logicial thinking)[57]를 염두에 두는 것이 보통이다. 그리고 그것은 실제로 많은 도움을 주는 방법이기도 하다. 그런데 우리는 이야기식 사고(thinking in story)에 대해서는 생각을 않거나 관심을 기울이지 않는 경향이 있다. 하지만 이야기식 사고는 우리가 어떤 것을 이해하고 그것을 따라가는 데 있어서 우리가 의식하지 못하는 가운데 매우 중요한 역할을 하고 있음도 기억해야 한다. 좌뇌가 주로 상대방이 말하는 단어 자체의 이해에 한정되어 있다면 우뇌는 "상대방의 억양, 리듬, 고저, 목소리 크기, 앉은 자세, 얼굴 표정, 제스처 등 소위 프로소디(prosody, 운율)를 감지"[58]

---

56 Avery T. Willis & Mark Snowden, 『성경스토리텔링』, 83-84.
57 이러한 "논리적인 사고" 체계는 앞의 "이야기의 위력"에서 언급된 "개념적 사고"(thinking in ideas) 체계와 유사점을 가지고 있다. 그것이 인간이 갖고 있는 이성과 합리성, 논리성, 선적(linear) 사고와 깊은 관련이 있기 때문이다.

05 이야기식 설교를 준비하는 설교자의 성경 읽기

한다. "좌뇌가 언어적 사고를 한다면, 우뇌는 이미지적 사고를 한다."[59] 그런데 이야기식 사고는 인간의 우뇌적 사고와 깊은 관련이 있고, 영상을 통한 인식이나 사고와도 관련이 있다. 그런 점에서 이야기식 사고는 주어진 본문에 대한 맥락과 분위기 파악을 돕는 것은 말할 것도 없고 그 내용을 그림이나 드라마로 재구성하여 상상하여 이해하는 것도 여기에 포함될 수 있다.

초기 이스라엘 사람들의 성경 해석학은 스토리로 사고하는 해석학으로 규정될 수 있다. 그런 점에서 "스토리로 하는 사색"에 대한 다음 주장에 깊은 관심을 가질 필요가 있다. 인간이 가진 상상력이 우리들의 삶에는 말할 것도 없고 성경 해석학에도 깊은 영향을 줄 수 있기 때문이다.

> 나는 여러분에게 '스토리로 하는 사색'을 첨가하기를 권한다. 이 말은 이념적 사고가 진짜 사고라는 말은 아니다. 또 다른 사고 방법은 생각할 수 없다는 말도 아니다. 그러나 스토리로 하는 사색은 인쇄된 논리적 사고로 형성된 여러분의 마음에 확실히 새로운 사색 방법이다. 사색이란 이념 안에서도 할 수 있고, 이야기들 안에서도 할 수 있다. '스토리로 하는 사색'은 '구술과 청각 문화'에 살고 있는 우리에게 주어진 하나의 선물이다. 이것은 오늘날 포스트 문학 세계 안에서 가장 알맞은 방법이다.[60]

---

58 이시형, 『창조의 심장 '우뇌'』(서울: 도서출판 풀잎, 2010), 22.
59 이시형, 『창조의 심장 '우뇌'』, 28.
60 Richard A. Jensen, *Thinking in Story*, 28.

06
설교가 일반적으로
지루하게 여겨지는 이유

06 설교가 일반적으로 지루하게 여겨지는 이유

1. 설교가 회중의 삶과 연결성이 없기 때문이다.

"현재 미국교회에서 행해지고 있는 설교는 멍청하고 생기 없는 엄청난 지루함, 그 자체이다. 이 설교들은 회중의 삶으로부터 유리되어 있으며, 주로 논쟁과 개념만을 다룬다. 그 기저에는 삼단논법(syllogistic) 의사소통 모델이 자리 잡고 있다. 오늘날 설교의 무기력함은 설교를 예술보다는 논쟁으로, 상징보다는 삼단논법으로 여기고 있는 데서 연유한다."[61] 제임스 콕스(James Cox)는 미국교회 설교자들 현실의 삶과는 동떨어져 있는 지루한 설교 원인에 대해 분명하게 지적하고 있다.

그런가 하면, 오늘날 설교를 듣는 사람들의 특징에 대해서는 테리 영(Terry Young)이 잘 정리해 주고 있다.[62] 그가 지적하는 현대인의 첫 번째 특징은 즐거움 중심성을 갖고 있다는 점이다. 현대인이 갖고 있는 모든 것의 판단 기준은 그것이 즐거움을 주는가 그렇지 않은가에 달려 있다는 것이다. 또한 현대인은 비과학적이라고 생각되는 것에 대해서는 아예 신뢰하지 않는 경향을 보인다. 그들은 과학적인 것만을 중시하는 성향을 보이게 된 것이다. 그와 함께 실용성을 매우 중시하는 경향도 있다. 아무리 좋아도 실용성이 없다면 그것은 쓸모없는 것으로 판단해 버리는 것이다. 그것은 요즘 젊은이들이 그렇게 중시하는 "가성비"(가격 대비 성능)와도 깊은 관련이 있다. 현대인들은 일반적으로 모든 것을 물질 중심, 돈 중심으로 판단하면서도 세일즈에 대한 저항감을 가지고 있다. 상대가 물건을 팔거나 자신의

---

61 James W. Cox(ed.), *Preaching on the Patriarchs in Biblical Preaching: An Expositor's Treasury*, ed. (Philadelphia: Westerminster Press, 1983), 37.

62 Terry Young, "Pastor, What Was that You Said?", *Proclaim, 8*, April-June, (1978), 44. 그의 주장에 필자가 필자의 해석을 첨가했다.

06 설교가 일반적으로 지루하게 여겨지는 이유

유익을 노골적으로 도모한다고 판단하면, 그 사람의 말을 들으려고 하지 않는 것이다. 마지막으로 현대 문명은 매우 세련된 것에 아주 익숙해져 있다. 그래서 세련되지 못하고 어설픈 것에 대해서는 높은 점수를 주지 않는 경향을 보이게 된 것이다.

설교자가 청중들의 이러한 특징들을 이해하고 있다면 설교자는 바로 그 청중들의 관심사, 고민, 문제에서부터 그의 설교 준비를 시작해야 할 것이다. 설교의 도입부에서부터 그들의 관심과 호기심과 기대감을 끌어내지 못한다면 설교의 진행과 설교의 결과는 그리 좋은 점수를 얻기 힘들 것이다.

2. 성경 본문을 깊이 다루지 않기 때문이다 (본문에 오래 머물지 않는다).

기독교 설교의 역동성은 설교자보다는 성경 자체의 역할에 달려 있다. 일반 연설에서 연설자는 연설 내용보다 더 중요하다. 그러나 하나님의 말씀을 전달하는 설교의 역동성은 그 말씀 자체에 있으며 그것을 깨닫게 하시고 운영하시는 성령님에게 달려 있음을 우리는 항상 기억해야 할 것이다. 그리고 설교에는 청중의 종류에 따라 그리고 그 청중들의 특성에 따라 일반적인 장애물들이 있을 수 있다. 그러한 장애물들을 염두에 두지 않고 설교를 준비하거나 설교한다면 생각보다 훨씬 좋지 않은 효과를 얻을 수도 있을 것이다.

브루스 살몬(Bruce C. Salmon)은 요즘의 청중들이 일반적으로 갖고 있는 설교에 대한 장애물들을 다음과 같이 정리하고 있다.[63] 그의 주장에 대해 설명을 덧붙인다면 다음과 같을 것이다.

무엇보다도 요즘의 청중들은 대부분이 복음에 대해 들어 본 경험이 있는 사람들이라는 것이다. 그래서 그들은 스스로 복음을 잘 알고 있다고 생각하는 경향이 있다. 그런데 사실은 그들이 알고 있는

---

63 Bruce C. Salmon, *Storytelling in Preaching - Guide to the Theory and Practice* (Nashville, Tennessee: Broaddman Press, 2008), 16-22.

06 설교가 일반적으로 지루하게 여겨지는 이유

복음은 아주 단편적이거나 일부분만을 포함하고 있는 경우가 대부분이다. 그리고 다음으로 기억해야 할 것은, 일반적인 청중들이 성경적인 세계관과는 다른 세계관을 가지고 있다는 점이다. 세계관은 "하나님을, 세계를, 또한 하나님과 자연과 당신의 관계를 이해하는 것을 돕는 뼈대나 지도를 제공하는 어떤 이념, 믿음, 신념, 혹은 가치"[64]를 말한다고 할 수 있다. 그러므로 세계관이 다르다면 같은 것도 다르게 인식할 수밖에 없음을 의미하기 때문에 그것이 단순한 장애만이 아니라는 점을 기억해야 한다. 또한 어차피 존재하는 강단과 회중과의 거리에 대해서도 염두에 두어야 한다. 물론 목회자의 삶과 일반적인 청중들의 삶이 다를 수밖에 없기에, 둘 사이의 기본적인 거리는 어찌할 수 없는 문제일 수 있다. 그러나 그 둘 사이의 그러한 거리감은 메시지 전달에서도 장애물로 작용할 수밖에 없을 것이다.

요즘 청중들의 또 다른 특징 중의 하나는 이성적인 논거를 유난히 강조한다는 점을 들 수 있을 것이다. 설교자가 아무리 말씀의 권위에 근거를 둔 설교를 한다고 할지라도 그 설교에 대해 합리적이고 이성적인 근거를 제시하지 못하면 청중들은 그것을 수용하고 싶어 하지 않는 경향성을 갖고 있다는 것이다.

마지막으로, 요즘의 문화적 환경에서의 의사소통은 시각적 문맥에 큰 영향을 받는 것이 사실이다. 그런데 설교는 일차적으로 청각적인 매체를 사용하는 것이기 때문에 설교자는 시각적 문맥에서의 청각적 매체 사용이라는 장애를 염두에 두어야만 할 것이다. 마샬 맥루한(Marshall McLuhan)[65]도 말하는 것처럼 서구 사회와 요즘 전 세계적인 추세가 기본적으로 "청각 중심"(ear-oriented)이라기보다는 "시

---

64 David A. Noebel, 류현진·류현모 역, 『충돌하는 세계관』(서울: 꿈을이루는 사람들, 2021), 36.

65 Marshall McLuhan, *Understanding Media: The Extensions of Man* (New York: Signet Books, 1964), 15. 또한 맥루한은 "미디어가 정신적, 사회적 구조 전체에 영향을 미치고 … 인간관계와 행위의 규모와 형태를 형성하고 제어하는 것"이라고 주장한다. 그런 점에서 "미디어가 바로 메시지"인 것이다. Marshall McLuhan, 김상호 역, 『미디어의 이해-인간의 확장』(서울: 커뮤니케이션북스, 2011), 28, 32-33.

06 설교가 일반적으로 지루하게 여겨지는 이유

각 중심"(eye-oriented)의 사회라는 점을 기억해야 한다. 거기에다가 현대는 "TV, 영화, 인터넷, 멀티비전 같은 극도의 영상문화가 우리 삶을 지배하고 있다."[66]는 사실도 알아야 할 것이다. 특히, TV는 인간으로 하여금 "이성적 담론을 약화하는 능력만큼 감성적 영향력이 엄청나다."라는 사실과 "인쇄술이 우리 문화의 변방으로 밀려나고 TV가 그 중심부를 장악하면서 공공 담론의 진지함, 명료함, 무엇보다도 그 가치를 위협할 정도로 저하한다."[67]는 점을 잊어서는 아니 될 것이다. 설교자는 그러한 상황에 놓여 있는 청중이 청각 중심의 설교를 듣는 것이 쉬운 일이 아님을 알고 그 자신이 들리는 설교를 하려는 노력을 아끼지 말아야 할 것이다.

감사하게도 이러한 장애물들이 이야기식 설교를 하게 되면 많은 부분 해소될 수 있다는 것이다. 왜냐하면 이야기식 설교는 어떤 설교 유형보다도 말씀 중심의 설교 형태를 가지고 있으며, 청중의 마음에 상처를 주지 않으면서도 복음으로 재무장하게 만들어 줄 수 있기 때문이다. 성경 이야기를 받아들이게 되면 자연스럽게 그의 세계관이 바뀔 수 있기 때문에 이야기식 설교는 현대인이 갖고 있는 장애물들을 극복하는데 훌륭한 방법이 될 수 있을 것이다. 또한 성경에 관한 이야기로의 접근은 성경 이야기가 삶 속에서 더 쉽게 적용될 수 있게 해주기 때문에 결국 강단과 청중과의 거리를 좁힐 수 있을 것이다. 더 나아가 이야기식 말씀 전달은 개념을 회화적으로 전달하는 것이기 때문에 청중의 상상력을 자극함으로 시각적 문맥에 살고 있는 사람에게 시각적인 매체로 다가갈 수 있는 길을 만들어 주게 된다. 결과적으로 성경에 대한 이야기식 설교는 성경 본문에 오랫동안 그리고 깊이 있게 머무를 수 있는 길을 열어주는 것이다.

66　한진환, 『설교, 그 영광의 사역』 (서울: 프리셉트, 2013), 145.
67　Neil Postman, 『죽도록 즐기기』, 55, 56.

06 설교가 일반적으로 지루하게 여겨지는 이유

3. 설교의 내용 구성에 극적인 면이 없기 때문이다.

많은 설교자는 말씀을 깊이 연구해서 그 말씀의 깊은 의미와 자신만의 놀라운 해석을 청중들에게 들려주고 싶어 한다. 물론 그러한 태도나 자세나 의도가 잘못되었다고 결코 말할 수는 없을 것이다. 더군다나 그가 하나님과 성도들을 사랑하는 순수한 마음에서 그랬다면 오히려 칭찬을 받아야 할 것이다.

그런데 청중 측면에서 볼 때 성경 말씀 자체보다, 혹은 성경이 들려주고 있는 이야기 자체보다 자신의 해석에만 강조를 둔 설교는 지루할 수밖에 없을 것이다. 설교자의 많은 준비와 뜨거운 열정과 막힘없는 달변 … 모두 다 좋고 필요한 것들이다. 그러나 설교자는 그 자신이 전달하고자 하는 것이 진정 무엇인지에 대해 다시 한번 깊이 생각해 보아야만 할 것이다.

릭 워렌(Rick Warren)은 그의 책에서, "예수님은 심오한 진리를 알기 쉽게 단순한 방법으로 가르치시고, 많은 목사는 단순한 진리를 심오한 방법으로 가르친다."[68]고 지적한 적이 있다. 그런데 그는 그러한 목사들을 칭찬하는 것이 아니다. 우리는 예수님께서 어떤 자세로, 그리고 어떤 목적으로 하나님의 말씀을 전하셨는지 다시 한번 생각해야만 할 것이다. 예수님은 이야기를 통해, 그의 비유를 통해 심오한 진리를 쉽게 전달하셨다. 그의 심오한 진리가 단순하게 보이는 이야기 속에 녹아 있는 것이다. 예수님의 대표적인 설교는 그의 비유에서 잘 드러나고 있다. 예수님의 설교를 들여다본다면, 크레이그 블롬버그(Craig Blomberg)가 리챠드 에스링거(Richard Eslinger)의 주장을 요약하면서, "비유의 한 초점이 설교의 한 초점과 상응하고 있다. 그래서 비유 그 자체가 한 설교의 요약이라."[69]고 말한다. 거기에서 더 나아가 에스링거(Eslinger)는 "설교자가 은유의 세계를 방해하지 말고, 그 은유가 살아서 그 능력을 발휘할 수 있도록 해야 한다."[70]고

---

68 Rick Warren, 김현회·박경범 역, 『새들백교회 이야기』(서울: 도서출판 디모데, 1996), 263.
69 Craig L. Blomberg, *Preaching the Parables*, 19.

06 설교가 일반적으로 지루하게 여겨지는 이유

주장한다.

그런데 설교자가 자칫 잘못하면 그 본문이 갖고 있는 이야기의 극적인 구성을 놓치고 그 이야기에 들어 있는 개념만을 발굴하여 깊이 있게 다루게 됨으로써 설교자 자신은 말씀을 깊이 있게 해석하고 설교했다고 자위하게 된다면 바로 릭 워렌이 지적하는 그 오류에 빠진 것이라고 할 수 있다.

설교자가 자신의 설교 구성에서 극적인 면을 갖는다는 것은 무엇보다도, 그 설교 구성이 밋밋하거나 건조하지 않고, 청중을 사로잡는 이야기적 요소를 가지고 있음을 의미한다. 이야기가 듣는 사람으로 하여금 그 이야기 속에 빨려 들어가게 만드는 이유는 그 이야기가 갖는 잘 짜인 구성 때문이라는 사실을 다시 기억해야 한다. 이야기가 갖고 있는 발단-전개/ 갈등 고조-절정/ 갈등 해소-대단원과 같은 잘 짜인 구성이 설교에 녹아 있다면, 청중들은 그 설교에 사로잡힐 수밖에 없을 것이다.

4. 논문과 같은 긴 설교 혹은 적용도 어려운 교리적인 긴 설교를 하기 때문이다.

캘빈 밀러(Calvin Miller)는 청중이 듣고 싶어 하지 않는 두 종류의 설교를 논문과 같은 형식의 긴 설교나 적용도 쉽지 않은 긴 교리 설교라고 보았다.[71] 설교자가 본문을 깊이 연구하는 것은 바람직하다. 그러나 설교가 그 본문에 대한 연구 논문처럼 전달되고 있다면 그것은 적절한 설교라고 할 수는 없을 것이다. 그렇다고 교리적인 내용을 길게 강조하거나 청중을 나무라는 긴 훈계조의 설교도 바람직한 설교라고 보기 힘들 것이다. 오히려 청중이 듣고 싶어 하는 설교는 청중의 "자기 존재감"을 세워주면서도 "고통을 잘 다룰 수 있도록 도와

---

70 Richard L. Eslinger, "Preaching the Parables and the Main Idea," *Perkins Journal* 37(1), (1983), 32.
71 Calvin Miller, *Preaching*, 47-51.

06 설교가 일반적으로 지루하게 여겨지는 이유

주는 교훈", "앞으로 나아가게 만드는 조언", "소망", "은혜를 경험함으로 얻게 되는 신비" 등이라고 할 수 있다.[72]

---

[72] Calvin Miller, *Preaching*, 52-56.

07
이야기식 설교의 장단점, 그리고 단점에 대한 보완책

07 이야기식 설교의 장단점, 그리고 단점에 대한 보완책

I. 이야기식 설교의 장점

이야기식 설교가 갖는 장점은 "이야기의 특징과 위력"에서 이미 다룬 것처럼 다양하지만, 그래도 이야기식 설교가 갖는 장점을 다른 각도에서 좀 더 구체적으로 정리해 본다면 다음과 같은 것이 될 것이다.

1) 이야기식으로 들려준 하나님의 말씀은 무엇보다도 말씀 적용이 쉽다는 것이다.

우리가 다른 설교 형태의 설교를 보게 되면 그 설교의 내용이 대부분 성경 이야기를 설교자가 개념화해서 전달한 것이다. 그런데 청중이 그 자신이 깨달은 개념을 일상생활에서 적용하려면 결국 이야기 형태와 유사한 일상화라는 과정을 거쳐야만 한다. 하지만 이야기 형태로 전달된 말씀은 그것 자체가 일상생활 속에서 한 편의 이야기처럼 주어지기 때문에 그와 같거나 유사한 상황에서의 적용이 훨씬 쉬워지는 것이다. 개념화된 것을 다시 일상화할 필요가 없기 때문이다.

2) 이야기식으로 전달된 하나님의 말씀은 청중이 그것을 자신과 동일화하는 것이 쉬워진다.

사람들은 이야기를 들으면서 등장인물들에 자신을 동일화하면서 듣기 때문에 그 사건에 대한 간접 체험이 가능해지는 것이다. 동일화가 이뤄지면 그 받은 말씀은 훨씬 실감 나면서도 깊이 있게 그에게 영향을 끼칠 수밖에 없게 된다. 이것을 다르게 표현한다면 성경 이야기를 듣는 사람은 성경 이야기의 실제에 동참하는 것이라고

07 이야기식 설교의 장단점, 그리고 단점에 대한 보완책

할 수 있다. "성경의 이야기들은 독자가 단지 성경 이야기의 실제를 이해하도록 만드는 것이 아니라 그 이야기의 실제에 직접 참여하도록 초청하는 것이다."[73]

3) 이야기로 듣게 된 내용은 오랫동안 기억에 남게 되며 심지어 들었던 내용을 다른 사람에게 어렵지 않게 전달할 수 있다.

우리가 일반적으로 논리적인 내용, 체계적인 내용을 들었을 때 그것을 이해하는 데에는 문제가 없지만, 그렇게 들었던 내용은 오랫동안 기억되지는 않는다는 단점을 가지고 있다. 하지만 이야기를 들었을 때는 그와는 전혀 다르다.

4) 청중들이 이야기식 설교에 익숙하게 되면 성경 이야기에 익숙해질 가능성이 훨씬 높아진다.

청중들이 이야기식 설교를 듣는 것은 결국 성경 이야기를 듣는 것과 같다. 그들은 이야기식 설교를 통해서 성경 이야기를 계속해서 가깝게 접하게 되는 것이다. 또한 이것은 평소에 성경을 가까이 하지 않았던 사람들도 성경 이야기에 편하게 접근할 기회를 얻게 된다.

성경은 그 전체 내용의 75%가 이야기 형태로 구성되어 있다. 성도들은 이야기식 설교를 듣게 될 때 성경의 75%에 해당하는 내용을 보다 잘 이해하고 기억할 수 있게 되는 것이다. 예수님과 초대 교회의 설교 방식은 역시 이야기식 설교였다. 특히, 예수님께서는 비유라는 이야기 형태로 많이 말씀하셨고, 초대 교회 역시 함께 떡을 떼며 말씀 이야기를 나누었다. 그런 점을 고려한다면, 설교자가 이야기식 설교에 깊은 관심을 가져야 하는 것은 너무나 당연하다.

5) 이 시대는 "이야기 시대"이다.

요즘 세대야말로 "이야기 세대"라고 할 수 있기 때문에 이야

---

73 Richard A. Jensen, *Thinking in Story*, 62.

07 이야기식 설교의 장단점, 그리고 단점에 대한 보완책

기식 설교는 무엇보다도 중요하고 하나님 말씀 전달에 가장 효과적이라고 할 수 있다. 따지고 보면, 현대의 주요한 매체들은 모두 이야기 형식을 사용한다. 이 시대 사람과 이 세대 사람들에게 가장 익숙하고 친숙한 형태로 하나님의 말씀이 주어질 때 가장 큰 효과를 얻게 될 것이라고 기대하는 것은 당연한 결론일 것이다. 그런 점에서 이야기 세대에게 이야기 형태의 하나님 말씀 전달 방식으로 다가가는 것은 무엇보다도 중요하다.

2. 이야기식 설교의 단점과 그 보완책

이야기식 설교가 많은 장점을 가지고 있지만 역시 단점이나 취약점으로 지적되는 점들도 있다. 왜냐하면 이 세상에서 완벽한 설교 형식은 없기 때문이다.

1) **설교자는 이야기식 설교를 통해 본문을 도덕적 설교화하는 경향을 가질 수 있다.**

그렇게 되면 성경의 명령적 요소들과 지시적인 요소들을 분리하는 오류를 범하게 된다. 그 두 가지는 분리되기보다는 자연스럽게 함께 강조되어야 하는 것이다. 그러므로 이야기식 설교자는 성경을 이야기식으로 전달할 때 그 내용을 단순히 도덕화하여 신앙적인 명령으로 바꾸려는 유혹을 이겨낼 필요가 있다. 성경의 도덕성은 본문의 이야기 내용을 통해 이야기 구조 속에서 유기적으로 강조되는 것이 바람직할 것이며, 이야기식으로 전하면서도 도덕성만을 추출하여 그것을 지나치게 강조하는 것은 그 본문이 강조하는 다른 지시적인 메시지를 사장(死藏)시킬 수도 있음을 기억해야 할 것이다.

2) **설교자가 청중들에게 동떨어진 상황을 제시할 수 있다.**

이러한 폐단은 성경의 이야기를 현재 상황과 연관시키지 못할 때 쉽게 일어날 수 있으며, 그러한 설교는 성경의 사건을 나와는

07 이야기식 설교의 장단점, 그리고 단점에 대한 보완책

관계없는 먼 옛날이야기와 같이 여겨지게 만든다. 그런 점에서 바람직한 이야기식 설교는 성경 본문에 대한 현 상황에 맞는 상황화를 포함한다고 볼 수 있다. 성경 이야기에 대한 지금 이곳 상황에 맞는 적절한 설명이 중요해지는 이유가 바로 여기에 있다.

　3) **지나치게 상세한 설명으로 메시지를 산만하게 만들 수 있다.**
　　　　이야기식 설교의 장점 중의 하나가 실감 나는 표현과 설명을 사용함으로 성경의 사건 이야기가 듣는 사람으로 하여금 그 현장에 있는 것처럼 느껴지게 하는 것인데, 지나치게 상상력을 발휘하여 너무 상세하게 설명하다가 오히려 그 이야기의 사건이 주고 있는 메시지를 산만하게 만들 수 있다. 그러므로 이야기에 사용되는 언어와 표현을 특별한 경우가 아니라면 간단하고 함의적(含意的)인 것으로 사용하는 것이 바람직할 것이다. 그것이 바로 좋은 이야기의 특징 중의 하나이기 때문이다.

　4) **또한 이야기식 설교자의 지나친 상상력으로 본문의 메시지를 바꿀 수 있다.**
　　　　지나친 상상력 발휘는 중요한 메시지를 드러내기보다는 산만하게 만들 뿐만 아니라 심지어 중요한 메시지를 바꾸는 오류를 범할 수도 있다. 어느 한 부분을 지나치게 강조할 때도, 본문에는 없는 메시지를 만들거나 본래의 강조점이 바뀌는 오류를 만들 수 있는 것이다.

　5) **이야기식 설교가 하나님의 말씀이 갖고 있는 선포적인 면을 약화시킬 가능성이 있다.**
　　　　이야기식 설교는 청중의 관심과 호기심을 끌어내는 데에 탁월한 강점이 있는 것이 사실이다. 그러나 그러한 부분을 지나치게 강조하다가 말씀이 갖고 있는 선포적인 메시지를 놓칠 수도 있을 것이다.

07 이야기식 설교의 장단점, 그리고 단점에 대한 보완책

6) **이야기식 설교는** 그것을 들은 사람으로 하여금 그 이야기가 주는 교훈을 스스로 깨닫게 되기를 추구하기 때문에 청중에 따라 그가 들은 이야기식 설교가 주는 교훈을 찾는 데에 어려움을 겪을 수도 있다.

그러므로 이야기식 설교를 시도하는 설교자는 그의 청중이 이야기를 듣고서 스스로 결론을 찾아낼 수 있는 능력을 계속 길러갈 수 있도록 도와야 할 것이다. 이 일을 위해서는 설교자가 교회 상황에 따라 다양한 보조적인 방법 - 평소에 하나님 말씀에 대한 깊은 성경 공부나 예배 후의 자연스러운 토론 시간 -을 사용하는 것이 바람직할 것이다.

08
이야기식 설교의 기본 구조

08 이야기식 설교의 기본 구조

1. 내용(contents) - 주제/ 초점

유진 로우리(Eugene Lowry)는 설교 준비에서 세 개의 중요한 과제를 "초점"(focus), "전환(turn)", "의도"(aim)로 보고 그것들이 모든 설교의 기본을 이룬다고 말한다.[74] 역시 설교에서 가장 중요한 요소는 초점이다. 어떤 설교자의 설교에 대해, "들은 것은 많은데 남는 것은 별로 없다, 무엇을 강조하는지 도무지 감을 잡을 수 없다. 매 주일의 설교가 비슷비슷하게 느껴진다, 집에 가서 아무리 생각해도 요약이 안 된다."[75]와 같은 평가를 내릴 수밖에 없다면, 아마도 그 설교는 주제가 분명하지도 않고 그 주제가 제대로 강조되지도 않았음을 보여준다고 할 수 있다. 효과적인 설교를 위해서는 한 가지 논지가 일관되게 전개되어야 하는 이유가 바로 여기에 있다.

좋은 소설의 3대 요소가 선명한 주제, 구성의 완벽성, 문장의 정확도라고 한다면, 이야기식 설교도 주어진 성경 본문에 대한 주제의 선명성과 설교 전체 내용의 완벽한 구성, 그리고 그 메시지에 대한 정확한 전달이 성패를 가르는 중요한 3대 요소가 될 수 있을 것이다.

"설교는 산탄(buckshot)이 아니라 명중탄(bullet)이어야 한다. 이상적으로 말하면, 설교는 해설, 주해, 또는 본문의 한 구절이나 여러 구절에서 나온 많은 주제에서 잘 선정된 핵심적인 한 주제의 적용이다."[76] 좋은 이야기식 설교의 내용은 본문 이야기가 갖고 있는 모든 주제에 대한 산발적인 선포라기보다는 그 본문 이야기가 주고

---

74 Eugene Lowry, 『설교자여, 준비된 스토리텔러가 돼라』, 39.
75 한진환, 『설교, 그 영광의 사역』, 149.
76 Haddon Robinson, *Biblical Preaching*, 33.

08 이야기식 설교의 기본 구조

자 하는 핵심적인 주제에 잘 맞추어진 것이어야 할 것이다. 그런 점에서 이야기식 설교의 올바른 주제 선택법은 회중의 마음에 와닿는 것이어야 하고, 당신이 알고 있는 범위 내에서 정해져야 할 것이며, 당연히 그것은 성경의 내용으로 제한하는 것이 바람직할 것이다.

2. 역동성(dynamic moving)

이것은 이야기식 설교에서 매우 중요한 요소이다. 설교가 역동성을 갖기 위해서는 이야기가 갖고 있는 극적인 요소를 최대한 잘 이용할 수 있어야 할 것이다. 그런 점에서 설교의 역동성은 주로 시간과 공간의 변화에서 오는 것이라고 할 수 있다. 설교자가 이야기의 극적인 요소를 잘 이해하고 있다면, 그는 주어진 본문 이야기를 깊이 있고 자세하게 사건으로 묘사해 나가면서도 이야기가 시원하게 전개되는 구성을 유지할 수 있을 것이다.

3. 방향성(direction)

이것은 설교의 목표와 관련되어 있다. 이야기의 흐름을 어디서 어디로 옮겨가야 하는가? 이 일을 위해서는 무엇보다도 분명한 목표가 필요하다. 목표는 효과적인 의사전달을 위해 필요한 필수적인 요소이다. 그러한 준비를 위해서는 메시지의 목적을 한 문장으로 만들어 보는 것도 도움이 될 것이다. "나는 짧고 의미 있는 문장으로 분명하게 주제가 표현되지 않으면, 설교하거나 글을 쓸 준비가 되지 있지 않은 것이라고 확신한다. (설교의) 주제를 한 문장으로 표현하는 것은 가장 어렵지만, 가장 유익한 작업이다."[77]

　　　　　이야기식 설교자가 그의 설교에서 목표를 설정하는 것은 매

---

[77] John Henry Jowett, *The preacher: his life and work* (London: Hodder & Stoughton, 1912), 135;
　　https://archive.org/details/thepreacherhislif00joweuoft/page/134/mode/2up.

08 이야기식 설교의 기본 구조

우 중요한 일이다. 그것이 바로 그 설교의 방향을 결정하는 것이기 때문이다. 목표를 설정하는 일에 있어서 다음과 같은 것들을 염두에 두어야 할 것이다.

첫째로, 설교의 분명한 중심을 잡아야 할 것이다. 내용이 산만해지지 않도록 확실한 방향을 설정해야 할 것이다.

둘째로, 그래서 설교를 한 방향으로 박진감 있게 진행해야 할 필요가 있다. 그것은 청중에게 확실한 메시지를 잡고 흔들리지 않고 나아가게 하기 위함이다.

셋째로, 그것은 역시 일관성 있는 내용 전개를 의미한다고 볼 수 있다. 설교 내용이 일관성을 잃게 된다면 청중은 확실한 방향도 분명한 메시지도 찾지 못할 것이다.

넷째로, 그런 점에서 설교에 꼭 필요한 이야기만 넣는 것도 필요하다. 좋은 이야기라고 해서 이 이야기 저 이야기를 다 집어넣는다면 그 설교의 중심성은 모호해질 것이다. 마지막으로 청중이 설교 내용을 행동으로 옮길 수 있도록 해주어야 한다. 그것은 청중이 적용할 수 있도록 도와주는 것을 의미한다.

4. 구성(plot) - 기승전결 - 발단/ 전개/ 갈등/ 해결

똑같은 내용이라고 하더라도 그 구성이 달라지면 설교의 역동성, 메시지의 강도, 감동의 정도는 달라질 수밖에 없다. 이야기가 탄탄한 구조를 가질 때 그 이야기가 강한 흡입력을 가질 수 있듯이 이야기식 설교 또한 탄탄한 구조를 유지할 때 그 설교는 청중으로 하여금 그 설교에 빨려 들어가도록 만들어 준다.

다음의 두 이야기를 차례로 들어 보고 그 이야기의 차이점을 발견하며 구성의 중요성을 느껴보기를 권한다.

"제가 튀르키예의 서머나에서 여행 안내자의 가족을 대접하기 위해 중국 음식점에 갔었습니다. 그런데 식사를 마치고 제가 지급해야 할 음식값이 130달러였는데 그것을 그 당시 튀르키예 화폐로

08 이야기식 설교의 기본 구조

환산하면 1억 8천만 리라나 되었습니다."

그러나 같은 경험을 다음과 같은 구성으로 이야기할 수 있다.

"제가 튀르키예의 서머나에서 여행 안내자의 가족을 대접하기 위해 중국 음식점을 갔었습니다. 그런데 식사를 마치고 제가 지급해야 할 계산서를 보고 깜짝 놀라지 않을 수 없었습니다. 거기에는 무려 1억 8천만 리라라는 돈이 청구되었기 때문입니다. 너무나 놀라고 당황하여 튀르키예에 사는 그 안내자에게 살짝 물어보았습니다. 그랬더니 그 액수는 달러로 환산하면 130달러 정도였습니다."

같은 경험을 나눈 것이지만 그 이야기의 구성이 바뀜에 따라 듣는 사람들이 느끼는 감정은 큰 차이가 있음을 알 수 있다. 이야기를 하는 사람이 듣는 사람에게 어떤 기대나 놀라움의 여지를 남기지 않고 모든 정보를 처음부터 다 공개하는 것은 이야기가 갖는 장점을 살리지 못하는 것임을 알 수 있다.

5. 참여성(participation)

이야기식 설교가 갖고 있는 또 다른 중요한 구조는 바로 참여성이다. 이야기식 설교를 듣는 청중은 그 이야기를 들으면서 그 이야기의 사건에 동참하게 되는 것이다. 다른 말로 한다면 그것은 간접 경험이라고 할 수 있을 것이다. 설교의 목적이 청중으로 하여금 성경의 사건에 참여하게 만드는 것이라면, 이야기식 설교는 바로 그 목적을 훨씬 쉽게 이룰 수 있도록 도와줄 것이다.

"설교의 목적은 청중으로 하여금 그 복음 이야기에 참여하고 개입하도록 하는 것이다."[78] 이야기식 설교가 갖고 있는 그러한 참여성에 대한 좋은 예는 나단 선지자가 다윗을 찾아가 그의 죄를 지적하기 위해 비유를 사용하는 장면에서 잘 드러나고 있다. 나단 선지자의 이야기를 들은 다윗은 그 이야기에 나오는 악한 부자가 자신이라

---

78 Richard A. Jensen, *Telling the Story*, 135.

08 이야기식 설교의 기본 구조

는 것을 깨닫는 것에 실패했고, "그 사람은 마땅히 죽을 자라!"(삼하 12:5)고 외치면서 그 이야기에 깊숙이 개입하고 참여하게 된다. 이야기식 설교는 청중에게 강한 참여성을 갖게 만드는 형태이다.

09
이야기식 설교의 다양한 유형

09 이야기식 설교의 다양한 유형

여기서는 몇 설교자들의 이야기식 설교 유형을 간단히 소개하고 그에 대한 설교의 예를 들고자 한다.

09 이야기식 설교의 다양한 유형

I. 유진 로우리(Eugene Lowry)의 이야기 설교 구성 제안[79]
-모호함, 긴장감, 연속성, 움직임

유진 로우리(Eugene Lowry)는 이야기식 설교를 직접 하고 있을 뿐만 아니라 그에 대해 여러 권의 책을 저술함으로 이야기식 설교의 발전에 큰 공헌을 한 설교자요 학자이다. 그는 흥미롭게도 영미권에서 널리 사용되는 다섯 개의 감탄사(exclamation)를 가지고 자신의 이야기식 설교 구성을 제안했다.

1) 갈등 찾기(Oops!) - 문제의 발단 단계

"웁스!"라는 감탄사는 당황스러운 일이 생기거나 전혀 뜻밖의 일을 만났을 때 사용하는 것이다. 그러므로 이 단계는 첫 단계로서 본문에서 어떤 모순점이나 혹은 불합리한 사항을 제시하여 청중들의 평형감각을 뒤집어 놓는 단계(upsetting the equilibrium)라고 할 수 있다. 설교자는 이 단계에서부터 청중들을 설교의 주제에 참여시키기 위해 본문에 대해 그들의 일반적인, 혹은 너무나 당연하게 생각하고 있는 것을 뒤집어 놓음으로 그들을 흔들어 놓는 것이다.

주어진 본문에서 드러나고 있는, 평상시에 자주 그냥 지나치

---

[79] 이 이야기식 설교 구성은 유진 로우리의 주장을 따른 것이지만 그에 대한 자세한 설명은 필자가 삽입한 것임을 밝힌다. Eugene L. Lowry, 『이야기식 설교 구성』, 39-98. Lowry는 처음에는 그의 책, 『이야기식 설교 구성』에서 이야기식 설교의 5단계 - 갈등 찾기, 갈등 분석, 해결의 실마리, 복음 제시, 결과 기대 - 를 주장했으나 후에는 『신비의 가장자리에서 춤추는 설교』에서 이야기의 일반적인 구성(기승전결)과 닮은 4단계 - 갈등, 심화, 갑작스러운 전환, 해소 - 를 주장했다. Eugene Lowry, 주승중 역, 『신비의 가장자리에서 춤추는 설교』(서울: 예배와 설교 아카데미, 2008), 92-130.

09 이야기식 설교의 다양한 유형

는 어떤 갈등이나 문제점이야말로 이야기식 설교의 중요한 시작 점이 될 수 있을 것이다. 그러므로 주어진 본문을 가지고 이야기식 설교를 준비할 때 그 본문에 내재하여 있는 모순점이나 모호함, 도무지 이해되지 않을 것 같은 어떤 이슈를 찾아내는 것이 매우 중요할 것이다. 유진 로우리(Eugene Lowry)는, 이야기식 설교는 연역적인 설교와는 달리 논리와 명료성을 앞세우기보다는 "모호함과 유보를 수단으로 하며, 불일치와 모순되는 듯한 전개, 혼란스러움, 그리고 역전과 반전을 거듭하는 모호함"[80]에 그 생명이 있다고 보았다. 그러므로 설교자는 그 모호함을 복음을 통해 그 문제의 해답이 주어질 때까지 성공적으로 이끌고 가야 하는 것이다.

그러나 이 단계에서 조심해야 할 점이 있다면 처음부터 해답을 주거나 해답을 암시할 만한 진술을 주지 않아야 한다는 것이다. 초기에 해답이나 해답 암시를 주게 되면 청중들은 자신들이 이미 결론을 내버리고 의문점이나 문제의식을 느끼지 못할 수 있기 때문이다.

2) 갈등 분석(Oh!) - 문제의 발전 단계

"오!"라는 감탄사는 놀랐을 때나 고개를 갸우뚱거려야 할 때 사용한다. 갈수록 이해하기 어려운 부분이 있다는 생각이 들 수 있도록 그 갈등이나 모순점을 세밀하게 분석하는 단계이다. "듣고 보니 더 이상하네!"라는 말이 나올 정도의 설명이나 갈등 요소에 대한 고조가 일어날 수 있다면, 이야기식 설교의 준비 과정이 성공적으로 진행되고 있다고 볼 수 있을 것이다.

본문이나 사건 혹은 이슈에 따라 다를 수 있겠지만 어쩌면 이 단계가 가장 긴 부분을 차지할 수 있다. 이야기로 보자면 전개 과정 혹은 갈등 고조 과정이기 때문이다. 이 단계의 핵심 질문은 "왜 그래야 하는 것인가?"라고 할 수 있다. 설교자는 청중으로 하여금 그의 마음속에 모순이나 갈등이 심화할 수 있도록 고조시키는 노력이

---

80 Eugene Lowry, *Doing Time in the Pulpit* (Nashville: Abingdon Press, 1985), 24.

09 이야기식 설교의 다양한 유형

있어야 할 것이다. 그는 청중으로 하여금 "왜 그렇게 되어야만 하는 것인가?"라는 의문을 계속 가지면서 모순의 핵심으로 뛰어들게 만들어야 한다. 이 단계에서 설교자가 청중에게 "왜 그런 것입니까?"를 계속해서 묻는 것은 그의 설교 구성을 유지해 나가는 중요한 도구가 될 수 있을 것이다.

이 단계서의 가장 적절한 분석은 단순한 분석보다는 깊이 있는 것이어야 하며, 단순성을 넘어 등장인물 간의 갈등, 에피소드 간의 인과관계의 복잡성까지 살펴보아야 할 필요가 있다. "모순을 분석하는 일은 선포된 복음의 형식을 포함하면서 설교의 전체적인 모습을 결정"[81]짓기 때문에 이 부분을 신중하면서도 짜임새 있게 다루어야 할 것이다. 그러나 조심해야 할 점은 진단을 단순히 묘사로 대체하거나 분석 대신 또 다른 예화를 드는 것만으로는 갈등 분석 과정을 제대로 수행하고 있는 것이 아니라는 것이다.

3) 해결의 실마리(Aha!) - 문제의 반전 단계

"아하!"라는 감탄사는 뭔가 가능성을 보았거나 해결의 실마리를 찾았을 때 사용하는 것이다. 그러므로 이 단계는 제시된 모순과 모호함에 대한 해결의 실마리를 드러내는 과정이라고 할 수 있다. 갈등을 일으키고 문제가 되는 것에 대한 해결을 찾는 단계이다. 만약에 그 해결책이 너무나 뻔하고 역시 생각했던 대로라면, 그 이야기식 설교가 청중과 밀접한 관계를 유지하면서 그것을 이끌어가는 일에는 어려움을 겪게 될 것이다.

그러므로 그 해결은 모순을 느끼고 있는 사람들이 납득할 만한 것이어야 할 것이며, 대게는 기대하지도 않은 곳에서 찾게 된다면 더 효과적일 것이다. 흔히 이러한 경우에 그 해답은 오히려 상식적인 기대를 뒤집는 것일 수 있다. 그런 점에서 이 단계는 이야기에서의 "반전"과도 같은 부분이라고 할 수 있다.

---

81 Eugene Lowry, 『이야기식 설교 구성』, 52.

09 이야기식 설교의 다양한 유형

4) 복음 제시(Whee!) - 문제의 절정 단계

"휘!"라는 감탄사는 신나는 일이 일어나거나 이제는 모든 것이 제대로 되어 힘이 날 때 사용한다. 이 단계에서 설교자는 말씀의 중심 메시지인 복음의 핵심을 충분히 드러낼 수 있어야 한다. 그러므로 이 단계는 설교자와 청중이 복음을 함께 경험하게 되는 단계이다. 일단 해결의 실마리가 드러나면 청중은 말씀을 받을 준비를 하게 될 것이다. "복음이 선포되면서 문제가 해결되면 복음은 단순히 명제적으로 알게 된 것이 아니고 경험적으로 깨닫는 무엇이 되는 것"[82]이다.

그런데 설교자가 좋은 소식을 선포하는 실제적인 내용은 청중이 이미 알고 있는 복음과 일치하면서도 진일보한 통찰력을 줄 수 있을 때 최대의 효과를 얻을 수 있을 것이다.

5) 결과 기대(Yeah!) - 문제의 결말 단계

"예!"라는 감탄사는 뭔가를 기대할 때, 혹은 더 좋은 결과가 확실시될 때 사용된다. 이제 알게 되었으니, 미래를 향한 결단을 시작해도 되겠다는 확신을 보여주는 단계이다.

일반적인 설교의 구성은 논점을 밝히고 해결의 일부도 언급하거나 암시하면서 시작하여 설교의 주요 내용은 주로 성경 구절에 대한 해석과 통찰력 그리고 더 나아가 현대의 상황에 따른 적용 등을 포함한 것이라고 할 수 있다. 그리고 그 모든 것을 "헌신에로의 초청"으로 마무리하는 것이 일반적일 것이다. 그러므로 일반 설교의 절정은 종결부에서의 "헌신 초청"이라고 할 수 있을 것이다.

그러나 이야기식 설교에서의 절정은 역시 "복음 제시"에 주어지는 경향이 있다. 설교라는 것은 이야기처럼 복음 제시가 있은 후에 모든 것이 정리되어 제 자리를 찾거나 더 나은 자리로 돌아가는 것으로 끝나지 않는다. 왜냐하면 그것을 적용함으로 변화를 추구해야 하기 때문이다. 그래서 절정이 설교의 종결부에 나타나는 전통적인

---

82 Eugene Lowry, 『이야기식 설교 구성』, 47.

09 이야기식 설교의 다양한 유형

방식과 달리 이야기식 설교에서는 절정이 해결의 순간 – 복음 제시 순간에 있다. 이야기식 설교는 평범하게 끝나는 것처럼 보일 수 있지만, 이미 그 절정에서 보이지 않는 강력한 "이야기 동참의 초청"을 받은 셈인 것이다. 모든 것이 제자리로 돌아가 안정감을 느낌으로 그 이야기 끝날 수는 있지만, 종결부에서 강력한 "초청"이 없더라도 이미 그 이야기의 절정-복음 제시가 갖고 있는 강력한 메시지는 주어진 것이다.

그렇다면 이와 같은 유형의 이야기식 설교의 한 예를 들어보도록 하자. 마태복음 8:23-27까지로 그러한 유형의 설교를 만들어 보자. 그 설교 제목을 "큰 풍랑(furious storm) 중에 만난 큰 교훈(great lesson)"[83]으로 잡아보자.

역시 이 이야기의 모순점이나 갈등점은 예수님의 명령에 대한 제자들의 순종과 그 후에 찾아온 큰 풍랑과 관련되어 있다. 우리들은 일반적으로 그리고 상식적으로 또한 경험적으로 "말씀에 순종하면 순풍을 만나고 불순종하면 풍랑을 만난다."라는 법칙을 받아들이고 있기 때문이다. 그런데 오늘 이야기는 그 법칙이 맞아떨어지지 않고 있어서, 아니면 정반대의 결과를 줬기 때문에, 문제가 될 수 있다.

마태는 예수님께서 배에 오르시자, 제자들도 그를 따라서 배를 탄 것으로 기록하고 있지만, 같은 사건을 다루고 있는 마가와 누가는 예수님께서 제자들에게 "건너편으로 가자!"라는 제안에 따라 제자들이 배에 오른 것으로 되어 있다. 그런데 어처구니가 없게도 그들이 주님의 말씀대로 순종했을 뿐인데 엄청난 풍랑이 그들을 덮친 것이다.

그렇다면 우리는 의문을 가질 수밖에 없게 된다. 주님의 말씀에 순종해도 풍랑을 만날 수 있는 것인가? 어쩌면 요나처럼 주님의 말씀에 불순종하여 심한 풍랑을 만났다면, 이해하기가 쉽겠지만 말씀을 그대로 따르려고 했을 뿐인데 풍랑을 만났다면, 그것을 어떻게 해석해야 할 것인가?

---

83 유진 로우리와 같은 설교 본문을 사용했으나 제목, 전개, 설명은 필자가 덧붙인 것임을 밝힌다.

09 이야기식 설교의 다양한 유형

그런데 두 번째 단계로써 그 풍랑을 좀 더 분석해 보면 더 기가 막힌다. 왜냐하면 그들이 만난 풍랑이 보통의 것이 아니었기 때문이다. 갈릴리 호수는 아주 큰 호수는 아니지만 호수 주변의 지형적 특징과 호수 밑바닥의 복잡한 구조로 풍랑이 크게 일어날 수 있는 곳이다. 그런데 마태의 묘사를 보면, "큰 놀"이 일어났다고 표현하고 있는데, 그것은 바다에 일어난 "매우 큰 풍랑(furious/violent storm)"을 말하는 것이다. 헬라어로 본다면, 마태복음 28장에서는 같은 단어를 '지진'(earthquake)으로 번역하고 있다. 그것은 여기서 '큰 지진'(세이스모스 메가스, σεισμος μεγας), 혹은 호수의 '밑바닥까지 뒤집는 큰 파도'를 말하고 있다. 다른 헬라어 버전에서는 그와 비슷한 뜻을 가진 '큰 풍랑'(트리퀴미아 메갈렌 τρικυμια μεγαλην)이라는 단어를 사용하고 있다. 그들이 순종 때문에 만난 풍랑은 그저 자주 일어나는 정도의 것이 아니고 상상을 초월하는 규모였다.

그렇다면 세 번째로 불순종한 것이 아니고 순종했을 뿐인데, 그렇게 호수 바닥까지 뒤집는 큰 풍랑을 허락하셔서 배가 파도에 잠길 지경이 될 수 있단 말인가? 어떻게 이런 일이 생길 수 있는가? 그러나 우리는 여기서 역설적으로 상황과 환경만 보고서 우리가 제대로 가고 있는지 아니면 잘못 가고 있는지를 판단해서는 안 된다는 교훈을 배우게 된다. 다시 말해서 우리가 바로 가고 있어도 폭풍이, 풍랑이, 지진으로 인한 해일(海溢)과 같은 것이 얼마든지 우리를 찾아올 수 있다는 것이다.

이제 우리는 그다음 장면에서 그 해결의 실마리를 찾아볼 수 있을 것이다. 예수님의 제자 12명 중에서 적어도 7명이 어부 출신으로 그들은 그곳 갈릴리 바다를 너무나 잘 아는 사람들이었다. 그들은 바로 그 호수에서 잔뼈가 굵었던 사람들이다. 그런데 그들마저도 감당할 수 없어서 피곤하셔서 주무시고 계시는 예수님을 깨우고 있다. 그러면서 그들은 예수님에 대하여 서운한 마음으로 자신들이 죽게 되었는데 왜 주님께서는 자신들을 돌봐주시지 않느냐고 나무라듯이 항의에 가까운 표현을 사용했다.

그러자 예수님께서는 "어찌하여 무서워하느냐? 이 믿음이 적

09 이야기식 설교의 다양한 유형

은 자들아!"라고 말씀하시고는 그 바람과 바다를 꾸짖으셨다. 그러자 곧바로 바람이 멈추고 풍랑이 잦아들어 호수는 잔잔해졌다. 과연 그들은 왜 두려워했으며 어떤 면에서 믿음이 적은 자들이었는가? 결국 그들은 그 일 때문에 예수님이 도대체 어떤 존재이시기에 바람과 파도도 순종하는가! 라는 놀라움을 갖게 되었다. 그러니까 그들은 그들이 배를 함께 타고 가시는 분이 어떤 분이신지를 몰랐기 때문에 두려워했다. 그분이 어떤 분이시며 어떤 능력을 갖추신 분이신지에 대해 제대로 알았다면, 두려워하기보다는 곧바로 주님의 도움을 청했을 것이다.

그렇다. 바로 거기에 네 번째 단계인 해결의 실마리가 들어있다. 우리가 당할 수 있는 풍랑이나 역경은 일반적으로 우리가 잘 가고 있는지, 순종하고 있는지를 평가해 줄 수 있다. 그러므로 우리가 풍랑을 만난다면 가던 길을 돌이켜 바른길을 찾으라는 경고일 수 있다. 그러나 그러한 경우만 있는 것이 아니다. 그러한 역경이 오히려 우리로 하여금 예수님이 어떤 분이신지를 정확하게 체험적으로 알 수 있도록 하는 도구일 수 있다는 것이다. 그들은 그러한 체험을 통해서 예수님이야말로 온 우주를 창조하신 하나님이시며 그들을 구원하실 수 있는 메시아임을 확신할 수 있게 되었다. 우리에게 고난을 허락하시는 하나님의 계획은 우리를 고통스럽게 하고 어려운 길을 가도록 하시는 것이 아니고, 역설적으로 오히려 풍랑을 제대로 이기는 법을 가르쳐 주시기 위함이다.

우리는 이제 다섯 번째 단계로, 우리의 인생 여정에서 풍랑과 시련을 만났을 때 우리가 해야 할 일이 있음을 보게 된다. 그것은 풍랑과 시련과 역경 때문에 불평하거나 원망할 것이 아니고, 우리는 그 원인을 모른다고 하더라도 오히려 하나님께 더 가까이 감으로 엄청난 유익을 얻게 되는 것이다. 결국 우리의 성숙한 신앙은 다른 곳에 있는 것이 아니라 어떤 상황에서도 주님을 신뢰하는 것, 아무리 다급해도 주님의 때를 기다리는 것이 되어야 할 것이다.

그래서 우리는 다른 사람들이 어려운 일을 만났을 때, 욥의 친구들처럼 그 사람의 신앙을 함부로 평가해서는 아니 된다. 또한 우

09 이야기식 설교의 다양한 유형

리에게 주어지는 역경이나 시련이나 고난이나 핍박이 더 이상 두렵지 않다. 그것은 오히려 우리를 강하게 만들 뿐만 아니라 주님께 더욱 가까이 가도록 만들며 더욱 성숙해지는 도구일 뿐이기 때문이다.

2. 웨인 로빈슨(Wayne Robinson)의 설교 구성 제안[84]

또 다른 이야기식 설교가로 잘 알려진 사람은 웨인 로빈슨(Wayne Robinson)이다. 그는 이야기식 설교자로 알려진 리챠드 쑬린(Richard L. Thulin), 루시 로우즈(Lucy Rose), 로버트 휴즈(Robert G. Hughes), 미카엘 윌리암스(Michael E. Williams) 등과 함께 이야기식 설교 발전에 지대한 공헌을 하는 설교가이다. 그렇다면 유진 로우리(Eugene Lowry)와는 다른, 웨인 로빈슨(Wayne Robinson)이 주장하는 이야기식 설교 구성을 살펴보기로 하자. 그는 이야기식 설교 구성을 위해 네 단계 과정을 제시하고 있다.

1) **쟁점(issue)을 발견하라.**

이야기식 설교에서 설교자가 주어진 본문 이야기에서 무엇이 가장 중요한 쟁점이 되고 있는지를 발견하는 것은 매우 중요하다. 그리고 발견한 쟁점은 이야기식 설교가 진행되는 내내 그것이 마치 하늘에 높이 떠 있는 것처럼 계속 암시되고 노출되어야 할 것이다. 그럴 때만이 청중들을 한 방향으로 인도해 낼 수 있기 때문이다. 대게는 설교자가 정규적으로 반복하는 쟁점 질문을 통해 그것을 달성할 수 있을 것이다.

2) **쟁점(issue)을 탐구하라.**

제시한 쟁점에 대해 그것이 왜 중요한 쟁점이 되고 있는지

---

[84] Wayne B. Robinson, 『이야기식 설교를 향한 여행』, 132-8. 소제목은 로빈슨의 것을 사용했으나 그에 대한 설명과 설교의 예는 필자가 각색하고 추가한 것임을 밝힌다. Robinson은 그의 이야기식 설교 구성에 대한 설명에서 예수님의 "선한 사마리아인 비유"를 본문으로 사용하고 있다.

09 이야기식 설교의 다양한 유형

를 여러모로 세부 사항을 설명할 필요가 있다. 설교자는 그 쟁점을 이야기꾼으로서의 자질을 살려서, 보다 극적으로 제시할 수도 있을 것이다. 다각도의 다양한 설명을 통해 청중들에게는 점점 더 그 쟁점이 돋보이게 될 것이며 그들은 그 쟁점의 중요성을 인식하게 될 것이다. 일단 그것이 중요한 쟁점이 될 수 있다는 생각을 청중들이 갖게 되면 청중들은 설교자가 말하는 모든 내용에 대해 깊은 관심을 유지할 수 있게 될 것이다.

3) 쟁점(issue)을 재구성하라.

이제는 그 쟁점을 재구성할 수 있다. 그 사건에 등장하는 사람 중에서 핵심 인물이 아닌 주변 인물 중심으로 재구성하거나 쟁점이 되는 인물의 상대편 처지에서도 재구성이 가능하다. 이러한 재구성은 청중으로 하여금 그동안 알고 있었고, 생각해 왔던 당연한 메시지를 넘어서는 새로운 관점에서 메시지를 찾을 수 있게 만들 것이다.

4) 쟁점(issue)을 해결하라.

청중이 그 쟁점에 대해 충분히 인지했고 그 심각성과 중요성을 알게 되었다면 이제는 해결책을 제시해야 한다. 이것은 그 이야기가 함축하고 있는 의미 중에서도 그동안 간과해 왔던 어떤 것과 관련이 되어 있을 수도 있다. 그러나 전혀 새로운 것을 찾으려는 시도보다는 그동안 중요하게 다루지 않았거나 너무 평범하여 눈여겨보지 않았던 인물이나 관점이나 시각에서의 어떤 것을 찾으려고 노력하는 것이 바람직할 것이다.

그렇다면 웨인 로빈슨(Wayne Robinson)의 이야기식 설교 구성 제안에 따른 설교를 작성해 보도록 하자. 마태복음 13:3-23의 "씨뿌리는 자의 비유"를 본문으로 이야기식 설교를 만들어 본다면 다음과 같은 것이 될 수 있을 것이다.

이 비유야말로 예수님께서 말씀하신 비유 중에도 매우 중요한 위치를 점유하고 있다. 그래서 예수님께서는 "너희가 이 비유를

09 이야기식 설교의 다양한 유형

알지 못할진대 어떻게 모든 비유를 알겠느냐?"(막 4:13)라고 말씀하셨다. 이 비유를 제대로 이해해야 다른 모든 비유도 제대로 이해할 수 있는 기본이 마련된다는 것이다.

이 비유의 중요한 쟁점은 이 비유의 제목을 무엇으로 잡을 것이냐와 깊은 연관성을 가질 것이다. 언뜻 생각하기에 제목을 무엇으로 잡는 것이 뭐 그렇게 중요하냐고 반문할 수 있다. 그러나 제목을 다르게 잡으면 쟁점이나 중심 메시지가 바뀔 수 있음을 기억해야 한다.

생각보다 많은 설교자들이 이 비유의 제목을 "밭의 비유" 혹은 "어떤 밭이 되어야 하는가?" 정도로 잡는 것을 선호한다. 그렇다면 이 비유의 결론은 분명해진다. 우리는 좋은 밭이 되어야 한다. 좋지 않은 밭들이 갖고 있는 여러 문제를 고치고 보완함으로 좋은 밭이 되어야 많은 열매를 맺을 수 있기 때문이다.

그러나 우리는 제자들이 이 비유의 설명을 예수님께 요구했을 때 예수님께서 설명을 시작하시면서 하신 말씀에 주의를 기울여야 한다. "그런즉 씨 뿌리는 비유를 들으라!"(마 13:18) 주님께서는 "밭의 비유를 들으라!" 대신 "씨 뿌리는 비유를 들으라!"라고 말씀하신 것이다.

자, 그렇다면 우리는 거기에 맞추어 쟁점을 탐구해 볼 필요가 있다. 왜 주님께서는 "밭의 비유"나 "말씀을 듣는 자의 자세나 준비" 등으로 말씀하시지 않고, "씨 뿌리는 비유"라고 말씀하셨을까? 이것은 주님의 해석에서 볼 수 있듯이, "씨"를 '하나님의 말씀'이라고 하셨는데, 그것은 하나님의 말씀을 받아들이는 사람의 "마음"이 이 비유의 핵심이 아니고 그 뿌려지는 "말씀"이 바로 핵심이라는 것을 보여준다. 그러므로 그 뿌려지는 "말씀" 관점에서 예수님의 이 비유가 해석되고 적용되는 것이 이 비유의 핵심 메시지를 붙잡는 것이 될 것이다.

이제 우리는 이 비유의 쟁점을 재구성할 단계에 들어와 있다. 우리는 이 비유를 "씨 뿌리는 자"나 "씨 뿌림"의 관점에서 다시 보는 것이다. 그렇게 되면 이 비유에 등장하는 네 종류의 밭은 모두

09 이야기식 설교의 다양한 유형

수동적인 의미를 띠게 된다. 씨 뿌리는 자가 씨를 뿌리고 그 네 종류의 밭들은 그 씨를 받아들임으로 그 밭들이 갖고 있는 이미 정해진 결과를 내었을 뿐이다. 그 밭들이 게을렀거나 어떤 노력이 부족하여 그런 부족한 결과를 낸 것이 아니다.

이제는 그 쟁점을 해결해 보도록 하자. 이 단계에서는 이미 정리된 새로운 관점에서 이 비유를 보고 이 비유가 주는 메시지를 찾아가는 것이다. 또한 그러한 깨달음에 따라 청중들이 적용할 수 있도록 도와야 할 것이다.

첫째는, 씨는 어떤 밭에도 떨어질 수 있으며 어떤 밭에도 뿌려져야 한다는 것이다. 그것은 씨를 뿌리는 자가 좋은 밭만 골라서 뿌리거나 좋지 않은 밭에는 열매에 대한 기대가 없기에 뿌리지 않아도 되는 것이 아니다. 그 씨가 말씀이기 때문에 우리들은 모든 밭에, 모든 종류의 사람들에게 순종함으로 씨를 뿌려야 하는 것이다.

둘째는, 그 엄청나고 귀중한 하나님의 말씀이 사람이나 사탄에 의해서 방해를 받을 수도 있음을 기억해야 한다. 사람들이 그 말씀을 짓밟을 수도 있고, 사탄은 그것을 집어먹을 수도 있다. 왜냐하면 그 말씀은 지금 능력으로 그들에게 뿌려지는 것이 아니고 하나님의 능력이 유보되는 가운데 설득을 위해 뿌려지고 있기 때문이다. 그런 점에서 복음을 전하는 과정에서 기독교나 하나님이나 복음이 무시당하거나 핍박을 받을 수 있는 것에 대해 열린 자세를 가져야 할 것이다.

셋째는, 씨 뿌리는 일에는 반드시 그것을 뿌리는 사람을 필요로 한다는 것이다. 하나님께서는 천사들을 통해 그 일을 하지 않으신다. 사람을 사용하여 그 씨를 뿌리도록 하셨기 때문이다. 그런 점에서 우리 각자가 바로 그 도구로 사용될 수 있으며, 그 사용됨이 영광스러운 것임을 기억해야 할 것이다.

넷째는, 뿌려진 씨는 반드시 그것을 받아들이고 순종함으로써만 열매를 낼 수 있다는 것이다. 씨앗이 뿌려진 것으로 우리의 일이 끝난 것이 아니다. 그것이 열매를 맺을 수 있도록 순종하는 삶이 요구되며 전하는 사람 또한 그것에서 예외일 수 없음을 기억해야 할

09 이야기식 설교의 다양한 유형

것이다.

　　이와 같이 쟁점을 발견하고 그것을 탐구한 후에 쟁점을 재구성함으로 쟁점을 해결해 가는 방식으로 이야기식 설교를 구성할 수 있다. 청중들은 주어진 본문 이야기의 쟁점에 민감하게 반응할 것이며, 그에 따른 각자의 기대를 하게 될 것이다. 그리고 그것이 어떻게 해결되어 가는지에 대해 주목하고, 깨달음을 얻을 것이며 그것을 자신의 삶에 적용할 수 있게 될 것이다. 이러한 쟁점 사용 이야기식 설교는 그 쟁점이 청중의 삶에 직접 닿아있는 것이라면 더 깊은 관심을 끌게 될 것이며, 오랫동안 기억되어 그것으로부터 지속적으로 영향을 받는 좋은 설교가 될 수 있을 것이다.

3. 일인칭 내러티브/ 이야기식 설교[85] 준비와 설교 구성

먼저 "일인칭 이야기식 설교"가 어떤 것인지 알아보도록 하자. 이것은 1980년대 이후 "새로운 설교학"(New Homiletics) 운동이 활발해지면서 등장한 비교적 새로운 설교 형식이라고 할 수 있다. 현대 설교학에서 이야기의 중요성이 재발견되면서 나타나게 되었고, 하나님의 구원 이야기, 복음의 이야기를 살아 있는 오늘날의 이야기로 전하기를 시도하는 역동적인 설교 방법의 하나라고 할 수 있을 것이다.[86] 그러한 일인칭 이야기식 설교에서 중요한 것 중의 하나는 설교자가 등장인물이 되는 것이다[87]. 이러한 설교의 성패는 설교자가 "진짜로 등장

85　이러한 설교 형태는 "극적 고백"(Dramatic Monologue)이나 "일인칭 설교"(First Person Sermon), "일인칭 강해 설교"(First Person Expository Sermon)와 같은 혹은 유사한 형태라고 할 수 있다. "극적인 고백" 설교가, 설교자가 사건의 목격자 관점에서 전하는 설교라고 한다면, "일인칭 설교"는 "극적인 고백" 설교와 유사한 형태라고 할 수 있고, "일인칭 강해 설교"는 일인칭 관점에서 전하는 강해 설교를 말하는 것으로 성경에 관한 정확한 해석을 기초로 하여 그 의미를 일인칭으로 청중에서 전하는 것이라고 할 수 있다. 이에 대해서는 Haddon W. Robinson & Torrey W. Robinson, 『1인칭 내러티브 설교』, 11에 나오는 "중요한 용어들" 해설을 참고할 것.

86　Haddon W. Robinson & Torrey W. Robinson, 『1인칭 내러티브 설교』, 6.

87　이야기식 설교에서 설교자는 다양한 관점에서 설교할 수 있다. 그러한 입장

09 이야기식 설교의 다양한 유형

인물 안으로 들어가느냐 안 들어가느냐?"[88]에 달려 있다고 해야 할 것이다.

    예수님께서는 설교하실 때 이야기 형태로 말씀하셨다. 그 당시 많은 사람들은 예수님의 이야기에 열광했고 수많은 사람들이 예수님의 이야기를 듣기 위해 먼 곳으로부터 모여들었다. 그런데 이야기를 전개하는 최상의 방법의 하나는 일인칭을 사용하는 것이다. 이것은 "이야기 내부로 들어가 등장인물 중 한 사람의 관점에서 이야기를 해나가는 것이다. 일인칭 관점을 사용하는 것은 시각을 변화시키고, 처음에는 약간 익숙해 보이던 요소에 신선함과 통찰을 제공한다."[89]

    일인칭 이야기식 설교의 위력에 대한 증언들은 차고 넘친다. 그중에서도 그 위력을 가장 잘 요약한 것으로 보이는 증언을 소개하면 다음과 같다.

> 일인칭 내러티브처럼 회중의 주의를 사로잡고 지속시킨 설교 제시 방법은 없었다. 제시는 극적이며, 전제는 성경적이고, 목적은 실용적이며, 접근은 동기부여적이다. 일인칭 내러티브는 성경의 진리를 회중에게 일깨우며, 본문이 성도의 마음속에서 살아 움직이게 한다.[90]

    이제는 일인칭 이야기식 설교를 위한 준비에 대해 알아보기로 하자. 일반적인 인물 설교나 사건을 다룰 때 설교자는 삼인칭 서

들에는 중립적 해설자(about the character), 목격자(inside the story), 이야기의 주인공(inside the character), 본문 이야기를 떠나 다른 예화를 통해서 교훈을 주는 관점(away from the story) 등이 있을 수 있다. 그중에서 일인칭 설교는 설교자가 등장인물의 마음을 엿보며 그 심리를 묘사하는 방식이라기보다는 등장인물이 되어 그 인물의 고백적인 표현을 통하여 설교하는 관점이라고 해야 할 것이다.

88 J. Kent Edwards, 『강단의 비타민 일인칭 강해 설교』, 152.
89 Haddon W. Robinson & Torrey W. Robinson, 『1인칭 내러티브 설교』, 24-25.
90 Haddon W. Robinson & Torrey W. Robinson, 『1인칭 내러티브 설교』, 30.

09 이야기식 설교의 다양한 유형

술을 사용하게 된다. 그것은 설교자가 이야기의 등장인물이거나 그 사건에 직접 관여되어 있지 않고, 그 사건이나 다루는 인물을 객관적인 관점에서 묘사하고 설명해 가기 때문이다. 그런데 이야기식 설교에서 특별하게 다룰 수 있는 또 다른 유형은 설교자가 사건의 등장인물이 되어 일인칭으로 이야기를 풀어갈 수도 있다. 이러한 유형은 또 다른 형태의 이야기식 설교 유형이라고 할 수 있을 것이다.

1) 이야기식 설교 준비

그렇다면 그러한 유형의 이야기식 설교 준비를 어떻게 할 수 있을 것인가를 알아보자. 그러한 설교 준비를 위해서는 본문 선택과 그 본문에 대한 석의, 그리고 일인칭으로 등장하는 인물의 관점과 성격을 규정하는 것이 선행되어야 할 것이다.

(1) 본문 선택 - 반드시 하나의 완성된 사상의 단위 포함, 전체 이야기거나 그 이야기 안에 있는 일화, 이야기의 시작과 끝을 확정해야 한다. 분명하지 않은 본문일 경우에 한 편의 일인칭 이야기로서 전개해 나가는 것에 어려움을 갖게 될 것이다.

(2) 석의(exegesis) - 첫째로, 본문의 중심 사상을 확정해야 한다. 중심 주제(subject)와 보조 주제(complement)를 파악하고 그것을 이야기식 설교 구성을 위해 확정해야 한다. 이것을 일반 강해 설교에서는 "큰 개념"(big idea)이라고 불리는 '논제'나 '명제'라고 할 수 있다. 설교를 복음 증거의 한 형태라고 보는 알렌(Allen)은 그것을 "설교자가 말하려고 하는 것, 설교가 청자에게 요청하려는 것을 보여주는 짧은 진술이라."[91]고 정의한다. 그것이 확실하게 정해지지 않는다면 설교자가 일인칭 본인이 되어 그 이야기를 이끌어 가는 데 어려움을 겪을 수밖에 없을 것이다. 당연히 이것은 그 설교의 목적과 관련되어 있다.

91　Ronald J. Allen, *Interpreting the Gospel* (St. Louis: Chalice, 1998), 10.

09 이야기식 설교의 다양한 유형

둘째로, 본문의 인물 탐구를 해야 한다. 인물 연구와 지리적, 역사적, 문화적 상황에 관한 연구가 필요하다. 그 모든 과정은 성경으로부터 시작하여, 성구 사전, 성경 핸드북, 성경 사전, 주석, 성경 인물에 대한 특별한 자료 등을 활용하여 최대한 자세하고 정확하게 준비하는 것이 필요하다.

셋째로, 본문이 묘사하거나 제시하는 배경을 탐구해야 한다. 그 사건에서 언급되고 있는 특정한 장소, 구체적인 시간에도 관심을 가져야 한다. 따라서 본문의 문화적, 역사적, 지리적인 세부 사항에 관해서도 탐구가 요구된다. 또한 그 당시 삶과 오늘날의 삶과의 차이점과 유사점도 파악해야 메시지를 도출할 수 있는 정확한 묘사가 이뤄질 수 있을 것이다. "대부분의 배경은 내레이터에 의해 제공되며, 공간적 배경은 장소들과 인물들의 이동에 대한 언급으로 대부분 표현된다."[92]

넷째로, 인물의 성격과 입장을 결정해야 한다. 이 부분에서 상상력을 활용할 필요가 있다. 물론 그러한 상상력은 충분한 탐구를 근거로 한 것이어야 할 것이다. 나는 누구인가? 나는 어디에 있는가? 나는 왜 그 일을 하고 있는가? 나는 왜 그렇게 반응하고 있는가? 등에 대해 탐구한 내용을 근거로 하는 본인의 성격과 입장을 결정해야 한다. 필요하다면 상상력을 발휘하여 현대의 청중을 고대로 데려가거나, 그 인물을 현대 세계로 데려올 수도 있을 것이다. 그러나 그럴 때 조심해야 할 것은 시간적, 상황적으로 적절하지 않은 "시대착오"[93]를 조심해야 할 것이다.

2) 이야기식 설교 구성

이제는 일인칭 이야기식 설교 구성과 작성에 대해 알아보기로 하자. 이러한 설교는 준비 과정에서 어떤 면에서 일반적으로 강해

---

[92] D. F. Tolmie, 이상규 역, 『서사학과 성경내러티브』(서울: CLC, 2008), 149.
[93] "시대착오"(anachronisms) - 적절한 역사적 시기를 벗어난 언급들이나 횡설수설. 예를 들어 "요셉은 구두가 아니라 샌들을 신었다." "그는 보디발의 집에 있을 때 피고용인이 아니라 노예였다."라는 점들을 기억해야 할 것이다. Haddon W. Robinson & Torrey W. Robinson, 『1인칭 내러티브 설교』, 11.

117

09 이야기식 설교의 다양한 유형

설교보다도 훨씬 더 많은 준비가 필요한 것으로 보인다. 이야기의 사건과 설교자가 되고자 하는 인물에 대한 "탄탄한 진단과 분석의 과정이 없으면 이야기식 설교에서의 독특한 긴장과 모호성이 흐려질 수 있다"[94]는 사실을 기억해야 한다. 왜냐하면 설교자가 직접 성경의 인물이 되어 그의 관점에서 그가 가졌을 감정을 가지고 이야기를 이끌고 가야 하며, 그 이야기가 갖는 긴장과 모호성을 한동안 이끌고 가야 하기 때문이다. 그런 점에서 지나치게 단편적이고 감정에만 호소하는 일인칭 설교는 자칫 잘못하면 본문 이야기를 바르지 못한 방향으로 이끌어 갈 수도 있게 될 것이다.

그렇다면 일인칭 이야기식 설교의 준비가 되었다면 어떻게 그러한 설교를 구체적으로 구성해 나갈 수 있을 것인지 단계적으로 알아보도록 하자.

(1) 설교 아이디어를 분명하게 기술 - 설교자는 같은 본문이라고 할지라도 본문의 의도와 설교자의 이해에 따라 여러 가지 설교 아이디어를 정할 수 있을 것이다. 일인칭 이야기식 설교자는 "성경 저자가 원래 청중에게 무엇을 말했는지 정확하게 모른다면 효과적인 일인칭 설교를 작성할 수 없을 것이다."[95] 그리고 그 내용을 핵심 아이디어로 기술할 수 있어야 한다. 일단 그 아이디어가 정해지면 그에 대해 분명한 기술을 할 수 있어야 한다. 그것이 설교의 방향과 핵심 메시지를 결정하기 때문이다.

(2) 설교의 목적과 관점을 결정 - 핵심 아이디어가 정해졌다면 그에 따른 그 설교의 목적이 정해지게 될 것이다. 설교자는 그 설교를 들을 청중들에게 어떤 변화가 일어날 것을 기대하고 있는지를 결정해야 할 것이다.

그런 다음에는 관점을 결정해야 한다. 이것은 일인칭 이야기 설교자가 청중이 상상력을 통해서 원래 사건이 일어난 고대 생활과

---

94 Eugene Lowry, "Narrative and the Sermonic Plot", 82.
95 J. Kent Edwards, 『강단의 비타민 일인칭 강해 설교』, 105.

09 이야기식 설교의 다양한 유형

시간으로 돌아가게 하거나, 설교자가 오늘날의 청중에게 말하기 위해 과거에서 현재로 나오거나, 아니면 등장인물이 역사적 과거에 발생한 사건의 참여자로 청중을 포함하는 방법을 사용할 수 있을 것이다.[96]

(3) 이야기를 설정 - 이것은 일인칭 이야기 설교자가 주인공에 대해서, 그리고 그 이야기의 시간적, 공간적 배경에 대해서 잘 알고 있어야만 함을 의미한다. 여기서 이야기의 시간적 위치, 이야기가 진행되는 기간, 사건의 위치 등이 정해져야 한다. "그 이야기의 문화와 관습에 대해 통찰력을 제공해 주는 자료는 그것의 무게만큼 백금의 가치가 있다."[97]는 사실을 명심해야 한다.

(4) 구조와 설교의 흐름/ 줄거리를 결정 - 이것은 하고자 하는 일인칭 이야기식 설교의 구조를 결정하는 것이다. 예를 들어, 연대기적 구조를 사용할 것인지 아니면 심리적 구조를 활용할 것인지 아니면 이야기가 갖는 극적인 구조를 갖게 할 것인지를 결정해야 할 것이다. 또한 이 부분에서 주어진 이야기의 주인공인 등장인물을 이야기의 흐름에 따라 발전시킬 필요가 있다. 그러나 설교자가 반드시 주인공의 역할을 해야 하는 것은 아니다. 주인공이 아닌 등장인물을 선택할 수도 있고 "이야기를 이끌어 갈 새로운 등장인물을 창조"[98]할 수도 있다. 이야기의 흐름에 맞는 등장인물 개발을 위해서는 그의 배경, 신체적 특징, 정신적 특징, 감정적 특징, 영적 특징이나 그 외의 그만의 중요한 특징들에 관해 연구가 필요할 것이다.[99]

(5) 설교 원고를 기록하면서 석의적이고 역사적인 세부 내용들을 채움 - 이것은 일인칭 이야기 설교가 설교자의 주관적인 감정이나 깨달음에 따라 진행되는 것을 막고 오히려 본문에 대한 객

---

[96] 이러한 관점 선택에 대해서는 J. Kent Edwards, 『강단의 비타민 일인칭 강해 설교』, 138-140을 참고할 수 있다.
[97] J. Kent Edwards, 『강단의 비타민 일인칭 강해 설교』, 127.
[98] J. Kent Edwards, 『강단의 비타민 일인칭 강해 설교』, 106.
[99] J. Kent Edwards, 『강단의 비타민 일인칭 강해 설교』, 115-116.

09 이야기식 설교의 다양한 유형

관적이고 석의적이고 역사적인 특성을 가질 수 있도록 도와 주기 위함이다.

(6) **결론** - 설교자는 이제 설교를 끝내면서 자신이 주인공의 위치로부터 빠져나와야 한다. '어떤 식으로 빠져나올 것인가?' 그리고 '청중으로 하여금 그 설교를 어떻게 적용할 수 있도록 도울 것인가?'에 관해 결정해야 한다.

10
이야기식 강해
(강해식 이야기) 설교 구성

10 이야기식 강해(강해식 이야기) 설교 구성

I. 강해 설교의 장점들

강해 설교는 여러 가지 면에서 강점이 있는 것이 사실이다. 그래서 지금까지도 성경 중심의 설교를 원하는 설교자들이 주로 사용하는 설교 방식이기도 하다. 강해 설교가 갖는 특징에 대해서 훼리스 화잇셀(Farris Whitesell)은 다음과 같이 정리하고 있다.[100]

> 강해 설교란 성경의 한 본문, 보통은 한두 구절 이상으로 구성된 본문에 기초하며, 그 주제(theme)와 명제(thesis), 그리고 대·소단락의 구성이 모두 해당 본문으로부터 나온다. 설교 전체는 본문의 진정한 문법적·역사적·문맥적 의미를 충실히 해명하려는 성실한 시도이다. 그리고 이를 오늘날의 삶과 관련짓기 위하여 적절한 조직(organization), 논증(argument), 예화(illustrations), 적용(application), 그리고 권면(appeal)의 과정을 거치게 된다.

설교자는 강해 설교라는 형식을 통해서 본문의 본래의 맥락에서 본문의 역사적, 문화적, 문학적인 의미를 찾으려고 노력하며, 본문의 의미를 전달하기 위해 여러 수사학적인 요소들을 사용하고, 설교자 자신이 먼저 자신의 삶에 적용하면서 청중들이 그것에 순종하도록 설득한다는 장점이 있다고 할 수 있다.

그런데 강해 설교나 대지 설교, 혹은 주제 설교의 가장 안타

---

100 Farris D. Whitesell, *Power in Expository Preaching* (Westwood, NJ: Fleming H. Revell Co., 1967), vi-vii.

10 이야기식 강해(강해식 이야기) 설교 구성

까운 점은 청중들이 그것을 오래 기억하고 삶에 적용하는 것이 절대 쉽지 않다는 것이다. 논리적이고 개념적으로 전달된 지식은 그것을 오랫동안 기억하고 그것을 실생활에 직접 적용하는 것이 쉽지 않기 때문이다. 바로 이 부분을 보완해 줄 수 있는 설교 방식 중의 하나가 성경의 진리를 이야기 형식으로 전달하는 것이다.

2. 이야기식 강해 설교(강해식 이야기체 설교)의 구성

1) **이야기식 강해 설교는** 한 마디로 강해 설교를 이야기 형식으로 진행하는 것으로 볼 수 있다.
설교에 대한 준비는 강해 설교에 준해서 하지만 그것을 전달하는 방식으로는 이야기식 설교를 채택한다는 것이다.

2) 그러므로 **이야기식 강해 설교는** 강해 설교처럼 구체적인 내용에서 보편적인 진리를 찾아간다는 점에서 연역적이라기보다는 귀납적 방식을 따른다고 할 수 있다.
설교 내용을 이야기식으로 이끌고 가게 되면 설교자가 초반에 결론을 미리 내리거나 결론을 선명하게 드러내기보다는 청중들이 이야기 구성을 따라가게 되면 자연스럽게 그 이야기가 갖고 있는 중심 메시지와 교훈을 찾을 수 있게 되는 것이다.
다시 말해서, 설교자가 본문에 대한 모든 결론을 내린다기보다는 설교자는 청중과 이야기 여행을 함께 함으로 청중과 함께 결론을 내릴 수 있게 되는 것이다. 이것은 청중은 수동적으로 설교를 듣기만 하는 것이 아니고 청중이 설교자의 이야기 여행에 직접 참여함으로 그 본문 이야기가 주는 결론에 함께 도달하게 되는 것을 의미한다. 그래서 피터슨(E. Peterson)은 "우리는 성경 본문의 참여자가 되기 위해 하나님이 주인이 되시는 본문의 세계로 들어간다. 이 세계 속에는 성령께서 우리에게 맡기셨기에 기꺼이 감당해야 할 일부분이 있다. 우리가 이 부분을 감당할 때 비로소 우리는 성경의 참여자가

10 이야기식 강해(강해식 이야기) 설교 구성

된다."101라고 말한다.

3) **이야기식 강해 설교는 강해 내용을 이야기 형식으로 전달하면서도 핵심적인 메시지를 전달하는 설교 방식으로 볼 수 있을 것이다.**
　　　　　청중들은 성경 이야기를 기억하게 되면 그 성경 이야기에 녹아 있는 핵심 메시지들을 자연스럽게 오랫동안 기억할 수 있게 되며 더 나아가 다른 사람들에게 더 쉽게 전달할 수 있게 된다.

4) **성경의 모든 내용이 이야기체로 되어 있는 것은 아니다.**
　　　　　성경의 75%만이 이야기체 본문이기 때문이다. 그러나 이러한 이야기식 강해 설교 형식을 사용하면 이야기체 본문을 다루면서도 비(非)이야기체 본문을 삽입하여 다룰 수 있다. 예를 들어, 마태복음 18:21-35의 "용서하지 않은 종"의 비유를 다루면서 자연스럽게 에베소서 4:25-26이나, 마태복음 5:23-24, 38-48을 언급함으로 이야기체가 아닌 본문을 사용할 수 있게 되는 것이다. 또한 사도행전의 선교여행을 다루면서 그와 관련된 바울의 서신서를 삽입할 수도 있다. 사무엘하 12장의 다윗의 회개 사건을 다루면서 자연스럽게 시편 51편의 그의 회개 시를 사용할 수 있을 것이다.

101　Eugene Peterson 외, 이승진 역, 『영혼을 살리는 설교』(서울: 좋은 씨앗, 2008), 19.

II
이야기식 설교 준비 가이드라인과
훌륭한 설교자의 조건과 노력

11 이야기식 설교 준비 가이드라인과 훌륭한 설교자의 조건과 노력

1. 이야기식 설교 준비의 가이드라인

설교자는 자칫 잘못하면 본문의 메시지를 전하기보다는 자기 생각을, 본문을 사용하여 전하려는 우를 범할 수 있음을 기억해야 할 것이다. 설교자가 성경적인 설교를 하기를 원한다면 메시지의 깨달음과 설교자의 실천, 전달 방식, 청중의 적용까지도 본문에 충실한 것이 되어야 할 것이다. 그래서 위어스비(Wiersbe)는 그에 대해 다음과 같이 말하고 있다.

> 성경적인 설교를 하려면, 먼저 하나님 말씀의 진리에 기초한 메시지여야 하며, 설교자 자신도 말씀의 권위 아래 살아야 한다. 또한 전달 방식도 인간의 정신에 뭔가 배울 것을 주고, 또 마음을 움직이며, 의지를 사로잡을 수 있어야 하며, 삶의 적용 방식도 본문 자체에 충실한 것이어야 한다.[102]

그러면서 그는 설교 준비에 필요한 가이드라인을 다음과 같이 정리하고 있다.[103] 그것들은 설교 준비의 가이드라인이면서 동시에 논리적 연속성을 보여주는 것이라고 할 수 있다. 또한 그것들은 이야기식 설교는 말할 것도 없고 어떤 형태의 설교를 구상하든 성경 본문을 제대로 다루기 위해 꼭 필요한 요소들로 여겨진다. 그것들이 성경 본문을 제대로 이해하고 그 핵심 메시지를 찾아 청중들에게 효과적으로 전달하려는 의도가 있기 때문이다.

---

102 Warren W. Wiersbe, 『상상이 담긴 설교』, 283.
103 Warren W. Wiersbe, 『상상이 담긴 설교』, 128-151.

11 이야기식 설교 준비 가이드라인과 훌륭한 설교자의 조건과 노력

1) 본문은 무엇을 말하는가?

하나님의 말씀을 깨닫고 그것을 다른 사람에게 가르치고 설교하기를 원하는 사람들은 그 어떤 것보다 성경 본문의 의미를 분명하게 아는 것이 중요하다. 그래서 미국의 유명한 설교학자 중의 한 사람이었던 존 브로우더스(John A. Broadus)는 "만약에 설교자가 자신이 해석하고자 하는 본문을 정직하게 이해하려고 치열하게 노력하지 않거나, 본문의 진정한 의미를 전하지 않고 있다면, 그는 하나님 앞에서 죄를 짓는 것이다."[104]라고까지 말하고 있다. 설교자가 본문이 무엇을 말하는지 알기를 원한다면, 성경의 저자이신 성령님의 도움을 구하면서 본문을 반복해서 계속해서 읽는 것과 그 본문을 끊임없이 묵상해야만 할 것이다. 그 외에 원문이나 다른 번역본을 연구하는 일도 도움이 될 것이다.

2) 본문은 어떻게 말하는가?

이제 본문 연구는 문학 이론의 영역으로 넘어가고 있다. 예수님께서는 자신을 시험하기 위해서 무엇을 해야 영생을 얻을 수 있겠느냐고 물었던 율법 학자에게 "율법에 무엇이라 기록되었으며 네가 어떻게 읽느냐?"(눅 10:26)라고 질문하셨다. 전반부가 율법이 말하고 있는 바를 물으신 것이라면, 후반부는 그 율법 학자의 해석을 물으신 것이라고 할 수 있을 것이다. 우리가 성경 본문의 문학적인 성격을 무시해 버린다면, 우리의 해석 작업은 모호한 일이 될 것이다. 본문이 어떤 형태의 글인가에 따라 본문 해석 방법은 달라질 것이다. 서신서를 시편처럼 해석할 수 없으며 요한계시록을 잠언처럼 해석할 수는 없는 것이다.

3) 본문은 처음의 독자들에게 무엇을 말하려 했는가?

본문은 현재의 우리에게 처음으로 주어진 것이 아니고, 그 당시 그곳에 있었던 일차적인 독자들에게 주어진 것이다. 그러므로

---

[104] John A. Broadus, *A Treatise on the Preparation and Delivery of Sermon* (New York: A.C. Armstrong and Son, 1897), 62.

11 이야기식 설교 준비 가이드라인과 훌륭한 설교자의 조건과
노력

본문이 우리에게 무엇을 말하고 있는지를 묻기 전에 그곳의 그들에게 무엇을 말하려고 했는지를 먼저 알아야 한다. 그래야 그것을 기본으로 현재 이곳에 있는 우리에게 주어진 의미를 찾아낼 수 있기 때문이다. 우리는 여기서 성경의 계시가 점진성(漸進性)과 누적성(累積性)을 가지고 있음을 기억해야 한다.

4) 본문이 오늘의 교회에 어떤 의미가 있는가?

이제 우리는 역사신학의 영역으로 들어가고 있다. 이것은 그때 그곳에 주어진 본문이 지금 이곳의 우리에게는 어떤 의미가 있는지를 찾아야 하기 때문이다. 또한 주어진 본문을 오늘날의 교회가 어떻게 적용할 것인가를 다루는 부분이다. 사실 말씀 사역자의 사명은 주어진 말씀을 정확하게 이해해서 잘 가르침으로 청중들이 그 말씀을 삶에 적절하게 적용하도록 만드는 것이다. 그래서 브로우더스(Broadus)는 그러한 설교자의 사명을 "성스러운 의무"라고 말하고 있다. "설교자가 본문 그 자체의 의미를 제대로 해석하고 적용하는 것은 그가 갖고 있는 가장 중요하고 성스러운 의무"[105]인 것이다.

5) 본문이 내게 의미하는 바는 무엇인가?

성경적인 설교의 내용은 설교자의 말씀에 대한 이해를 기초로 하지만, 설교자가 본문과 씨름하면서 자신이 발견한 영적인 진리와 동시에 그 자신의 간증도 포함된다고 볼 수 있다. 그리고 그것은 더 나아가 진리가 설교자의 인격을 통해서 청중에게 나타나는 것이라고 할 수 있을 것이다. "설교자가 설교 본문을 연구할 때, 설교 본문이 설교자에게 개인적인 체험이 되게 하고, 또 그 본문 속에서 말씀의 진지한 의미를 제대로 깨닫고자 한다면, 설교자는 본문을 기도 속으로 끌고 들어가야 한다."[106] 설교자는 어쩌면 주어진 본문을 기도를 통해 본문을 자신의 것으로 만든다고 할 수 있다.

---

105 John A. Broadus, *A Treatise on the Preparation and Delivery of Sermon*, 51.
106 Warren W. Wiersbe, 『상상이 담긴 설교』, 141.

11 이야기식 설교 준비 가이드라인과 훌륭한 설교자의 조건과 노력

6) 본문이 청중에게 무엇을 의미하는가?

설교는 본문이 청중에게 어떤 의미가 있는지를 보여주는 것이다. 여기에서 설교자가 청중을 알아야 하는 이유가 드러난다. "만약 설교자가 성도들을 알지 못한다면 하나님의 말씀을 그들의 필요에 어떻게 구체적으로 적용할 수 있겠는가?"[107] 그래서 살몬(Salmon)은 설교 작성의 첫 번째 단계가 청중 분석이라고 하면서 "설교의 근본은 청중을 규명하는 것이다."[108]라고 말하고 있으며, 로빈슨(H. Robinson)은 설교자가 청중의 삶과 운명에 변화를 주기 위해서는 "성경과 청중 모두를 주해(註解)해야 한다."[109]고 주장한다. 사실상 청중에 대한 말씀의 적용은 설교를 듣게 되는 그들을 제대로 알 때 그들에게 맞는, 그들에게 절실한, 제대로 된 적용을 제시할 수 있게 될 것이다. "성경 이야기의 의미는 반드시 청중의 상황에 맞추어 적용되어야 한다. 그리고 그러한 적용은 간단하고 심지어 절제된 것이어야 한다. 그러나 청중으로 하여금 그 이야기가 그들에게 의미하는 것을 정확하게 지적하는 것이어야 한다."[110]

7) 설교자가 청중들에게 어떻게 본문을 의미 있게 할 것인가?

이 과정에서 설교자의 상상력은 빛을 발하게 된다. "상상은 설교자가 과거 상황으로부터 현재 상황으로 옮길 수 있도록 돕는다."[111] 성경의 특수한 사건이나 인물의 상황을 이용해서, 그 성경 상황과는 다른 시간, 다른 공간에서 살고 있는 청중들의 일반적인 상황으로 옮길 수 있는 능력은 상상력에서 나올 수 있는 것이다. 이것은 다른 말로 성경적인 원리를 오늘날 우리의 삶에 연관시키는 것을 의미할 것이다. "원래의 성경 기록자들이 그들이 활용할 수 있었던 자료들을 그 당시 지역 공동체의 필요에 맞춘 독특한 복음(distinctive

---

107 Warren W. Wiersbe, 『상상이 담긴 설교』, 143.
108 Bruce C. Salmon, *Storytelling in Preaching- A Guide to the Theory and Practice* (Brentwood, Tennessee: Broadman Press, 1988), 28.
109 Eugene Peterson 외, 『영혼을 살리는 설교』, 178.
110 Bruce C. Salmon, *Storytelling in Preaching*, 43.
111 Warren W. Wiersbe, 『상상이 담긴 설교』, 146.

11 이야기식 설교 준비 가이드라인과 훌륭한 설교자의 조건과 노력

Gospels)으로 변형시켰던 것처럼, 오늘날의 설교자는 성경 본문을 그들의 회중 관점에서 적용해야 한다."[112] 우리는 이것을 본문의 동시대화(contemporizing)라고 부를 수 있을 것이다.

2. 훌륭한 이야기식 설교자의 조건
- 지식, 예술성, 성령님의 은사

설교자가 청중에게 영향을 끼치는 것은 설교 자체로만 되는 것이 아닙니다. 설교자 자신이 언어가 아닌 비언어적 의사소통의 도구가 된다는 사실을 기억해야 할 것이다. 인간의 의사소통에서 말하는 사람이 그것을 듣는 사람과 상황과 맥락을 공유하면서 언어가 아닌 "비언어적 의사소통의 단서들"[113]로 사용되는 것은 어조, 억양, 제스처, 태도 등이지만 더 나아가 말하는 사람의 삶과 인격이 모두 지대한 영향을 끼치기 때문이다.

훌륭한 설교자가 이야기식 설교를 통해 본문의 말씀을 효과적으로 전하기 위해 갖추어 가야만 하는 요소들이 어떤 것들인지 알아보도록 하자. 물론 이것은 이야기식 설교자뿐만이 아니고 모든 설교자에게 해당하는 것이 될 것이다. 이야기식 설교자는 본문에 대한 그가 갖는 지식 면에서, 그리고 그가 본문을 다루는 예술성에서, 본문의 저자인 성령님을 의지하고 그가 주신 은사를 활용하는 면에서 그에 걸맞은 조건을 갖추어 가야 할 것이다.

---

112 Bruce C. Salmon, *Storytelling in Preaching*, 33.
113 이러한 단서들은 언어적 의사소통의 도구인 "단어"와 함께 의사소통에서 중요한 역할을 담당한다. Bruce C. Salmon, *Storytelling in Preaching*, 58. "제스처, 표정, 자세나 다른 모든 신체언어는 의미의 미묘한 차이를 더해 주며 청중으로부터 시각적 피드백을 끌어낸다." 사실상 인간의 일반적인 의사소통에서 언어/단어를 사용하는 것은 그것이 지칭하는 것과는 중립된 상징으로서의 의미가 있다. 특히, "표음 알파벳은 기호와 소리가 의미론적, 상황적 의미로부터 분리되어 있어서" 어떤 의미를 전달하기 위해서는 언어 외의 다른 시각적인, 혹은 청각적인 의사소통 도구들이 아주 중요하게 사용된다. Marshall McLuhan, 『미디어의 이해-인간의 확장』, 176, 177.

11 이야기식 설교 준비 가이드라인과 훌륭한 설교자의 조건과 노력

1) 초점이 분명하고 구성이 잘된 메시지를 전해야 한다.

이야기식 설교자가 이야기 형태로 설교한다고 해서 초점도 없이 그의 설교가 그저 다양하고 유익한 정보를 열거하는 여러 이야기로 가득한 것이 되어서는 아니 될 것이다. 설교자는 자신이 말하려는 설교의 주제를 한 문장으로 요약할 수 있어야 하고, 전체 설교 내용이 이야기의 구조를 갖추어야 할 것이다. 설교자는 그의 청중이 이야기에 빠져들면서 설교의 초점을 분명하게 인식할 수 있는 바로 그러한 설교를 전해야 하는 것이다.

2) 전하는 메시지의 본이 되어야 한다.

바로 이 부분이 설교자에게 가장 어려운 부분일 것이다. 설교자는 단지 하나님의 말씀을 연구해서 전하는 사람이 아니다. 그가 연구한 내용을 청중에게 전달하는 것은 글로도 가능하다. 그러나 설교라는 의사소통의 방법으로 전해지는 설교는 단순히 내용 전달에 그치는 것이 아니다. 바로 그 설교자가 의사소통의 수단(medium)이 되어 그의 삶이 설교를 통해 전해져야 하기 때문이다.

이 부분에 대해 설교자는 청중이 목회자에게 기대하는 최상의 요구가 무엇일까를 거듭 생각해야 할 것이다. 하나님께서 목회자에게 원하시는 것[114]이, 그리고 청중이 바라는 것이 목회자의 거룩이라는 사실을 잊어서는 아닐 될 것이다. 그러므로 설교자가 항상 "나는 지금 성장하고 있는가?, 나는 변화를 원하는가?, 거룩해지려는 나의 열망은 얼마나 간절한가?"[115]를 자문하는 삶을 살아야 할 것이다. 이 부분에서 설교가, 깨어 있는 기도와 경건의 훈련을 통해 그 진가를 발휘하게 될 것이다. 그래야 성령님의 도움을 받아 그러한 설교자의 조건과 은사가 제대로 활용될 수 있을 것이기 때문이다. 그래서 맥시 둔남(Maxie Dunnam)은 위대한 영성 작가들의 저서를 연구하면

---

114   레 19:2, "너희는 거룩하라 이는 나 여호와 너희 하나님이 거룩함이니라." 레 11:45, "내가 거룩하니 너희도 거룩할지어다." 벧전 1:16, "내가 거룩하니 너희도 거룩할지어다."

115   Eugene Peterson 외, 『영혼을 살리는 설교』, 127.

11 이야기식 설교 준비 가이드라인과 훌륭한 설교자의 조건과 노력

서, "그들은 경건 훈련을 실천했으며, 그중에 핵심은 기도였다."[116]고 말하고 있다.

3) 열정적으로 전한다.

기독교 신앙인은 주님을 섬기되 "부지런하여 게으르지 말고 열심을 품고"(롬 12:11) 섬길 것을 명령받고 있다. 또한 예수님에 대해서는 "주의 전을 사모하는 열심히 나를 삼키리라"(시 69:9, 요 2:17)라는 말씀이 이미 예언되어 있었다. 여기에 사용된 "열심"(zeal)은 헬라어에서 '뜨거운', '불타는', '끊는' 등의 의미가 있는 단어이다.

주님의 말씀을 전하는 사역자는 그러한 열정을 가지고 열심히 말씀을 전해야 한다는 것이다. 영어에서 "열심"을 위해 사용되는 다른 단어로는 "passion"과 "enthusiasm"이 있는데, 전자는 '열심'과 함께 '고난'의 의미가 있는 단어이고, 후자는 '하나님과 함께 있음'(to be with God)의 뜻이 있다. 그것은 주님의 사역자에게 '고난까지 각오하는 열심', 그리고 '하나님과 동행함으로 드러나는 열심'을 의미한다고 볼 수 있을 것이다. 우리는 여기에서 하나님께서 우리를 구원하시고 그분의 자녀로 살도록 하시기 위해서 "여호와의 열심"[117]이 그렇게 되도록 하시겠다는 말씀을 떠올리게 된다.

그런 점에서 설교자에게는 "말씀의 감정이입"이 필요하다. 설교자가 하나님의 말씀을 깊이 이해하고 묵상하게 되면 하나님이 가지고 계시는 "사랑과 분노, 질투, 실망, 그리고 기쁨과 같은 하나님의 감정"[118]을 갖게 되는 것이다.

4) 청중에 대한 깊은 배려가 있어야 한다.

청중에 대한 배려는 청중에 대한 바른 이해부터 시작된다고 할 수 있다. 이야기식 설교 준비에서도 살펴보았듯이, 설교에서 청중분석은 아무리 강조해도 지나칠 수 없을 것이다. 설교자가 자신의 청

---

116 Eugene Peterson 외, 『영혼을 살리는 설교』, 129.
117 "여호와의 열심"은 왕하 19:31, 사 9:7; 37:32에서 잘 드러나고 있다.
118 Eugene Peterson 외, 『영혼을 살리는 설교』, 65.

11 이야기식 설교 준비 가이드라인과 훌륭한 설교자의 조건과
노력

중에 대해서, 그들의 삶에 대해서, 그들의 절박한 필요와 문제에 대해서 별로 알고 있지 않다면, 설교에서 그들을 위한 배려는 어렵게 될 것이다. 설교자는 그들이 당면하고 있는 문제들에 대해서, 그들이 어려워하는 것들에 대해서, 그들이 시급히 해결해야 하는 점들에 대해서 다룰 수 있어야 할 것이다. 또한 그들의 성경 이해와 "직업의 전문화(專門化)"[119]와 그들의 신앙 수준과 "신앙 경험의 차이점"[120]에 따른 배려도 필요할 것이다. 물론 한 공동체 안에는 다양한 수준의 사람들이 모여 있고 각자의 요구도 다르겠지만, 그런데도 그들 구성원 모두를 염두에 둔 설교가 필요할 것이다.

5) **청중의 감정을 다룰 줄 안다.**

설교자는 설교 시간 중에, 혹은 예배 시간 중에, 더 나아가서 설교 시간에서 비교적 가까운 시점에서 일어나는 일들에 대해, 그리고 청중이 가지고 있을 법한 감정에 대해 침착하고 느긋하게 다룰 수 있어야 할 것이다. 하나님의 명확한 메시지와 청중이 사로잡혀 있는 감정 사이에서 중심을 잡지 못한다면, 그들에게 준비된 말씀을 제대로 전하는 일에 어려움을 겪게 될 것이다. 설교자는 설교 시간 혹은 예배 시간에 일어날 수 있는 돌발 사건에 대해 적절하지 못한 어떤 감정이나 반응을 보임으로 그동안 청중에게 쌓아온 신뢰를 한순간에 무너뜨릴 수도 있음을 명심해야 할 것이다.

6) **청중의 삶에 영향을 준다.**

모든 설교자는 청중 삶의 변화에 목적을 두고 설교한다. 그렇다면 설교자가 청중의 삶에 더 이상 영향을 끼치지 못하는 설교를 하고 있다면, 그것은 설교자로서 자괴감이 드는 일이 될 것이다. 또한 설교자는 설교만을 통해서 청중에게 영향을 끼치는 것이 아니다. 그의 실제적인 삶이 바로 그들에게 지대한 영향을 준다는 사실을 반드시 기억해야 한다. 설교자는 항상 자신의 설교가 청중의 삶에 어떤

---

119 H.J.C Pieterse, *Communicative Preaching*, 『설교의 커뮤니케이션』, 177.
120 H.J.C Pieterse, *Communicative Preaching*, 『설교의 커뮤니케이션』, 178.

11 이야기식 설교 준비 가이드라인과 훌륭한 설교자의 조건과 노력

영향을 주고 있는지를 수시로 그리고 여러 경로를 통해서 점검하는 것이 바람직할 것이다. 또한 그의 삶을 통해서 어떤 영향을 주고 있는지도 계속 점검해야 할 것이다.

3. 이야기식 설교자의 자기 계발을 위한 노력

주님의 모든 사역자는 마찬가지겠지만 이야기식 설교자는 그의 설교를 위해서 그리고 자기 계발을 위해서 부단히 노력해야 한다. 무엇보다 하나님의 말씀을 바르고 깊이 볼 수 있는 훈련은 무엇보다도 중요한 요소가 될 것이다.

첫째는, 무엇보다도 선입관을 배제 시킨 성경 읽기가 아주 중요한 준비이다. 우리는 하나님의 말씀을 많이 알고 있다는 착각에 쉽게 빠진다. 그러나 어쩌면 성경을 깊이 연구하는 일에 가장 방해가 되는 것은 익숙함, 친숙함, 선이해(先理解), 편견이라고 할 수 있을 것이다. 그래서 하워드 헨드릭스(Howard Hendricks)는 성경 연구를 가르치는 그의 책에서 "친숙함은 경멸을 불러일으킬 뿐만 아니라 무식도 생산해 낸다."[121]고 말한 바 있다.

또한 1990년에 미국 스탠퍼드 대학의 엘리자베스 뉴턴 교수는 학생들을 대상으로 한 실험을 통해 논문을 썼는데, 그 논문에서 "지식의 저주"라는 흥미로운 용어를 사용했다. 사람은 일단 무엇을 알고 나면 알지 못한다는 것이 어떤 느낌인지 상상할 수 없게 된다는 것이다. 그래서 무엇을 알게 되면 일종의 저주도 함께 받게 되는데, 그에 대해 새로운 것을 배우는 것이 매우 어렵게 된다는 것이다. 또한 이 이론은 뭔가를 경험한 사람은 자신이 그 경험하기 전의 상태를 이해하기 어려워진다는 사실을 포함하고 있다. 성경 연구에서 때로는 이미 알고 있는 것이, 혹은 이미 갖고 있는 전제가 새로운 것을 발견하는 일에 큰 방해가 될 수 있다.

---

121 Howard G. & W.D. Hendricks, 정현 역, 『삶을 변화시키는 성경연구: 귀납법적 개인 성경연구 가이드 북』(서울: 도서출판 디모데, 1993), 98.

11 이야기식 설교 준비 가이드라인과 훌륭한 설교자의 조건과 노력

둘째는, 관상적/ 묵상적 성경 읽기가 필요하다. 이것은 우리의 성경 읽는 자세를 다시 새롭게 할 필요가 있음을 말하고 있다. 성경을 우선 분석적으로 읽기보다는 옛날 수도사들이 "거룩한 독서"(*Lectio Divina*)를 했듯이, 기도하는 가운데 깊은 묵상을 통해 읽음으로 성령의 음성을 듣도록 해야 한다는 것이다. 그것은 하나님의 말씀이 "우리를 감동하게 하도록, 그 책이 독자에게 하고 싶은 대로 하도록 맡기는"[122] 그것을 의미한다. 성경의 저자가 성령님이시고 그분의 도움 없이는 그 말씀을 제대로 깨달을 수 없음을 다시 인정하고 묵상하는 마음으로 읽어야 성경의 깊은 의미를 깨달을 수 있는 것이다.

셋째는, 성경을 다양한 방법으로 그리고 가급적 다양한 번역본(Versions)으로 읽는 것이 필요하다. 때로는 읽는 방법이 달라지면 깨달아지는 것이나 다가오는 것이 달라질 수 있다. 특히 소리 내어 읽으면 자신이 자신의 목소리로 그 내용을 듣게 됨으로써 전혀 새로운 느낌과 깨달음을 얻을 수 있다. 그런가 하면 같은 본문이라도 번역본마다 약간의 뉘앙스나 시각의 차이가 있기 때문에 전혀 새로운 통찰력을 얻을 수도 있다.

넷째는, 상상력을 계발하라는 것이다. 하나님께서 인간에게 상상력이라는 선물을 주신 것은 놀라운 일이 아닐 수 없다. 우리는 모든 것을 행해 보고 겪어야만 아는 것이 아니다. 어떤 것은 상상력을 통해서 전혀 다른 것을 경험할 수도 있고, 그것을 경험했을 때의 기분이나 마음, 느낌을 그대로 체험할 수도 있다. 그래서 비처(Beecher)는 "힘 있고 성공적인 설교를 하는 데 있어 설교자가 의존해야 할 첫 번째 요소가 바로 상상력이다."[123]라고 주장했다. 우리가 성경의 모든 사건을 경험할 수도 없고 경험할 필요도 없다. 어떤 것은 상상력을 통해서 그에 준하는 깨달음과 교훈을 충분히 얻을 수

---

122 Mortimer J. Adler & Charles Van Doren, 독고앤 역, 『생각을 넓혀주는 독서법』(서울: 도서출판 멘토, 2000), 221.

123 Henry Ward Beecher, *Yale Lectures on Preaching*, 『상상이 담긴 설교』에서 Warren Wiersbe가 인용, 41.

11 이야기식 설교 준비 가이드라인과 훌륭한 설교자의 조건과
노력

있기 때문이다. 그런가 하면 위어스비(Wiersbe)는 우리가 무엇을 들었을 때, 우리 안에서 작동하는 상상력에 대해 말하면서 그것의 중요성을 다음과 같이 강조했다.

> 상상은 말이나 개념을 통해 자라지 시각적 이미지를 통해 자라지는 않는다. 우리가 시각을 통해 어떤 이미지를 바라보면 그 이미지가 담고 있는 메시지는 우리 사고를 그냥 통과해서 미처 생각지 못한 방식으로 영향을 준다. 그러나 우리가 말을 듣게 되면 우리는 상상을 통해 나름의 이미지를 빚어낸다. 그리고 이렇게 빚어진 이미지는 대중매체 전문가가 계산하고 조작한 이미지보다 훨씬 더 우리 자신에게 크게 다가온다.[124]

다섯째는, 우리는 다른 사람들의 이야기를 경청하는 훈련을 반드시 해야 한다. 사실 설교자는 다른 사람들보다 훨씬 말을 많이 하는 사역자일 수 있다. 그러다 보니 다른 사람의 말을 듣기보다는 말하기를 좋아하고 다른 사람의 말을 끝까지 경청하기보다는 이른 시일 안에 처방을 내리는 유혹을 크게 받는 사람들이다.

우리는 다른 사람의 삶을 이야기로 경험할 때 우리 자신의 삶도 풍성해진다. 그런 점에서 우리는 상대방의 말을 집중해서 들으면서 숨겨진 감정까지도 읽으려 애를 쓰는 "반영적 경청"[125] (reflecting listening)을 훈련하는 것이 필요할 것이다. 커뮤니케이션 전문가인 닉 모어간(Nick Morgan, *Harvard Business Review*)은 -"청중에게 귀를 기울이고 그들의 반응을 읽어내라. 당신이 말할 수 있는 힘은 거기에서부터 온다."[126]고 말하고 있다.

여섯째는, 우리에게 이야기식 설교에 대한 오해가 있다면 그

---

124 Warren Wiersbe, 『상상이 담긴 설교』, 103.
125 Daniel Shapiro, 『원하는 것이 있다면 감정을 흔들어라』 (서울: 한국경제신문, 2013), 85.
126 김자영, 『말을 디자인하면 경영이 달라진다』 (서울: IGM 세계경영연구원, 2013), 21.

11 이야기식 설교 준비 가이드라인과 훌륭한 설교자의 조건과
   노력

것을 먼저 해결하는 것이 이야기식 설교 준비와 설교에 도움이 될 것이다. 여기에는 이야기 자체에 대한 거부감이나, 대지 설교나 강해 설교만이 설교의 바른 형태라는 생각을 가졌거나, 이야기식 설교는 어린아이나 학식이 적은 사람에게만 적합하다는 편견이나, 이야기식 설교를 하려면 특별한 재능이 있어야 한다는 생각 등이 포함될 수 있을 것이다. 그러한 생각을 적절하게 해결하지 않고서는 이야기식 설교를 긍정적인 자세로 준비하고 설교하는 것이 쉽지 않을 것이다.

일곱째는, 설교에서 자신에게 있는 장애물들을 극복해 나가는 일이 필요하다. 그러한 장애물로는 내적 장애물과 외적 장애물을 생각해 볼 수 있을 것이다. 내적 장애물에는 분주함, 건강 문제, 감정적 문제, 영적 메마름, 기도 부족, 보여주려는 마음, 호감을 얻으려는 마음 등이 있을 수 있고, 외적 장애물에는 공동체 안에서의 갈등과 분쟁, 공동체 분위기에서의 권위 몰락, 공동체원들의 종교 다원주의적인 생각 등이 있을 수 있다. 그 외에도 일반적인 영적 문제들이 모두 설교자에게 장애물로 다가올 수 있다. 그러한 것들에 대한 해결 없이는 지속적인 설교와 바람직한 사역이 어려울 것이다.

4. 이야기식 설교에서 성경 본문을 감동 있게 전달하는 방법

1) 자연스럽게 전달하라.

이야기식 설교를 자연스럽게 전달하기 위해서는 목소리에 변화를 주는 것도 필요하다. 특히, 대화 부분에서는 더욱 그러하다. 청중들 앞에서 하는 것이지만 일대일로 대화하듯이 말하는 것이 무엇보다도 중요하다.

2) 정확하게 말하도록 하라.

메시지 전달에서 정확하게 말하는 것은 매우 중요하다. 설교자는 정확한 문법, 바른 어휘, 분명한 발음을 사용해야 한다. 이것은 성경 이야기 전달에서도 역시 필요한 것으로 네 가지에 신경 써

11 이야기식 설교 준비 가이드라인과 훌륭한 설교자의 조건과
노력

서 전달해야 하는데, 그 네 가지는 바로 단어, 행동, 대화, 서술이라고 할 수 있다.[127]

3) 본문을 그림 그리듯이 꾸밈없이 전달한다.

이것은 마치 연극배우가 연극을 통해 그가 전달하고자 하는 내용을 보여주는 것과 유사하다. 전달자가 이야기를 그림 그리듯이 전달한다면, 청중들은 말씀 이야기에 몰입할 수 있을 것이다. 우리는 켄테베리의 대주교 틸로트슨과 18세기 유명한 배우 패터슨의 대화를 기억할 필요가 있다. 대주교는 그 배우에게 말했다. "우리가 인생에서 가장 중요한 일에 대해서 설교하더라도 사람들은 전혀 감동하지 않는데, 당신이 허구로 된 연극에서 연기를 하면 그들은 마음속까지 감동하는데 그 이유가 무엇입니까?" 그러자 그 배우는 당연하다는 듯이 대답했다. "그것은 당신이 줄거리를 말로 들려주려고 하는 것에 반해, 나는 눈앞에서 사실을 보여주기 때문입니다."

그의 이러한 대답은 설교자에게 많은 것을 생각하게 한다. 전달자는 대화 부분에 대해서는 가급적 대화식[128]으로 전달할 필요가 있다. 그래서 본문의 내용을, 대화를 통해서 사건으로 엮어내는 일이 중요하다. 또한 생동감 있게 그리고 실감 나게 표현해야 한다.

4) 본문을 이야기하듯이 재미있게 전달한다.

연설자가 청중의 관심 끌기를 원한다면 몇 가지를 효과적으로 사용할 필요가 있다.[129] 그것은 곧 이야기, 질문, 놀라운 사실, 인용 등을 적절하게 사용하는 것이다. 성경 본문을 다루는 사람도 그와 같은 것을 염두에 둘 필요가 있다.

---

127 Robert Alter, 황규홍· 박영희· 정미현 역, 『성서의 이야기 기술』 (서울: 아모르문디, 2015), 291-299.
128 "성경은 직접화법을 선호하는 성향이 매우 강해서 마음속 생각이 대부분 독백 형태로 실제 말하는 것처럼 표현된다." Robert Alter, 『성서의 이야기 기술』, 120.
129 Natsuyo N. Lipschutz, 황미숙 역, 『한문장으로 말하라』 (서울: 비즈니스북스, 2020), 175-179.

Ⅱ 이야기식 설교 준비 가이드라인과 훌륭한 설교자의 조건과
노력

5) 본문을 공동체가 갖고 있는 공동의 기억을 이용하여 기억하는 것도 필요하다.

어떤 사실을 한 공동체가 함께 기억한다는 것은 그것에 대한 해석도 같은 방향으로 이뤄져 갈 가능성이 높다. 그런 점에서 설교를 암기해서 전달하는 것에는 유익한 점이 많다. 설교자는 적어도 설교에서 중요한 부분, 성경 본문이나 성경 인용, 예화 등은 반드시 외우도록 해야 할 것이다. 특히, 청중의 구전성이 강할수록 암기해서 전달하는 것과 기록물을 보고 읽으면서 전달하는 것에는 큰 차이가 있다. 특히, 구전적 사회에서는 모든 중요한 정보를 외워서 전달하기 때문이다.

조지 스트룹(George Stroup)[130]는 말하기를, "공동 기억을 통해서 공동체는 형성된다. 공동 기억 속에는 과거에 대한 기억과 해석이 들어 있다." 그러므로 공동 기억이 다르다는 것은 공동 해석이 다르다는 말과 같은 의미가 되는 것이다. 공동체가 같은 것을 함께 기억하는 것은 매우 중요한 의미를 갖는 것이다.

6) 청중이 더 듣고 싶어 하도록 만들어야 한다.

이것을 위한 가장 쉬운 방법은 예상보다 짧게 하는 것이며, 여운을 남기는 것이다. 그렇게 함으로 오히려 다음 설교에 대한 기대를 하게 만들 수 있다. 왜냐하면 인간의 뇌는 임의성을 싫어하기 때문에 이야기를 들을 때 모든 정보를 의미 있는 패턴으로 전환하게 되는데, 그 과정에서 일어날 일에 대한 예측을 통해 즐거움을 얻게 되며, 이것이야말로 독자를 사로잡는 강력한 힘일 수 있기 때문이다.[131]

---

130 George Stroup, *The Promise of Narrative Theology* (Wipf and Stock, 1997), 71.
131 Lisa Cron, 문지혁 역, 『끌리는 이야기는 어떻게 쓰는가』 (서울: 웅진지식하우스, 2015), 288.

11 이야기식 설교 준비 가이드라인과 훌륭한 설교자의 조건과
노력

5. 이야기꾼으로서 설교자 자질들[132]

사실상 하나님의 말씀을 이야기식으로 전달하는 사람은 말씀의 이야기꾼이다. 하나님께서도 이야기꾼이 되셔서 성경의 75%의 분량을 전달해 주셨던 것처럼, 설교자도 그런 의미에서 말씀의 이야기꾼이 되어야 한다. 이야기꾼으로서의 설교자는 다음과 같은 자질들을 끊임없이 개발해 갈 필요가 있다.

첫째는, 성경의 이야기와 등장인물, 당시의 관습과 문화를 창조적으로 묘사해 보고, 그러한 내용을 다루는 서적들에 관심을 가지고 설교를 준비할 때 그것들을 참고할 필요가 있을 것이다. 성경 말씀을 이야기, 이야기 구성, 등장인물, 수사법 등의 관점에서 보게 되면 그동안 생각하지도 못했던 새로운 사실들을 많이 발견할 수 있게 될 것이다.

둘째는, 성경 본문에 대한 역사적이고 문화적인 연구를 충분히 해야 한다. 물론 강해 설교를 준비할 때도 마찬가지겠지만, 특히 이야기식 설교를 준비할 때 사건 이야기의 배경과 상황에 대한 역사적, 문화적, 문학적 연구는 실감 나는 이야기 전달에 매우 필수적인 것이다.

셋째는, 이야기에 대한 요소들을 분명하게 터득할 필요가 있다. 이야기의 핵심적인 요소라고 할 수 있는 배경, 등장인물, 구성, 수사법, 관점 등에 대한 정확한 이해는 필수일 것이다. 또한 주어진 이야기 속에서 드러나고 있는 그러한 요소들에 대한 정확한 분석도 필요하다. 그렇게 하기 위해서는 본문에서 드러나고 있는 이야기의 요소들에 대한 명확한 단어 선택과 적절한 수식을 사용하는 것이 매우 중요하게 된다.

사실상 우리가 사용하는 단어와 수식은 매우 중요하다. "우리는 단어를 통해 프레임을 인식한다. 모든 단어는 개념적 프레임과

---

[132] Steven D Mathewson, 『청중을 사로잡는 구약의 내러티브 설교』, 231-256의 내용을 필자가 정리 보강한 것임을 밝힌다.

11 이야기식 설교 준비 가이드라인과 훌륭한 설교자의 조건과 노력

관련지어 정의된다. 우리가 단어를 들으면 우리 뇌 안에서 그와 관련된 프레임이 활성화된다 … 단어가 프레임을 활성화하기 때문에 새로운 프레임은 새로운 단어가 필요하다. 다르게 생각하려면 우선 다르게 말해야 한다."[133] 우리가 "프레임"을 세상을 바라보는 방식을 형상화하는 하나의 정신적 구조로 이해하고, 그 프레임을 재구성하는 것이야말로 개인의 변화와 한 공동체의 사회적 변화를 의미하는 것이라고 전제한다면, 설교자의 설교에서의 핵심적인 단어와 수식어 선택이 얼마나 중요한 것인지를 기억해야 할 것이다.

넷째는, 어떤 것을 설명하거나 적용하려고 할 때 적절한 이미지를 사용하는 훈련을 계속할 필요가 있다. 예수님께서는 비유를 말씀하시거나 설교 말씀을 하실 때 끊임없이 적절한 이미지를 사용하셨다. 그것이야말로 청중에게 전달되는 이야기를 잘 이해하게 하고 실감 나게 받아들이도록 도와주는, 탁월한 이야기꾼이 갖추어야 할 중요한 자질이기 때문이다. 특별히 예수님의 경우에 천국 비유들을 말씀하실 때 거의 항상 그들이 쉽게 떠올릴 수 있는 어떤 이미지를 사용하신 것은 너무나 유명하다. 주님께서는 "밭에 씨를 뿌리러 나간 농부", "밀가루 반죽을 하는 여인과 누룩", "밭에 뿌려진 겨자씨", "어부의 그물에 잡힌 고기들" 등 수많은 이미지를 사용하셨다.

6. 청중과 함께 가는 이야기식 설교자의 설교 여정 가이드[134]

설교자에게 설교는 한 번 하고 마는 사역이 아니다. 더군다나 한 공동체를 책임지고 정규적으로 설교를 해나가야 하는 설교자에게는 장기적인 설교 계획과 그에 따른 준비가 매우 중요할 것이다. 그럴 때 설교자는 어떤 자세와 마음가짐으로 이야기식 설교를 준비하고 그 설교를 해나가야 할 것인가를 살펴보도록 하자.

---

133 George Lakoff, 유나영 역, 『코끼리는 생각하지 마』(서울: 와이즈베리, 2015), 11-12.
134 Calvin Miller, *Preaching*, 204-212를 필자가 보강한 것임을 밝힌다.

11 이야기식 설교 준비 가이드라인과 훌륭한 설교자의 조건과 노력

첫째는, 설교자가 여행하는 동안 청중들과 항상 함께 여행할 수 있도록 하는 것이 중요하다. 교인 중에는 어떤 사람은 우뇌 지향적 사람들이고, 다른 사람은 좌뇌 지향적인 사람들일 것이다. 설교 여정에서는 모든 종류의 사람들이 계속 함께 갈 수 있도록 도와주는 것이 필요하다. 그런 점에서 설교도 그 두 종류의 사람들이 모두 흥미를 느낄 수 있도록 준비되어야 할 것이다.

우뇌를 사용하는 설교는 보이는 보조물 사용, 은유를 사용하는 용어, 말하는 것과 동시에 무엇인가를 보여주는 것이 필요하다. 또한 바디랭귀지(body language)를 사용하고, 사고보다는 상상하도록 도와주는 것이 있으면 더 효과적일 것이다. 때로는 다소 터무니없어 보이고 부조리한 것처럼 보이는 것도 사용할 수도 있다. 그래서 후래드 크래독(Fred Craddock)은 자기 청중을 위해서 성찬 예식에서 화체설을 설명하기 위해 포도주병과 대화를 시도한 적도 있었다.

그런가 하면 좌뇌를 사용하는 설교는 신학적 주제를 선택하여 시리즈로 설교하거나, 요리문답과 신조 등을 사용하는 것과 같은 것이다. 이러한 설교는 그들에게 성경이나 신학에 대한 논리적이고 체계적인 프레임을 만들어 주고, 그들 자신의 삶을 신학적으로 바라볼 수 있도록 도와줄 것이다.

그러므로 설교자는 설교 여정 동안 우뇌 중심의 사람과 좌뇌 중심의 사람, 그리고 성숙한 사람과 미성숙한 사람, 성경 지식이 많은 사람과 적은 사람이 모두 함께 한 공동체에 머무를 수 있도록 도와주라는 것이다.

둘째는, 청중들의 피드백을 끊임없이 읽으라는 것이다. 좋은 설교는 절대로 일방적일 수 없다. 일방적인 설교는 청중을 수동적으로 만들 뿐만 아니라 대부분의 사람을 지루하게 만든다. 우리는 보통 4종류의 피드백을 말하곤 한다. 그것들은 지지적(支持的), 교정적(敎正的), 학대적(虐待的), 무의미(無意味)한 피드백이라고 할 수 있는데, 우리는 "어떤 행동을 반복하게 하거나 바로잡는데 가장 강력한 도구"[135]인 지지적 피드백에 깊은 관심을 가질 필요가 있다. 그리고 그러한 "피드백의 궁극적인 목적은 '개선'과 '변화'에 있음을 인정"[136]

11 이야기식 설교 준비 가이드라인과 훌륭한 설교자의 조건과 노력

한다면, 우리는 가급적 상대방을 움직일 수 있는 피드백을 사용해야 할 것이다.

그렇게 하려면 청중들의 태도와 자세에 민감해져야 한다. 그들의 몸짓 다발을 읽고, 맥락을 고려하고, 문화적 차이를 인정하는 일이 선행되어야 한다. 그래서 설교자에게는 강단이 일종의 무대라는 사실을 잊어서는 안 된다. 설교는 일종의 공연과 같은 속성을 갖는 것이다. 그런 점에서 목소리의 다양성을 구현할 필요가 있다. 온 청중이 한 사람 설교자를 보고 그의 목소리만을 듣고 있기 때문이다. 그러므로 제스처와 신체언어를 사용하여 어떤 것을 강조하기도 하고 어떤 것에 대한 묘사를 돕거나 그들의 관심을 유도할 수도 있을 것이다. 그런 점에서 "설교는 설교자 자신을 전달하는 것"[137]이며, 설교자의 표정이나 제스처와 같은 몸짓 언어가 바로 메시지 그 자체를 반영해 주고 표현해 주고 있다는 사실[138]을 한순간도 잊어서는 아니 될 것이다.

설교자는 항상 평정심을 가지고 침착하게 열정을 표현하는 것이 필요하다. 우리가 우리의 눈짓과 표정, 음성, 손짓, 몸짓 등으로 우리들의 마음과 사랑과 관심과 열정을 표현할 수 있기 때문이다. 신체언어(비언어적) 분야를 학문으로 정착시킨 알버트 매흐라비언(Albert Mehrabian)[139]은 인간의 의사소통에서 단어를 통한 메시지 이해는 7%, 목소리가 38%, 그리고 표정이나 자세나 제스처, 태도, 열정과 같은 신체적 언어(비언어적 의사소통 자료)가 55%를 차지한다고 주장함으로 인간 의사소통에서 언어 외의 것의 비중이 얼마나 큰 것인가를 보여주었다. 그런데 더 큰 문제는 청중은 단어의 내용보다

---

135 Richard Williams, 고원 역, 『사람을 움직이는 피드백의 힘』(서울: 글로벌브릿지, 2021), 149.
136 Richard Williams, 『사람을 움직이는 피드백의 힘』, 242.
137 Jerry Vines, *A Guide to Effective Sermon Delivery* (Chicago: Moody Pub, 1999).
138 Stephen F. Olford, *Anointed Expository Preaching* (Nashville: Broadman & Holman Publishers, 1998). 특히 이와 같은 내용은 11장 "The preacher and Communication"에서 집중적으로 다뤄지고 있다.
139 Albert Mehrabian, *Silent Messages* (Belmont, CA: Wadsworth Publishing Company, Inc., 1971), iii, 43, 45.

11 이야기식 설교 준비 가이드라인과 훌륭한 설교자의 조건과
노력

도 비언어적 의사소통 자료를 더 신뢰한다는 것이다.

      셋째는, 설교 전달 속도를 적절하게 조절하는 법을 배워야 할 것이다. 본래부터 말이 빠르거나 느린 사람이 말의 속도를 원하는 대로 조절하는 것이 쉬운 일이 아니다. 그러나 그것에 대한 조절이 불가능한 것은 절대로 아니다. 부단한 관심과 노력은 얼마든지 그러한 것을 고칠 수 있게 만든다. 말의 완급, 고저, 크고 작음에 대해서도 항상 관심을 가지며 설교를 준비할 때 설교문에 특별한 표시를 해둠으로써 스스로 훈련할 수도 있을 것이다. 이에 대해 리트휜(Litfin)은 말하는 사람이 듣는 사람들에게 집중할 수 있도록 돕기 위해서는 "신기함, 움직임, 시공간적으로 가까운 자극, 구체성, 친근함, 긴장감, 유보성, 농축성, 유머, 현장성"[140]이 필요하다고 주장한다.

      넷째는, 우리가 다 알고 있는 것이지만, 매주 설교가 좋은 때와 그렇지 못할 때가 있다는 것을 기억해야 한다. 한 번 하고 그만 둘 것이 아니라면 한 번의 성공과 실패에 모든 것을 걸 필요는 전혀 없다는 것이다. 그러므로 한 번 잘했다고 교만할 일이 아니며 한번 못했다고 좌절할 일이 아니다.

      다섯째는, 주님의 흔들리지 않는 견실한 공동체를 창조하기 위해서는 긴 안목을 가지고 설교를 준비하고 설교하라는 것이다. 그런 점에서 매 주일의 설교 준비, 그리고 중장기적 설교 계획 수립, 사역의 중장기 목표 설정, 그에 대한 구체적인 실행 계획, 공동체 지도자들과 끊임없는 의논 등은 그 일을 성취하기 위한 매우 중요한 요소들이 될 것이다.

---

140 Duane A. Litfin, *Public Speaking* (Grand Rapids: Baker Book House, 1981), 42-43.

12
성경 이야기를 사용하는
10가지 유형의 이야기식 설교 제안

12 성경 이야기를 사용하는 10가지 유형의 이야기식 설교 제안

그렇다면 이제는 앞에서 진술한 것들을 고려하여 이야기식 설교자가 성경 이야기를 어떻게 그의 설교에서 사용할 수 있겠는지를 알아보는 10가지 유형을 다루려고 한다. 물론 이야기식 설교에서 성경 이야기를 사용하는 방법에는 10가지만 있을 수는 없다. 훨씬 다양한 유형들이 있을 수 있을 것이다. 그러나 그중에서 대표적인 방법들을 정리해 보려고 한다.[141]

---

[141] 열 가지 유형 중에서 처음 네 가지는 Eugene Lowry가 그의 책에서 제안한 것을 필자가 약간씩 수정하여 더 발전시킨 것이고, 나머지 6가지 유형은 필자가 개발하여 설교할 때 다양하게 사용해 왔던 것들을 정리한 것이다.

12 성경 이야기를 사용하는 10가지 유형의 이야기식 설교 제안

1. 이야기 진행식(Running the story)

본문 이야기 자체가 갖고 있는 실제 성경 이야기의 구성을 그대로 사용하는 것으로, "성경 본문의 틀이 곧 이야기 설교의 틀이 되는 것"142이다. 그러므로 이 유형은 본래의 성경 이야기 내용에 대한 이해를 돕기 위해서 깨달음, 해석, 통찰력, 적용 등을 덧붙여 만든 구성 형태를 가진, 성경의 본래 이야기보다 더 긴 이야기를 만드는 방식이라고 할 수 있다. 특히, 본문 자체가 잘 짜인 구성을 가진 성경 이야기일 경우에 다른 구성이나 재구성을 시도할 필요 없이 성경 이야기의 본래 구성을 그대로 사용하는 방법인 것이다. 물론 "설교자는 특정 부분을 더욱 강조할 수도 있고, 상세하게 부연할 수도 있으며, 창조적으로 생동감이 있도록 재구성"143할 수도 있다. 그래서 청중은 주어진 성경 이야기에 덧붙여진 풍성한 정보, 깨달음, 통찰력, 적용점까지도 들을 수 있게 되는 것이다.

　　　　이 방법론을 사용하게 되면, "성경의 이야기가 바로 온전한 설교가 되고, 설교의 화법이 된다. 따라서 설교자가 성경의 이야기를 제시하고 나서 그것을 설명하거나 다른 자료들을 언급하느라 이야기를 벗어났다가 다시 그 이야기의 진행 흐름으로 들어가야 하는 등과 같은 과정을 거치는 다른 설교보다 훨씬 더 쉽게 합의점을 도출해"144낼 수 있게 될 것이다.

　　　　설교 진행 - 성경 이야기의 구성과 흐름을 그대로를 사용하

142　Eugene Lowry, 『설교자여, 준비된 스토리텔러가 돼라』, 45.
143　Eugene Lowry, 『설교자여, 준비된 스토리텔러가 돼라』, 45.
144　Eugene Lowry, 『설교자여, 준비된 스토리텔러가 돼라』, 51.

12 성경 이야기를 사용하는 10가지 유형의 이야기식 설교 제안

는 것이 주요 특징

2. 이야기 보류식(Delaying the story)

"본문이 설교의 이슈에 대한 해답을 가지고 있는 경우"[145]에, 혹은 본문에 제시된 기사가 청중에게 너무나 잘 알려졌을 때, 본문 제시를 보류하고 다른 소재나 이야기로 설교를 시작하는 방법이다. 다만 그러한 소재나 이야기는 본문 이야기에 대한 새로운 의미나 관점을 제시하는 것으로서 본문 이야기를 새롭게 볼 수 있도록 도와야 할 것이다. 이 경우에 설교자는 먼저 전개하는 그 이야기를 통해 다루고자 하는 성경 본문 이야기에 대한 새로운 시각이나 관점을 열어주게 되는 것이다. 또한 이 방식은 재미있는 이야기나 현실적인 관심사로부터 설교를 시작한 후에 본문 이야기를 거기에 대입시켜 성경 이야기를 보다 더 흥미롭고 관심을 끌 수 있도록 전개하는 방법이라고 할 수 있다. 이러한 유형의 설교는 "본문이 상당히 짧거나 간단한 경우에도 유용하게 쓰일 수 있다."[146] 그럴 때 설교자는 짧은 본문 내용에 다양한 자료를 보강함으로 그 이야기 본문을 풍성하게 살려낼 수 있을 것이다.

     이러한 이야기식 설교의 유형은 "설교자가 설교 안에 본격적으로 들어가기 전까지 성경 본문을 제시하는 것을 보류하고, 일단 설교자는 지금 다루어야 할 문제가 무엇인지 밝히고, 그것이 더 복잡한 양상을 나타낼 때 비로소 성경 본문을 제시하게 된다."[147]고 볼 수도 있다. 설교자는 본문 제시를 늦춤으로써 그가 다루고자 하는 본문의 핵심을 더 강조하거나 본문이 갖고 있는 복잡한 문제에 대한 해결책을 효과적으로 드러낼 수 있는 장점이 있다.

     설교 진행 - 다른 소재나 다른 이야기를 먼저 소개 - 그

---

145 Eugene Lowry, 『설교자여, 준비된 스토리텔러가 돼라』, 45.
146 Eugene Lowry, 『설교자여, 준비된 스토리텔러가 돼라』, 45.
147 Eugene Lowry, 『설교자여, 준비된 스토리텔러가 돼라』, 114.

12 성경 이야기를 사용하는 10가지 유형의 이야기식 설교 제안

이야기를 통해서 얻게 된 새로운 관점이나 시각에서 본문 성경 이야기를 바라볼 수 있게 해줌

3. 이야기 유예식/ 대체식

(Suspending the story/ Substituting the story)

이 방법은 "해당 본문의 앞뒤 문맥을 살펴보는 것이든, 성경 외의 다른 것을 살펴보는 것이든, 이야기 흐름 선상에 있는 해당 본문을 떠나는 기법이라."[148]고 할 수 있다. 설교를 마무리 짓기 위해 해당 본문 이야기로 돌아오는 것이기 때문에, 본래의 성경 이야기를 유예해두었다가 나중에야 비로소 본문으로 돌아오는 것이 된다. 그러나 설교가 끝날 때까지 본문으로 돌아오지 않을 수도 있다. 이럴 때 그것은 대체식으로 볼 수 있으며, 설교자는 대체된 그 이야기가 주어진 성경 이야기의 특별한 부분을 오히려 더 잘 보여준다고 판단하기 때문에 이러한 방법을 쓰게 되는 것이다.

일반적으로 이러한 방법은 성경 이야기를 잘 나타낼 수 있는 다른 성경 이야기나 다른 일반 이야기로 대체해서 사용할 수도 있지만, 다른 이야기를 성경 이야기와 번갈아 가며 진행함으로써 설교의 일정한 목표를 향해가면서 다른 설명이나 이야기를 수시로 끌어들일 수도 있을 것이다.

이러한 유형의 이야기식 설교를 달리 설명한다면, "성경 본문에서 시작해서 어떤 문제점에 봉착하게 되고, 다른 성경 본문이 그 딜레마에서 빠져나오는 길을 제시할 때까지 원래의 이야기를 일시 중지시키는"[149] 형태라고 볼 수 있다. 물론 이럴 때 설교자는 딜레마가 해결된 다음에는 전하고자 하는 메시지의 완성을 위해 중심 본문으로 되돌아올 수도 있다.

---

148 Eugene Lowry, 『설교자여, 준비된 스토리텔러가 돼라』, 47.
149 Eugene Lowry, 『설교자여, 준비된 스토리텔러가 돼라』, 175.

12 성경 이야기를 사용하는 10가지 유형의 이야기식 설교 제안

설교 진행 - 성경 이야기와는 다른 이야기로 설교 전체를 진행 - 그런데 그 이야기가 설교 본문 이야기를 대신할 수 있는 내용이거나 본래 본문 이야기의 딜레마를 해결할 수 있는 것이 되어야 함

4. 이야기 전환식(Alternating the story)

이 방법론은 본문 이야기의 흐름이 부분별로, 삽화별로 또는 짤막짤막한 사건별로 나누어지면서, 성경에 나오는 이야기가 다른 소재들로 인해서 더욱 풍성해지는 유형으로 볼 수 있다. 다르게 설명하자면, "설교자가 성경에서 출발해서 다른 사건으로 옮겨가는 일반적인 방식을 변형시킨 것이라."[150]고 할 수 있다. 또한 이 방법론은 설교 자료나 이야기를 몇 개 준비하여 새끼를 꼬듯이 그것들을 엮어 가면서 설교를 전개하는 방법일 수도 있다. 이러한 방법을 소설에서는 복선적 구성이라고 하는데, 그와 유사하면서 조금 다른 것은 몇 개의 이야기를 전환식으로 차례대로 사용하는 것도 이러한 유형으로 볼 수 있기 때문이다.

이러한 유형의 설교는 "성경 본문 밖에서 시작해서 안쪽으로 들어오거나 아니면 성경 안쪽에서 시작하여 바깥쪽으로 나가는 것일 수 있는데, 설교자가 어떤 방식을 선택하는가는 성경 본문의 상황에 달려 있다."[151]고 할 수 있다. 그러나 이 유형의 설교에서 이야기를 세 개 이상 사용하고자 한다면, 그 세 이야기의 역학관계나 순서의 역동성도 유념해야 할 것이다. 어떤 이야기를 먼저 하느냐 혹은 그 이야기들의 관계를 어떻게 설정하느냐에 따라 메시지의 방향이 달라질 수 있기 때문이다. 이야기들의 역학관계나 역동성을 고려하지 않은 이 유형의 설교는 단지 몇 개의 별개의 이야기를 나열해 놓은 설교가 될 수도 있을 것이다.

---

150 Eugene Lowry, 『설교자여, 준비된 스토리텔러가 돼라』, 47.
151 Eugene Lowry, 『설교자여, 준비된 스토리텔러가 돼라』, 219.

12 성경 이야기를 사용하는 10가지 유형의 이야기식 설교 제안

설교 진행 - 설교의 주제나 이슈와 관련된 몇 개의 이야기를 차례로 진행하면서도 그 이야기들의 역동성과 역학관계를 고려한 유형의 이야기식 설교

5. 이야기 회귀식(Returning the story)

처음에 성경 이야기로 시작하고 중간에 다른 이야기를 넣은 다음에 다시 그 성경 이야기로 돌아오는 방법과 성경 이야기와 관련된 다른 이야기로 시작한 뒤에 성경 이야기를 하고 나서 다시 처음 했던 그 이야기로 돌아와 마무리하는 방법이 여기에 속할 수 있다. 성경 이야기를 다룬 다음에 설교의 첫 부분에서 사용했던 이야기로 돌아오는 이유는 그 이야기의 후반부에 성경 이야기를 마무리할 수 있는 중요한 내용이나 적절한 교훈이 처음 사용했던 이야기에 들어있기 때문이다. 특히, 처음에 언급된 이야기의 결말이 충분하게 설명되지 않았거나 궁금증이 해소될 만한 문제 해결이 없었다면, 청중은 처음 그 이야기로 돌아가는 것에 대해 오히려 안도의 마음을 갖게 될 것이다.

설교 진행 - 성경 이야기나 다른 이야기 소개 - 본문 성경 이야기를 진행 - 처음 이야기로 돌아가서 근본적인 이슈를 해결한 다음에 설교를 마무리

6. 이야기 마무리식(Finishing the story)

이 방법론은 성경 이야기를 이야기 진행식으로 진행하고 마무리하는 부분에서 그 성경 이야기에 맞는 적절한 이야기로 결론을 내리는 설교 유형으로 볼 수 있다. 이 유형에서는 마무리하는 이야기가 주어진 성경 이야기의 결론이나 적용을 효과적으로 드러낼 수 있도록 하는 것이 무엇보다 중요하다.

12 성경 이야기를 사용하는 10가지 유형의 이야기식 설교 제안

이러한 유형의 이야기식 설교에서는 마무리에 사용된 소재나 이야기가 아주 깊은 인상을 남길 수 있다. 그러므로 선택된 그 마무리 이야기는 성경 이야기를 잘 반영하면서도 설교자가 전하고자 하는 핵심을 잘 정리해 줄 뿐만 아니라 적용점을 제시할 수 있는 것이 되어야 할 것이다.

설교 진행 - 이야기 진행식으로 설교를 진행 - 마지막에 다른 이야기를 소개함으로 설교의 적용점을 제시하거나 결론을 맺음

7. 이야기 강해식(Storytelling exposition)

기존 강해 설교에 이야기식 요소를 가미하여 전체 내용이 기승전결과 같은 이야기 구성을 갖는 설교 형태이다. 강해 설교를 준비한 후에 그것을 이야기 관점에서 재구성한 것으로써 이야기 설교와 강해 설교의 혼합형이라고 할 수 있다. 강해 설교의 본문에 관한 충실한 연구와, 이야기식 설교의 흥미진진한 진행으로 오래 기억될 수 있게 만드는 장점을 결합한 것으로 볼 수 있다.

이러한 유형의 설교는 얼핏 보기에는 단순한 강해 설교처럼 보일 수도 있지만 청중이 그 강해 설교에 빨려 들어가게 만드는 장점이 있게 된다. 왜냐하면 그 설교가 이야기 구성을 하고 있기 때문에 청중으로 하여금 자신도 모르게 그 설교 내용에 깊숙이 동참하게 되는 것이다.

설교의 진행 - 강해 설교를 먼저 준비하고 그것을 이야기 형태로 펼쳐서 재구성하여 설교를 진행

8. 이야기 적용식(Storytelling application)

설교에서 성경 이야기 전체를 이야기 진행식으로 진행한 다음에 설

12 성경 이야기를 사용하는 10가지 유형의 이야기식 설교 제안

교의 종결부에서 적용점을 몇 개 찾아 하나씩 요약하고 설명하고 적용하는 방식이라고 할 수 있다. 이 방식은 이야기 진행식과 대지 설교 형태를 접목하여 이야기를 충분히 설명하면서도 이야기 내용에서 핵심적인 대지를 찾아 종결부에서 다시 적용할 수 있도록 도와주는 방식이라고 할 수 있다.

이러한 이야기식 설교 유형은 대지 설교나 주제 설교에 익숙한 청중에게 좋은 반응을 얻을 수 있다. 그러한 청중들이 처음 이야기식 설교를 접할 때 이야기식 설교자의 설교가 마무리를 끝까지 하지 않고 이야기만 하다가 설교를 끝낸 것처럼 생각할 수 있기 때문이다.

설교 진행 - 이야기 형태로 설교를 진행 - 끝내기 전에 적용점/ 핵심 요점을 간단하게 정리함으로 설교를 마무리

9. 이야기 대조식(Comparing the stories)

성경 이야기와 그것과 공통점이나 차이점이 있는 이야기를 서로 비교해 가며 설교를 전개해 나가는 방식이다. 그것은 세상 이야기와 성경 이야기, 혹은 성경 이야기와 다른 성경 이야기를 다루는 것도 가능할 것이다. 청중들이 잘 알고 있는 일반 이야기와 성경 이야기를 대조시킬 때 청중들은 훨씬 실감 나게 성경 이야기를 접할 수 있게 될 것이다.

설교의 내용이 청중의 현실적이고 실제적인 삶과 동떨어져 있을 때 청중들은 설교자의 설교에 공감하기 어려울 수 있다. 그럴 때 현실 속의 이야기나 실제 이야기를 성경 이야기와 비교하여 그 두 이야기가 어떤 점이 같으며, 어떤 점이 다른 지를 보여줄 때 실감 나게 성경 이야기의 교훈을 받아들일 수 있게 될 것이다. 또한 성경의 두 이야기를 비교하면 서로 다른 이야기가 어떤 공통점을 가지고 있으며 그 두 이야기가 어떤 점에서 서로 다른 지를 살펴봄으로 새

12 성경 이야기를 사용하는 10가지 유형의 이야기식 설교 제안

롭고 참신한 교훈을 얻게 될 것이다.

설교 진행 - 두 이야기를 차례로 진행함으로 두 이야기를 대조하거나 대비시킴. 공통점과 차이점을 찾아 비교함으로 새로운 교훈과 적용을 찾아갈 수 있게 됨

10. 이야기 관점 비교식
(Comparing the vantage point of story)

같은 사건에 대한 등장인물들의 다른 관점들, 혹은 한 사건 안에서 등장인물들이 갖는 다른 관점에 따라 이야기를 재구성하거나 비교해 봄으로 잘 알고 있는 성경 이야기에서 새롭고 다각적인 메시지를 찾아가는 설교 방식이다. 똑같은 사건을 하나님과 인간의 관점에서 혹은 신자와 불신자 관점에서 혹은 그 당시의 청중과 지금의 청중 관점에서 비교해 볼 수도 있을 것이다. 또한 사건에 등장하는 등장인물의 입장과 사건 밖 사람의 입장을 비교해 볼 수도 있을 것이다.

설교 진행 - 한 사건을 여러 각도에서 조명하거나 한 이야기의 등장인물별 관점을 살펴봄으로 성경 이야기의 사건을 새롭게 조명해 보는 방법

제2부 이야기식 설교의 실제

제2부
이야기식 설교의 실제

1. 이야기 진행식

1. 이야기 진행식(Running the story)

제목; 기적을 바라시나요?
본문; 요한복음 2:1-11

   삼 일째 되던 날에 갈릴리에 있는 가나라는 마을에서 결혼식이 열렸습니다. 예수님의 어머니도 결혼식에 참석하였고, 예수님과 그분의 제자들도 결혼식에 초대받았습니다.
   포도주가 바닥났을 때에 예수님의 어머니가 예수님께 "이 집의 포도주가 다 떨어졌구나!"라고 말해 주었습니다. 예수님께서는 "어머니, 왜 저에게 이런 부탁을 하십니까? 저의 때가 아직 오지 않았습니다."라고 대답하셨습니다. 예수님의 어머니는 하인들에게 "그분이 시키시는 일은 무엇이든지 하여라!"라고 말해 두었습니다.
   그 집에는 돌로 만든 물 항아리가 여섯 개 있었습니다. 이 항아리는 유대인들이 정결 예식에 사용하는 항아리들이었습니다. 그것은 각각 물 두세 동이를 담을 수 있는 항아리였습니다.
   예수님께서 하인들에게 "항아리에 물을 채워라!"라고 말씀하셨습니다. 하인들은 항아리에 물을 가득 채웠습니다. 그러자 예수님께서는 그들에게 "자, 이제 그것을 퍼다가 잔치를 주관하는 사람에게 갖다주어라!"라고 말씀하셨습니다. 하인들은 물을 떠서 잔치를 주관하는 사람에게 갖다주었습니다.
   하인이 떠다 준 물을 잔치를 주관하는 사람이 맛보았을 때에 그 물은 포도주가 되어 있었습니다. 그는 그 포도주가 어디서 난 것인지 알지 못하였지만, 물을 가져온 하인들은 알고 있었습니다. 잔치를 주관하는 사람

1. 이야기 진행식

은 신랑을 불렀습니다. 그리고 그에게 "사람들은 항상 처음에 좋은 포도주를 내놓고, 손님들이 취한 다음에는 값싼 포도주를 내놓는 법인데, 당신은 지금까지 가장 좋은 포도주를 보관하고 계셨군요!"라고 말하였습니다.

예수님께서는 이 첫 번째 표적을 갈릴리 가나에서 행하셨으며, 거기서 그의 영광을 보여주셨습니다. 그러자 그의 제자들이 그를 믿게 되었습니다.

하나님께서 천지를 창조하신 후에 행하신 첫 번째 사건은 바로 아담과 하와의 결혼이었는데, 그의 아들 예수 그리스도께서 이 땅에 오셔서 첫 번째 행하신 기적 사건도 결혼 잔치에서 물로 포도주를 만드신 사건이었다는 것은 의미가 깊은 것으로 보입니다. 예수님의 첫 번째 기적 사건이 혼인 잔치에서 일어난 것을 보면, 결혼식의 상징적 의미가 에덴동산을 회복하는 창조 질서의 회복에 있고, 또한 마지막 때에는 우리 모든 신자가 어린양의 신부가 된다는 것과도 깊은 관련이 있습니다.

이 기적 사건을 마태, 마가, 누가는 기록하지 않았지만, 요한만이 기록한 것도 특별합니다. 우리는 먼저 성경에는 기적 사건에 대한 기록이 생각보다 많다는 것을 알아야 합니다. 성경은 교훈이나 도덕적인 것만을 다룬 책이 아닙니다. 마가복음의 반 이상이 기적 사건으로 되어 있고, 요한은 예수님의 많은 기적 사건 중에서 예수님의 신성을 잘 설명해 주는 7개의 기적 사건만을 선별해서 기록하고 있는데, 그 첫 번째 기적 사건이 바로 물로 포도주를 만드신 오늘의 사건입니다. 우리가 받은 복음이 단지 교훈적인 것이라고만 생각하거나, 내면적이고 정신적인 세계, 더 나아가 영적인 세계와만 관련되어 있다고 보는 것은 아주 잘못된 것입니다. 복음은 우리의 실제적이고 구체적인 삶을 포함하는, 실제적인 삶의 문제를 다루고 있음도 기억해야 할 것입니다.

자, 오늘 말씀을 본격적으로 다루기 전에 오늘 본문을 이야기로 해보도록 하겠습니다.

갈릴리 지역에 있는 가나라는 마을에 결혼식이 있게 되었습

1. 이야기 진행식

니다. 예수님의 어머니도 그 결혼식에 참석하였고, 예수님과 그분의 제자들도 결혼식에 초대를 받았습니다.

그런데 잔치 중에 포도주가 바닥나고 말았습니다. 그러자 예수님의 어머니는 예수님께 가서 "이 집 잔치에 포도주가 다 떨어졌구나!"라고 말해 주었습니다. 예수님께서는 "어머니, 왜 저에게 이런 부탁을 하십니까? 저의 때가 아직 오지 않았습니다!"라고 말씀하셨습니다.

그렇지만 예수님의 어머니는 하인들에게 "예수님이 시키시는 일은 무엇이든지 그대로 하여라!"라고 일러두었습니다. 그 집에는 돌로 만든 물 항아리가 여섯 개 있었습니다. 이 항아리는 유대인들이 정결 예식에 사용하는 물을 담아두었습니다. 그 돌 항아리는 각각 물 두세 동이를 담을 수 있는 크기였습니다. 예수님께서는 하인들에게 "항아리에 물을 채워라!"라고 말씀하셨습니다. 하인들은 항아리에 물을 아귀까지 가득 채웠습니다. 그러자 예수님께서는 그들에게 "자, 이제 그것을 떠다가 잔치를 주관하는 사람에게 갖다주어라!"라고 말씀하셨습니다. 하인들은 예수님께서 시키시는 대로 그 물을 떠서 잔치를 주관하는 사람에게 갖다주었습니다. 그 잔치를 주관하는 사람이 하인이 떠다 준 것을 맛보았을 때 그 물은 이미 포도주가 되어 있었습니다. 그는 그 포도주가 어디서 난 것인지 알지 못하였지만, 물 떠온 하인들은 알고 있었습니다.

잔치를 주관하는 사람은 신랑을 불렀습니다. 그리고 그는 신랑에게 "사람들은 항상 처음에는 좋은 포도주를 내놓고 손님들이 취한 다음에는 좋지 않은 것을 내놓는 법입니다. 그런데 당신은 지금까지 가장 좋은 포도주를 보관하고 계셨군요!"라고 말했습니다.

예수님께서는 이 첫 번째 기적을 갈릴리 가나에서 행하셨으며 거기서 그의 영광을 보여주셨습니다. 그러자 그의 제자들이 그를 믿게 되었습니다.

우리가 오늘 말씀이 주는 의미와 메시지를 얻기 위해서는 먼저 오늘 말씀이 주어지고 있는 문화적이고 역사적인 배경을 아는 것이 필요할 것입니다.

그 당시 유대인들은 결혼식을 7일 동안의 잔치로 치렀습니

1. 이야기 진행식

다. 그리고 그 잔치 중에서 손님 대접을 위해 가장 중요한 음식은 바로 포도주였습니다. 그 당시 그 사람들에게 포도주는 우리가 생각하는 그 이상의 의미가 있었습니다. 요즘처럼 다양한 음료수가 발달하지 않았고 마실 수 있는 물이 적고 질이 좋지 않은 그들에게 포도주는 매우 중요한 음식이었고 명예와 수치를 중시하는 고대 동양의 문화권에서 잔치 중에 포도주가 모자라는 것은 가문 대대로 수치스러운 일이 될 수 있었습니다.

　　　예수님의 어머니 마리아가 그 혼인 잔치에 있었고 그의 아들 예수님과 제자들이 초청을 받을 것으로 보아 아마도 마리아 집안 가까운 친척의 결혼 잔치로 보입니다. 더군다나 그 잔치에서 포도주가 바닥난 것에 대해 책임을 느끼고 예수님께 도움을 청하는 마리아를 본다면 마리아가 그 잔치에서 책임을 느낄 정도로 가깝고 중요한 역할을 한 것으로 보입니다.

　　　또 한 가지 문화적으로 꼭 설명을 들어야 할 내용이 있습니다. 그것은 예수님과 그의 어머니 마리아 사이의 대화에서 예수님의 태도가 아무래도 마음에 걸린다는 것입니다. 저는 어릴 때 예수님의 태도에 대해 예수님이 하나님이시고 마리아는 예수님을 낳았지만 인간이기 때문에 그런 것이라는 설명을 들은 적이 있는데, 그래도 여전히 마음에 걸렸습니다. 아무리 예수님이 하나님이시라고 해도 그를 낳아준 어머니에게 그런 말투와 태도가 한국의 문화에는 거슬린다고 보았기 때문입니다.

　　　그런데 우리가 1세기 중동 문화와 언어 속에서 그런 것을 보는 것이 필요합니다. 먼저 예수님이 그의 어머니를 "여자여!"라고 부른 대목입니다. 우리나라에서는 말할 것도 없고 영어권에서도 별로 예의 바른 호칭으로 보기 어렵습니다. 하지만 그 당시 그곳에서 "여자여"라는 "귀나이"(γυναι)는 로마 황제가 자신의 황비를 부를 때도 썼던 말로서 여자에 대한 최고의 경칭이었습니다. 우리 문화권에서는 여자에 대한 존경의 호칭이 발달하지 못했었습니다. 그래서 영어권에서 들어온 여자에 대한 경칭도 아주 다른 의미로 전락해 버리는 경우가 많았습니다. 그것이 바로 "마담(madam)"과 "레이디(lady, 레지)"

1. 이야기 진행식

입니다. 우리는 그러한 호칭을 옛날 다방이나 주점에서나 들을 수 있었습니다.

그러니까 예수님은 자신의 육신적 어머니에게 최고의 호칭을 사용하고 있습니다. 그런가 하면 십자가상에서도 다시 그 호칭을 사용합니다. 심지어 간음하다 현장에서 잡힌 여인에게도 그 호칭을 사용합니다. 주님은 여자를 절대로 경홀히 대하지 않았던 것입니다.

다음으로는 호칭은 그렇다고 하더라도 마리아의 "포도주가 떨어졌다!"라는 말에 대한 예수님의 대답이 이해되지 않습니다. 예수님은 도와달라는 어머니 마리아의 부탁에 대해 "나와 무슨 상관이 있습니까?"라고 말합니다. NIV는 "왜 나를 끌어들이십니까?"라고 번역했습니다. 원문을 직역한다면, "무엇이 당신에게 그리고 내게 있습니까?"입니다. 어떻게 해석하고 번역하든 그렇게 공손한 말이나 긍정적인 대답으로 보이지 않습니다. 마리아가 부탁한 것이 예수님 자신과는 관계가 없다고 말씀하시는 것으로 들립니다. 그러면서 이해가 되지 않는 말씀을 이어서 하십니다. "내 때가 아직 되지 않았습니다"라는 이 말씀은 또 무슨 뜻입니까? 아직 때가 되지 않았다면 때가 되면 그 일을 하실 수 있다는 것입니까? 어떻게 보더라도 마리아의 부탁에 대한 수락보다는 거절로 보입니다.

그런데 예수님의 그 말씀을 듣고 난 후 마리아의 반응은 우리를 다시 놀라게 합니다. 마리아는 하인들에게, "너희에게 무슨 말씀을 하시든지 그대로 하라!"고 말했기 때문입니다. 마리아는 예수님의 말씀을 거절로 듣거나 그렇게 생각하지 않은 것 같습니다. 그렇다면 우리는 예수님 말씀의 뜻과 그 의도에 대해 다시 생각해야 할 것입니다.

여기서 이 문제 해결을 위해 중요한 단서가 되는 것은 예수님께서 사용하신 "때"라는 단어입니다. 그 단어는 헬라어의 "카이로스"(καιρός)입니다. 헬라어는 시간에 대해 "크로노스"(χρονός)라는 단어와 "카이로스"(καιρός)라는 단어를 사용하고 있습니다. 특히, 요한은 이 두 단어 중에 일반적인 시간에 대해서는 "크로노스"를 사용하고, 특별하고 결정적인 시간에는 "카이로스"를 사용했습니다. 그래

1. 이야기 진행식

서 예수님께서 "아직 내 때가 이르지 아니했다."라고 말씀하시는 표현은 요한복음 7장, 8장, 12장, 13장, 그리고 17장에서 사용하고 있습니다. 그 모든 경우에 "때"라는 단어는 특별한 시간 즉, 예수님의 십자가 사건을 지칭할 때 사용되었습니다. 그렇다면 예수님의 이 말씀은 예수님은 자신의 대사명, 십자가 사역을 말씀하시는 것인데, 아직 십자가를 지실 때가 되지 않았다고 말씀하신 것입니다. 그러니까 지금 예수님은 자신의 육신적인 어머니의 기대하는 바에 대해 오히려 영적인 중요한 교훈을 주셨다고 볼 수 있습니다. "저는 어머니가 원하시는 것이 무엇인지 압니다. 그러나 어머니가 저를 제대로 이해하셔야 합니다. 어머니가 지금 원하시는 것을 해드릴 수 있습니다. 그러나 제가 이 땅에 온 것은 어머니의 부탁과 같은 일을 위해 온 것이 아니고 십자가를 지기 위함이며 그때가 아직 오지 않았다는 것을 아셔야 합니다."

문화적인 사실에 대한 마지막 설명으로 "돌항아리"에 대해 생각해 볼 수 있습니다. 사막 기후에서는 비가 거의 내리지 않아 모래와 먼지 속에서 살게 되며, 샌들을 신는 사람들에게는 다른 집에 들어가거나 잔치에 참석할 때 손발을 씻는 것은 중요한 예의범절 중의 하나였습니다. 그래서 잔치에 참석하게 될 손님을 위해 큰 통에 물을 받아두고 집안에 들어가기 전에 그 물로 손발을 씻었던 것입니다.

자, 그렇다면 오늘의 가나의 혼인 잔치 이야기가 우리에게 주고 있는 교훈을 살펴볼 차례입니다. 오늘 사건이 왜 우리들을 위해 기록된 것일까요?

첫째로, 우리는 오늘의 기적 사건이 어떻게 가능하게 되었는지를 알아야 할 것입니다. 그 당시 유대인의 결혼 잔치에서 포도주가 떨어지는 것은 단순한 일이 아니고 두고두고 말을 들을 수 있는 치명적인 문제였습니다. 그런데 그 중요한 문제 해결에서 가장 핵심적인 것은 예수님께서 그 혼인 잔치에 초청되셨기 때문에 가능했다는 것입니다. 주님이 우리 마음에, 우리 가정에, 우리 교회에 계시지 않는다면 놀라운 기적은 일어날 수 없었을 것입니다. 참된 구원은, 그리

1. 이야기 진행식

고 모든 문제 해결은 주님을 모시는 일로부터만 가능합니다. 주님이 초청하지 않은 인간은 구원 문제도, 인생의 문제도 해결할 수 없습니다.

그렇다면 문제 해결을 위해서 인간 쪽에서는 어떤 것이 필요할까요? 가장 먼저 필요한 것은 우리의 부족함을, 우리의 문제를 아는 것입니다. 그리고 그것을 마리아처럼 주님께 아뢰는 것입니다. 그럴 때만이 물이 포도주로 변하는 기적도 일어날 수 있는 것입니다. 우리가 주님을 모시고 살면서도 문제 해결을 하지 못하는 것은 자신의 문제를 알지 못하기 때문입니다. 자신에게 정말 무엇이 부족한지를, 무엇이 떨어졌는지를 알지 못한다면 문제 해결은 기대할 수 없을 것입니다. 그런데 문제를 아는 것만으로 충분하지 않습니다. 마리아처럼 그것을 가지고 주님께 나아가야 하는 것입니다.

그런데 우리가 여기서 또 한 가지 생각해 보아야 할 것은 포도주가 떨어지는 일은 언제 어디서나 인간이 사는 곳에서는 일어날 수 있다는 것이며, 오히려 그러한 일을 기대하고 살아야 한다는 것입니다. 더 놀라운 사실은 주님이 그 잔치에 와 계셨지만 여전히 포도주는 떨어졌다는 것에 대해서도 주목해 볼 필요가 있습니다. 우리가 주님을 우리 마음에, 가정에, 교회에 모셨다고 부족한 것이 없으며, 모든 것이 저절로 채워지고, 모든 문제가 해결되는 것이 아니라는 사실을 아는 것도 중요합니다. 이 세상의 모든 것은 떨어지게 되어 있음을 기억해야 할 것입니다. 그것은 심지어 주님을 모시고 사는 사람도 마찬가지입니다.

둘째로, 우리가 기억해야 하는 것은 기적은 항상 주님의 말씀과 그 말씀에 대한 우리 최선의 순종과 관련되어 있다는 것입니다. 주님은 우리의 순종이나 협력 없이도 일하실 수 있는 분입니다. 그런데 주님의 기적은 항상 주님의 명령과 그것에 대한 우리 최선의 순종을 통해 일어난다는 것입니다. 이 사건에서는 하인들의 순종이 중요한 요인이었습니다. 그들은 마리아의 당부를 받은 대로 예수님의 말씀에 단지 순종만 하면 되었습니다. 그러나 그들은 예수님의 명령에 대해 생색만 내지 않았습니다. 돌항아리에 단지 물을 채우라는 예

1. 이야기 진행식

수님의 명령에 모든 항아리에 아구까지 물을 가득 채우는 성의를 보였습니다. 또한 그 물을 떠다가 연회장에게 가져다주라는 명령에도 이유를 달지 않고 그대로 순종했습니다. 물을 채우는 일은 일이 잘못되어도 그 하인들에게 아무 문제가 없는 일입니다.

그러나 여전히 물이었던 그 물을 떠다가 주라는 명령을 순종하려면 예수님의 말씀대로 하면 어떤 일이 일어날 것이라는 믿음이나 혹은 일이 잘못되었을 때는 불이익을 각오해야 할 수 있는 일이었습니다. 우리는 그 물이 언제 포도주로 변했는지 정확히 알 수는 없습니다. 그러나 물이 변하여 된 포도주에 대해 연회장은 알지 못하고 있었지만, "물 떠온 하인들은 알더라"(9)라는 구절을 통해 그 하인들이 물을 뜨고 있을 때는 그것이 여전히 물이었다는 사실을 알 수 있습니다. 그들은 주님의 말씀에 대해 끝까지 최선의 순종을 보였던 것입니다.

셋째로, 연회장이 신랑을 불러내어 한 말을 통해서 또 다른 중요한 사실을 깨달을 수 있습니다. 왜 연회장은 신랑에게 "사람마다 먼저 좋은 포도주를 내고 취한 후에 낮은 것을 내거늘 그대는 지금까지 좋은 포도주를 두었도다!"라고 말했을까요? 그 의미가 무엇일까요? 처음에는 질이 좋은 것을 내어놓다가 잔치가 종반으로 가면서 사람들이 취할 테니까 남겨 두었던 질이 떨어지는 포도주를 대접하게 된다고 생각하시나요? 그것은 한국적 상황에서의 해석입니다.

그 당시 그곳 사람들의 상황에 따라 해석해 본다면, 그들이 소유하고 있는 거의 모든 잔치용 포도주의 질은 기본적으로 같은 것입니다. 같은 지역, 같은 포도를 사용했을 것이고 그 잔치를 위해 같은 시기에 준비된 것이기 때문입니다. 그러므로 그곳에서 흔히 일어나고 있었던 문제 해결 방법을 고려하여 본다면, 처음에 좋은 것을 내놓고 나중에 좋지 않은 것을 내놓는다는 것은 잔치를 주관하는 사람이 남은 잔치 일수와 손님 수에 따라 양을 조절하기 위해 포도주에 물을 섞었다는 것을 의미합니다.

이사야 1:22에는 "네 은은 찌꺼기가 되었고 네 포도주에는 물이 섞였도다."라고 기록되어 있는데, 하나님께서는 이스라엘 사람들

1. 이야기 진행식

의 잘못된 불신앙의 행동을 포도주에 물이 섞인 것으로 표현하고 계십니다. 우리가 신약에서, 특히 마태복음 10:16에서 "뱀같이 지혜롭고 비둘기처럼 순결하라!"는 말씀이나, 로마서 16:19에서 "선한 일에 지혜롭고 악한 일에는 미련하라!"는 말씀에서 "순결하다."라는 단어와 "미련하다."라는 단어의 의미는 '섞이지 않은'(unmixed), '포도주가 순전한', '간사함이 없는'이라는 것입니다.

우리에게는 우리의 신앙생활에 자주 물을 섞고 싶은 유혹이 있습니다. 그런데 그것은 대부분 관행적이며 인간적인 것일 수 있습니다. 그러나 그것은 주님께서 개입하셔서 해결을 보는 것과는 전혀 다른 결과를 가져오는 것입니다. 주님께서 개입하시면 최대, 최고의 결과를 얻을 수 있습니다.

우리는 여기서 주님께서 만드신 포도주의 양에 대해서도 생각해 볼 필요가 있습니다. 돌항아리 하나가 두세 통이 들어가는 크기라는 것은 40~60리터를 말하는 것이며, 항아리가 여섯 개이니까 그 양은 240~360리터에 해당합니다. 보통 물잔은 가득 채울 때 200밀리리터이므로 그 포도주의 총량은 1,200~1,800잔에 이릅니다. 그리고 포도주가 떨어진 것이 아마도 잔치 중반 이후일 것이고, 그 동네가 크지 않을 것이기에 그 양은 엄청나게 많은 양임을 알 수 있습니다. 그런데 구약에서 풍성한 포도주는 새로운 시대의 풍요로움과 축복을 상징했습니다. 그러니까 예수님의 사역은 새 시대의 풍요로움을 보여주는 것이었습니다.

또한 주님께서 만드신 포도주의 질은 연회장이 놀랐을 정도였습니다. 우리가 물을 섞고 싶은 유혹, 세상의 방법으로 문제를 해결하려고 한다면 주님께서 주시는 최고의 질과 최고의 양을 놓치게 될 것입니다.

넷째로, 우리는 오늘의 이야기에서 코미디와 같은 재미있는 장면을 볼 수 있습니다. 물이 변하여 포도주가 된 다음에 연회장은 신랑을 불러 칭찬합니다. 그런데 그것을 좀 더 자세히 들여다본다면 그 두 사람은 모두 그 일이 어떻게 일어났는지 전혀 모르는 사람들입니다. 그리고 인간 편에서 칭찬을 받아야 할 사람이 있다면, 그것은

1. 이야기 진행식

하인들일 것입니다. 이러한 일은 인간들 사이에서는 흔히 있는 일입니다. 아니 교회에서도 일어나는 일입니다. 인간들의 판단과 인정과 칭찬은 정확하지 않을 수 있습니다.

그러므로 그러한 일이 일어난다고 해서, 인정이나 칭찬을 받아야 할 사람이 아닌 다른 사람에게 인정과 칭찬이 돌아간다고 너무 속상해할 필요가 없다는 것입니다. 그 사람들의 판단과 인정과 칭찬은 정확하지 않을 수 있습니다. 그리고 그것은 최종 평가도 아닙니다. 정확하고 최종적인 하나님의 판단과 칭찬이 남아 있습니다. 물이 변하여 포도주가 되는 감격을 직접 맛본 사람은 그러한 몰인정과 부정확한 판단으로 인하여 실망하지 않고, 오히려 인간들의 부정확한 판단과 대상이 잘못 파악된 칭찬을 넘어갈 수 있는 것입니다.

우리는 마지막으로 오늘 이야기에서 기적이 일어난 결과가 무엇이었는지 확인할 필요가 있습니다. 그 기적 사건은 예수님의 영광을 드러내었습니다. 그리고 그 일로 인해 제자들이 예수님을 믿게 되었습니다. 기적의 목적은 주님의 영광을 드러내는 것입니다. 제자들로 하여금 주님을 믿도록 하는 것입니다. 그러므로 우리가 그 외의 다른 목적으로 기적을 바라는 것은 그것이 우리에게 오히려 올무가 될 수 있습니다. 그래서 기적 자체를 위한 기적 추구는 항상 위험할 수 있습니다. 주님의 영광과 믿음을 목적으로 하는 것이 아니라면 기적을 바라는 것이 올무가 될 수 있다는 것입니다.

우리가 우리들의 일상적인 삶에서 우리가 기적을 바라고 있다면, 그 목적을 다시 한번 점검해 보아야 합니다. 그리고 우리가 어떻게 해야 기적이 일어날 수 있는지도 알아야 합니다. 그리고 그 기적을 통해 어떤 일이 일어나야 하는지도 알아야 할 것입니다.

1. 이야기 진행식

설교 분석

1. **성경 이야기 사용**
   1) 성경의 이야기를 그대로 사용한다.
   2) 성경 이야기의 진행과 구조를 그대로 사용한다.

2. **성경 이야기 해석과 설명**
   1) 성경 이야기의 진행을 그대로 사용하면서 해석과 설명이 필요한 요소들을 설명해 나간다.
   2) 설명 과정에서 구조나 흐름에 약간의 변화를 주어 다룰 수도 있다.

3. **성경 이야기와 다른 이야기**
   1) 다른 이야기를 꼭 사용할 필요가 없다.
   2) 물론 다른 이야기를 설명이나 적용을 위해 사용할 수 있다.

4. **성경 이야기의 적용**
   1) 성경 이야기를 설명해 가면서 필요한 부분에 대해 그때그때 적용해 나간다.
   2) 설교의 결론 부분에서 종합적인 적용을 제시할 수도 있다.

5. **이 설교 방법론의 강점과 약점**
   1) 설교 내용을 새롭게 구성할 필요가 없다. 성경 이야기의 구조와 흐름을 충분히 연구해서 그대로 그 이야기를 하면 되기 때문이다.
   2) 청중이 이미 성경 이야기의 흐름과 구조를 알고 있기 때문에

1. 이야기 진행식

새로운 설명과 적용을 만드는 것이 어려울 수 있어 참신한 해설과 적용이 요구된다.

2. 이야기 보류식

2. 이야기 보류식(Delaying the story)

제목; 하나님의 쓰임 받음과 신앙적인 성숙
본문; 사사기 16:23-31

      <아마데우스(Amadeus)>라는 영화가 있습니다. 그 영화는 볼프강 아마데우스 모차르트(Wolfgang Amadeus Mozart)의 삶을 다룬, 1984년에 제작된 밀로스 포먼(Milos Forman) 감독의 사극 영화인데, 음악 영화계의 대표적인 걸작이자 영화사에 남을 사극 작품 중의 한 편으로, 그해에 아카데미 작품상과 남우 주연상을 받았습니다.
      비엔나 왕실의 궁정음악가 살리에리(머레이 아브라함)는 이탈리아 상인의 아들로 어릴 때부터 아름다운 음악의 세계에 매료되었습니다. 자기보다 더 어린 모차르트의 소문을 듣고 그가 부러웠고 음악을 배우고 싶었으나 아버지의 반대로 음악을 배우지 못했습니다. 그러다가 아버지가 돌아가셔서 드디어 오스트리아로 유학길을 떠날 수 있었고, 그야말로 각고의 노력으로 교회 지휘자 자리를 거쳐 궁정악장의 자리까지 올랐던 사람입니다. 그는 우연한 기회에 모차르트의 공연을 보고 그의 천재성에 감탄하게 됩니다. 그는 새롭게 떠오르는 천재 작곡가 모차르트(톰 헐스)의 소문을 듣고 그의 천재성을 확인하고 싶었습니다.
      하지만, 방탕하고 오만한 모차르트의 행동과 모습들 때문에 깊은 상처와 충격을 받은 살리에리는 모차르트의 천재성을 시기하게 되고, 자신에게 재능을 주지 않은 신에게 분노하며 자유분방한 모차르트를 파멸시킬 음모를 준비하게 됩니다.

2. 이야기 보류식

그러나 안토니오 살리에리는 모차르트의 죽음 이후에 죄책감을 느끼며 몇 차례의 자살 시도 끝에 정신병원에 갇혔는데, 그를 찾아온 신부에게 자신의 음악가로서의 인생에 관해 이야기하는 형식으로 이 영화가 진행됩니다.

그 영화에서 1823년 눈보라 치는 밤에 자살을 시도하다가 실패하여 정신병원에 수용된 한 노인이 그를 찾아온 신부에게 자신의 죄를 다음과 같이 고해합니다.

> 내가 오직 원했던 건 하나님을 찬양하는 것이었소. 하나님은 내게 그 열망을 주셨지만 … 날 또한 언어장애인으로 만드셨소. 어째서? 말해 보시오. 하나님께서 내가 주님을 음악으로 찬양하는 걸 원하지 않으셨다면 왜 내 몸을 좀먹는 그런 열망을 심으셨는지 … 그러면서 왜 재능은 주시지 않으셨는지 말이오.
> 난 세상의 모든 범인(凡人)을 대변한다오. 내가 그들의 대변자이지. 난 그들의 수호성인이야. 세상의 범인들이여! 내가 너를 용서하노라. 내가 너를 용서하노라. 내가 너를 용서하노라. 내가 너를 용서하노라. 내가 너희 모두를 용서하노라.

이 영화는 언뜻 보면 모차르트의 천재성을 부각하면서, 그의 비극적인 최후를 추적하는 영화로 보이지만, 조금만 깊게 파고 들어가면 아무리 몸이 부서지라고 노력해도 절대 천재를 따라잡을 수 없는 평범한 한 사람의 고뇌와 좌절을 그려낸 작품이라는 사실을 쉽게 알 수 있게 됩니다. 그런 점에서 이 영화에서 살리에리가 주인공입니다. 영화 크레딧에도 살리에리 이름이 가장 위에 올라와 있고, 1985년 아카데미 남우 주연상을 받은 사람도 살리에리 역할을 맡은 F. 머레이 에이브러햄이었습니다.

살리에리가 미리 짜여 있는 형식을 준수하고 음악에 관한 주제도 하나님을 찬양하는 전통적인 교회 중심의 대세를 따르는 음악가였다면, 모차르트는 신들린 연주력과 타의 추종을 불허하는 편곡

2. 이야기 보류식

능력, 그리고 시대의 감성을 뛰어넘는 작곡 실력까지 갖춘 천재적인 음악가였습니다. 하루하루를 하나님께 감사드리고 불굴의 의지로 자신을 채찍질하는 수도자 같은 삶을 살고 있었던 살리에리에게, 모차르트란 존재는 경이롭고도 부러운 존재로 다가왔을 것입니다.

　　　　그런데 모차르트는 음악적 천재성에도 불구하고 그의 일상생활은 폐인에게 가까울 만큼 방탕한 삶의 연속이었습니다. 버는 돈이 적은 편이 아니지만 버는 족족 결혼한 아내에게 선물을 사주랴, 최신 유행에 맞추어 옷을 사랴, 밤마다 화려한 파티를 벌이느라 모두 탕진해 버렸습니다.

　　　　그렇게 방탕한 생활을 했음에도 불구하고 모차르트가 만들어내는 작품들은 세간의 관심을 끌 만했고, 유명 인사가 된 모차르트의 명성은 살리에리가 궁정음악가로 있는 오스트리아 황제에게까지 소문이 들어갑니다.

　　　　음악을 너무도 사랑하지만, 재능에 한계를 느낀 살리에리는 그러한 모차르트를 가까이 혹은 멀리서 지켜보며, 하나하나 작품이 나올 때마다 그의 작품에 대하여 경의를 표하면서도, 그러한 위대한 작품들이 모차르트란 인간에게서 나온 것을 저주하게 됩니다. 게다가 평소 살리에리가 사모하던 오페라 배우가 모차르트에게 마음을 돌리게 되자, 살리에리는 이제 모차르트에게 재능을 부여한 하나님마저 저주하기에 이릅니다.

　　　　우리는 이 영화를 보면서 살리에리의 어려움 가운데서 힘들게 성실하게 살아서 궁정 음악사까지 된 그의 삶을 존중하면서도, "그래 모차르트같이 못되고 오만방자하면 어떠한가? 우선 재능이 있으면 되지, 천재가 되면 되는 것이지, 모든 사람의 인정을 받으면 되는 것이지, 먼저 잘 나고 봐야지, 인간성이 뭐 그렇게 중요한 것인가?"라고 생각하기도 합니다.

　　　　그러나 우리 인생의 삶에서 정말 중요한 것은 잘나고, 재능이 출중하고, 많은 일을 하는 것이 아니고 그보다 훨씬 더 중요한 것이 있다는 사실을 삼손 이야기를 통해서 배우게 됩니다.

　　　　고린도전서 1:26-29, "형제들아! 너희를 부르심을 보라 육체

2. 이야기 보류식

를 따라 지혜 있는 자가 많지 아니하며 능한 자가 많지 아니하며 문벌 좋은 자가 많지 아니하도다. 그러나 하나님께서 세상의 미련한 것들을 택하사 지혜 있는 자들을 부끄럽게 하려 하시고 세상의 약한 것들을 택하사 강한 것들을 부끄럽게 하려 하시며 하나님께서 세상의 천한 것들과 멸시받는 것들과 없는 것들을 택하사 있는 것들을 폐하려 하시나니 이는 아무 육체라도 하나님 앞에서 자랑하지 못하게 하려 하심이라."

잠언 16:4, "여호와께서 온갖 것을 그 쓰임에 적당하게 지으셨나니 악인도 악한 날에 적당하게 하셨느니라."

우리는 이러한 말씀들을 통해 쓰임 받음 자체가 구원의 보장이 아니며 신앙 성숙의 증거도 아님을 알 수 있습니다. 구원은 예수 그리스도를 믿음으로 그의 공로로만 이뤄지는 것입니다. 신앙의 성숙은 하나님의 말씀 순종을 통해서만 이뤄집니다. 하나님의 사용하심은 하나님의 사역에 필요한 사람을 하나님께서 사용하시는 것입니다. 그것은 어쩌면 신앙의 성숙과 무관한 것일 수 있습니다.

우리는 이제 삼손의 쓰임 받음을 생각해 보겠습니다. 먼저 오늘의 본문을 다시 한번 이야기 형태로 들려드리도록 하겠습니다.

이스라엘 백성들이 다시 하나님 앞에서 악을 행했기 때문에 블레셋 사람들로 하여금 40년 동안 이스라엘을 다스리게 만드셨습니다. 하나님께서는 이스라엘 사람 중에 아이를 낳지 못했던 마노아라는 사람과 그의 아내를 통해 삼손이라는 아이가 태어나게 하셨습니다. 그는 하나님의 기적적인 방법으로 특별하게 태어나 특별한 목적대로 살아야 했지만 자기 멋대로 살다가 블레셋의 꾐에 넘어가 그들에게 잡혀 그동안 길렀던 머리카락이 잘리고 두 눈이 뽑혀 그들 앞에서 원숭이처럼 재주를 부리는 신세가 되었습니다. 오늘 이야기는 그가 어떻게 최후를 맞이하게 되었는지에 대한 것입니다.

블레셋 왕들이 자기들의 신 다곤에게 큰 제사를 드리기 위해 모두 모였습니다. 그들은, "우리 신이 우리 적이었던 삼손을 잡게 해주셨다!"라고 말하면서 즐거워했습니다. 블레셋 왕들은 삼손을 보면서 자기들의 신을 찬양했습니다. "이놈이 우리 땅을 망쳐놓았고, 우리 백성을 많이 죽였

2. 이야기 보류식

다. 그러나 우리 신이 도우셔서 우리 원수를 사로잡게 하셨구나!"

블레셋 백성들도 매우 기뻐하면서 말했습니다. "삼손을 끌어내어 재주를 부려보게 하자!" 그래서 그들은 삼손을 감옥에서 끌어내어 그들을 위해 재주를 부리게 했습니다. 블레셋 사람들은 삼손을 다곤 신전의 두 기둥 사이에 세워놓았는데, 한 노예가 눈이 뽑힌 그를 붙잡고 있었습니다. 그러자 삼손이 그 노예에게 말했습니다. "내 손으로 신전의 두 기둥을 잡게 해주시오!" 그 신전에는 남녀 사람들과 블레셋의 모든 통치자가 있었고 지붕 위에 있는 사람을 합하면 삼천 명가량이 삼손이 재주부리는 것을 보고 있었습니다.

그때 삼손이 여호와께 기도했습니다. "주 하나님, 저를 기억해 주십시오. 하나님, 저에게 한 번만 더 힘을 주십시오. 제 두 눈을 뺀 이 블레셋 사람들에게 원수를 갚게 해 주십시오." 그러고 나서 삼손은 신전 가운데 있는 신전 전체를 받치고 있는 두 기둥을 양손으로 하나씩 붙들었습니다. 그리고 말했습니다. "나는 이 블레셋 사람들과 함께 죽겠다!" 그러고 나서 삼손은 있는 힘을 다하여 몸을 굽혀 기둥을 밀어내자, 신전 안에 있던 왕들과 모든 사람 위로 무너졌습니다. 그리하여 삼손은 살아 있을 때보다 더 많은 사람을 한꺼번에 죽이게 되었습니다.

삼손의 형제들과 가족이 삼손의 시체를 거두어 그의 아버지 마노아의 무덤에 묻었습니다. 그 무덤은 소라와 에스다올 성 사이에 있었습니다. 삼손은 이십 년 동안 이스라엘의 사사로 있었습니다.

히브리서 11장에 보면 삼손은 믿음의 영웅 중의 하나였습니다. 또한 사사기에서도 삼손의 위치는 대단합니다. 사사기는 21장으로 되어 있는데 서론과 후기 7장을 빼면 14장이 본론인데 그중에서 4장(13장-16장)이 삼손 이야기입니다. 14장 중 12명의 사사 이야기가 기록되어 있으니까 사사 한 명당 1장 정도인데 사사 삼손에 관한 기록은 무려 4장이나 됩니다.

그리고 사사기 16:30의 "삼손이 죽을 때에 죽인 자가 살았을 때 죽인 자보다 더욱 많았더라."라는 말씀을 통해서 볼 때 사사기의 저자는 삼손이 마지막 순간까지 쓰임 받은 사실에 대해 긍정적인

177

2. 이야기 보류식

평가를 내리고 있습니다.
　　　그러나 우리가 오늘 이야기를 다시 다른 각도에서 살펴본다면, 그의 장렬하게 보이는 최후는 이스라엘 백성의 수치요 하나님의 영광을 가리는 것이었습니다. 그 블레셋 사람들은 삼손으로 인하여 그들의 신을 찬양하고 있기 때문입니다.

　　　16:23-24, "블레셋 사람의 방백이 가로되 우리의 신이 우리 원수 삼손을 우리 손에 붙였다 하고 다 모여 그 신 다곤에게 큰 제사를 드리고 즐거워하고 백성들도 삼손을 보았으므로 가로되 우리 토지를 헐고 우리 많은 사람을 죽인 원수를 우리의 신이 우리 손에 붙였다 하고 자기 신을 찬송하며."
　　　그러한 관점에서 본다면 우리는 삼손이 하나님의 쓰임을 받았으면서도 신앙적으로는 실패의 삶을 살았다고 결론을 내릴 수밖에 없을 것입니다.
　　　그렇다면 왜 삼손은 하나님의 쓰임을 받으면서도 신앙적으로는 철저하게 실패할 수밖에 없었을까요?
　　　첫째로, 그는 사명을 망각하고 살았으며 자신에게 주어진 목적과 관계없이 살았기 때문에 실패할 수밖에 없었습니다.
　　　16:31에는 그의 삶을 간단하게 줄인 내용이 나오고 있습니다. "삼손이 이스라엘 사사로 20년을 지내었더라."
　　　이것은 평범한 평가 같지만, 다른 사사들의 평가와 비교해 본다면 큰 차이가 있는 것을 알 수 있습니다.
　　　3:11, "옷니엘이 사사로 있을 때에 40년 동안 태평하였더라"
　　　3:30, "에훗이 사시로 있을 때에 80년 동안 태평하였더라."
　　　5:31, "드보라가 사사로 있을 때에 40년 동안 태평하였더라."
　　　8:28, "기드온이 사는 날 동안 40년에 그 땅이 태평하였더라."
　　　그런데 삼손은 그저 사사로 20년 동안 살았던 것입니다. 사사의 사명은 이스라엘 백성을 환난에서 구하여 그들에게 평안을 가져다주는 것이었습니다. 삼손은 그의 사사로서의 사명에 따라 살았다

2. 이야기 보류식

기보다는 그저 20년 동안 사사로 지냈던 것입니다.

　　　　신앙생활의 가장 큰 비극은 자신에게 주어진 소명과 사명을 망각하고 사는 것입니다. 그의 사명은 13:5에서 보는 것처럼, "그가 블레셋 사람의 손에서 이스라엘을 구원하는 것"이었으나 그는 죽을 때까지 쓰임을 받았으면서도 이스라엘 사람들을 블레셋 사람들의 손에서 구원하지도 못했고 그들에게 평안을 가져다주지도 못했습니다.

　　　　우리 모든 신자에게는 시 118:17, "내가 죽지 않고 살아서 여호와의 행사를 선포하리이다."의 말씀처럼 여호와의 말씀을, 복음을 아직도 듣지 못하는 사람들에게 전파하는 것입니다. 그 사명을 망각하고 단지 신자로만 살다가 천국에 가는 것은 안타까운 일이 아닐 수 없습니다.

　　　　둘째는, 그는 이기적인 삶의 방식을 끝까지 포기하지 않았습니다.

　　　　그의 출생에는 하나님, 예수님, 성령님이 관련되어 있었습니다. 13:1-2을 통해서 하나님께서는 이스라엘이 불순종의 삶을 살 때에 블레셋 사람을 통해 그들을 징벌하셨고 그들이 회개할 때 삼손의 아버지인 마노아를 준비하셔서 그들을 구원하길 원하셨음을 알 수 있습니다. 그러니까 그의 삶에는 하나님께서 직접 관여되어 있었습니다.

　　　　그런가 하면 그의 아버지 마노아가 그에게 아들에 관한 소식을 전해 준 사람에게 이름을 묻자, 그는 "기묘"(wonderfulness)라고 자기를 소개합니다. 이것은 천사들이 쓰는 이름이 아니었습니다. 이 이름은 이사야 9:6, "이는 한 아기가 우리에게 났고 … 그 이름은 기묘자라."를 볼 때 제2위인 예수 그리스도에게 붙여진 이름이었습니다. 그러니까 그의 출생과 삶에는 예수 그리스도가 관여되어 있었던 것입니다.

　　　　또한 그의 삶과 사역에는 성령님이 적어도 4번이나 관여되어 있었습니다. 다른 사사들에게 한 번 나타난 것에 비하면 성령님의 대단한 관여가 아닐 수 없습니다. 13:25, 14:6, 19, 15:14에서 성령이 그에게 임하셨다고 기록되어 있습니다.

2. 이야기 보류식

　　　　그런데 놀랍게도 그의 사역은 한결같이 그의 이기적인 목적에 그 근거를 두고 있었습니다. 물론, 그러한 사역을 하나님께서 사용하신 것은 사실입니다. 하나님은 그러한 사건들을 통해서 하나님의 일을 행하셨습니다. 하지만 삼손이 그러한 사역을 하게 된 직접적인 동기는 모두 자신의 이기적인 목적에 의한 것이었습니다.

　　　　첫째 사건은 30명의 블레셋 사람을 죽인 사건은 자기 아내와 한 약속을 지키기 위해서였습니다.

　　　　둘째 사건은 여우 300마리로 곡식과 감람원을 불태운 것인데 자기 아내를 다른 데로 시집보낸 것에 대한 보복이었습니다.

　　　　셋째 사건은 나귀 턱뼈로 1,000명을 죽인 것인데 그 사건 후 그의 고백은 "나귀의 턱뼈로 한 더미 두 더미를 쌓았음이여 나귀의 턱뼈로 내가 일천 명을 죽였도다"(15:16)였습니다.

　　　　네 번째 사건은 신전에서 3,000명과 함께 죽은 것인데 그는 그 일을 위해 하나님께 "나의 두 눈을 뺀 원수를 단번에 갚게 하옵소서"(16:28) 라고 기도했었습니다.

　　　　사사기 기록에는 삼손의 기도가 두 군데에서 소개되고 있습니다. 15장 18절, "내가 이제 목말라 죽어서 할례받지 못한 자의 손에 빠지겠나이다." 그러니까 하나님께 물을 달라고 기도한 것입니다. 오늘 본문 16장 28절, "블레셋 사람의 나의 두 눈을 뺀 원수를 단번에 갚게 하옵소서"라는 원수 갚아달라는 기도였습니다.

　　　　이러한 삼손의 모습은 어쩌면 갈라디아 사람들에 대한 바울의 경고를 생각나게 합니다. 갈라디아서 3:3, "너희가 이같이 어리석으냐 성령으로 시작하였다가 이제는 육체로 마치려느냐?"

　　　　예수님도 삼손과 비슷한 사명이 있었습니다. 마태복음 1:21에서 볼 수 있듯이, 예수님의 사명은 자기 백성을 저희 죄에서 구원하는 것이었습니다.

　　　　삼손 또한 사사기 13:5에 나와 있듯이, "블레셋 사람의 손에서 이스라엘을 구원"하는 것이었습니다.

　　　　그러한 사명에 대해 예수님의 태도는 누가복음 22:42, "내 원대로 마옵시고 아버지의 원대로 되기를 원하나이다!" 였다면, 삼손

2. 이야기 보류식

은 "당신의 원대로 마옵시고 나의 원대로 하옵소서!"였습니다. 삼손은 자신의 이기적인 삶의 방식을 끝까지 포기하지 않았습니다.

　　셋째로, 그는 하나님의 명령을 철저하게 불순종했기 때문에 실패할 수밖에 없었습니다.

　　그는 본래 나실인으로 부름을 받았습니다. 나실인은 그가 드려지는 동안 철저하게 구별된 삶을 살아야 했습니다. 거룩한 삶을 살게 되어 있었던 것입니다. 사사 삼손은 태어나면서부터 나실인이었고 평생을 나실인으로 살아야 했습니다.

　　나실인은 특히, 네 가지의 구체적인 규례를 지켜야 했었습니다. 그 규례는 사사기 13:4-5에 잘 나와 있고, 그것은 민수기 6:1-8에도 자세하게 기록되어 있습니다.

　　첫째로, 나실인은 포도주와 독주를 마시지 말라는 것이었습니다. 하나님께서 주인이시기 때문에 술이 그를 지배하도록 놔두는 것은 큰 잘못이었습니다.

　　둘째로, 부정한 것을 먹지 못하게 되어 있었습니다. 거룩하게 구별되게 살아야 하는 사람이 부정한 것을 먹음으로 자신을 더럽혀서는 아니 되었습니다.

　　셋째로, 머리카락을 자를 수 없었습니다. 이것은 그의 주인이 누구이며 누구의 지시를 직접 받고 있는지를 보여주는 것이었습니다. 하나님이 그의 직속상관이었던 것입니다.

　　넷째로, 그는 하나님께 바쳐진 자로서 거룩한 삶을 살아야 했습니다.

　　그런데 놀랍게도 삼손은 이 네 가지 규례를 모두 하나도 빠짐없이 어겨버립니다.

　　첫째로, 그는 술을 마십니다. 성경은 그가 술을 마셨다고 직접적으로 언급하지 않고 있습니다. 그러나 많은 학자가 그가 술을 마셨을 것이라고 보는 것은 그가 블레셋 여인과 결혼하면서 일주일 동안의 혼인 잔치를 했기 때문입니다. 그들은 그들의 관례에 따라 일주일 동안 잔치를 벌였고 그때 신랑의 역할은 함께 술을 마시며 하객들의 흥을 돋우는 것이었습니다.

2. 이야기 보류식

둘째로, 그는 시체를 가까이했고 그것에 생긴 꿀을 먹었으며 그것을 자신의 부모에게 출처를 밝히지 않고 그것을 주어서 그들도 먹게 했습니다. 또한 15:15의 "새 나귀 턱뼈"는 아직 마르지 않은, 죽은 지 얼마 되지 않은 턱뼈로서 그것 또한 나실인에게 부정한 것이었습니다.

들릴라가 집요하게 힘의 원천을 물었을 때 삼손은 거짓말로 "마르지 않은 풀 줄"(16:7)로 자신을 묶으면 힘을 쓸 수 없다고 했는데, 그 풀 줄은 짐승의 마르지 않은 내장으로 만들었기 때문에 그것도 동물의 주검으로 간주하여 나실인에게는 부정한 것이었습니다.

셋째로, 그는 삶에서 거룩한 모습이라고는 찾아볼 수 없는 상태가 되어 갔습니다. 처음에는 14:1에서 "딤나의 블레셋 여인"과 결혼을 강행했고, 16:1에서는 가사의 기생집에 들어가게 되며, 16:4에서는 소렉 골짜기의 들릴라라는 여인과의 육체적 쾌락에 빠집니다. 그는 육체적 쾌락에 빠져 점점 거룩한 모습을 상실하게 됩니다.

넷째로, 그가 마지막까지 남겨 놓은 나실인의 규례는 머리카락을 깎지 않는 것이었습니다. 그런데 그가 남겨 둔 마지막 규례를 어기기 직전에 들릴라에게 한 말을 살펴볼 필요가 있습니다.

16:17, "삼손이 진정을 토하여 그에게 이르되 내 머리에는 삭도를 대지 아니하였나니 이는 내가 모태에서 하나님의 나실인이 되었음이라. 만일 내 머리가 밀리면 내 힘이 내게서 떠나고 나는 약하여져서 다른 사람과 같으리라."

나실인의 네 개의 규례 중 세 개를 이미 어긴 그의 논리는 그가 머리를 깎지 않는 한 여전히 나실인이라는 것입니다. 우리도 이러한 함정에 빠질 수 있습니다. 다른 말씀들을 쉽게 어기면서 자신이 고수하는 하나나 둘을 남겨 놓고 그것을 지키면서 자신을 순종의 사람으로 생각하며, 자신을 위로하는 것은 매우 위험한 생각입니다. 주일 예배, 헌금, 십일조, 어떤 봉사, 어떤 사역 약속을 지키는 것이 다른 말씀을 어겨도 되는 위안거리가 되어서는 아니 되는 것입니다.

넷째로, 그가 그렇게 마지막 순간까지 쓰임을 받으면서도 신앙인으로 실패했던 이유는 그가 자기 훈련에 실패했기 때문입니다.

2. 이야기 보류식

　　　　그는 태어날 때부터 구별되게 살아야 할 사람이었습니다. 그런데 그는 자기 욕망에 사로잡혀 자신의 약점을 알면서도 훈련하지 않고 그대로 살았습니다. 우리가 우리의 약점을 알고 우리의 욕망을 제어하지 않는다면 우리는 우리의 욕심을 이루게 되어 있습니다.

　　　　13:24-25에서, 하나님께서 그를 특별한 사람으로 부르셨음을 보여주고 있습니다. 그는 하나님의 특별한 사랑을 받은 자였습니다. 여호와의 신이 그에게 감동을 시작하셨습니다. 하나님께서 그에게 직접 주신 이름, "삼손"은 '강한 자'라는 뜻이었습니다. 그러나 그는 하나님 안에 있을 때 '강한 자'가 되는 것이지 자기 멋대로 살면서 강한 자가 될 수는 없었습니다.

　　　　그가 하나님의 특별한 사랑과 이름을 얻고 성령님의 감동을 한 직후에, 14:1은 다음과 같이 시작하고 있습니다. "삼손이 딤나에 내려가서 거기서 블레셋 딸 중 한 여자를 보고 … 그를 취하여 아내를 삼게 하소서."

　　　　여기서 우리는 4절에 대해 신중하게 생각해야 합니다. 잘못하면 오해할 수 있기 때문입니다. 4절은 그 부모가 "이 일이 여호와께로서 나온 것인 줄을 알지 못하였더라."라고 되어 있습니다. 이 말씀의 의미가, 삼손이 블레셋 여인과 결혼하는 것이 하나님의 계획이었고 그의 부모는 그러한 하나님의 뜻을 몰랐다는 말일까요?

　　　　그렇다면 하나님은 당신의 거룩한 뜻을 위해서 거룩하지 않은 방법을 사용하라고 하시는 분이신가요? 나실인의 규례를 어기면서 나실인의 사명을 다하라고 말씀하시는 분이신가요? 그렇다면 목적을 위해서는 어떤 방법도 정당화될 수 있다는 말인가요?

　　　　여기서 우리가 조심해야 하는 것은 하나님께서 그러한 계획을 세우신 것이 아니고 그것이 삼손의 계획이었으며 삼손의 고집이었는데 하나님께서 그것도 사용하시기로 허용하셨다는 것입니다. 그의 부모도 삼손이 그렇게 고집을 피우니까 허락한 것처럼 하나님도 고집을 피우는 삼손에게 그것을 허락하신 것입니다. 이것을 신학적 용어로, 하나님의 "허용적 작정"이라고 합니다.

　　　　하나님께서는 어떤 때는 신앙인의 구원 문제가 아니라면 그

2. 이야기 보류식

가 억세게 고집을 피우면 그에게 최선이 아닌데도 허락하실 수 있으며, 그 경우 모든 책임을 그가 져야 하는 것입니다. 하나님은 악을 조장하시는 분이 아니시지만, 인간의 고집스러운 주장을 허용하실 수 있다는 것입니다.

하여튼 삼손의 복잡한 여자 문제는 그렇게 시작되고 있습니다. 블레셋 여인과의 결혼식을 하게 되고 결혼 잔치 7일 중 넷째 날에는 그 아내가 삼손이 내준 수수께끼의 답을 얻기 위해 울음으로 호소하게 되었는데, "그 아내가 울며 강박함을 인하여 7일째에는 그가 그 아내에게 수수께끼를 풀어 이르매."라고 되어 있습니다.

그는 결국 자신이 낸 문제를 아내의 울음과 강박함에 따라 답을 알려주고야 말았습니다. 그는 여기서 단편소설의 "복선"과 같은 것을 알아차려야 했습니다. 내가 정신 차리지 않으면 여자 때문에 망하겠구나!, 내가 여자에게 너무 약하구나! 라는 사실을 깨달아야 했습니다.

그런데 그는 여기서 한 걸음 더 나아가 기생을 찾아갑니다. 16:1, "한 기생을 보고 그에게 들어갔더니." 이것은 대화나 상담을 위한 것이 아니었습니다. 물론 그것마저도 혼자 갔다면 위험한 일인데. 여기서 그가 기생을 보고 들어갔다는 것은 그와의 성관계를 표현하는 완곡한 표현입니다. 그가 가사까지 왜 갔을까요? 가사는 소라에서 57km나 떨어져 있는 곳입니다. 어떤 목적이나 어떤 사역, 혹은 어떤 부름을 받음이 있었기 때문이 아니었습니다. 그는 그냥 그곳에 갔습니다. 그리고 욕정에 따라 기생집에 들어갔습니다. 특별한 이유도 없이, 목적도 없이, 떠도는 것은 자신의 욕망에, 세상에, 사탄에게 기회를 제공해 줄 뿐입니다.

삼손의 이러한 모습은 바울의 고린도 교인들을 향한 경고를 생각나게 합니다. 고린도전서 6:15-16, "너희 몸이 그리스도의 지체인 줄을 알지 못하느냐 내가 그리스도의 지체를 가지고 창기의 지체를 만들겠느냐 결코 그럴 수 없느니라 창기와 합하는 자는 저와 한 몸인 줄 알지 못하느냐 일렀으되 둘이 한 육체가 된다 하셨나니."

그래서 바울은 자기 육체의 욕망을 통제하기 위해서, 고린도

2. 이야기 보류식

전서 9:27에서는 "내가 내 몸을 쳐 복종하게 하노라."라고 말합니다. 여기서 "친다."라는 단어는 스포츠 용어로 '카운터 펀치', '케이오 펀치'를 말하는 것이기에 바울이 자신을 얼마나 혹독하게 훈련했는지를 보여주고 있습니다. 그래도 그는 자신이 제대로 통제하지 못하는 육체의 소욕을 이기기 위해, 고린도전서 15:31에서, "나는 날마다 죽노라."라고 말합니다.

그러한 바울은 로마서 6:19에서 "너희 육신이 연약하므로 내가 사람의 예대로 말하노니 전에 너희가 너희 지체를 부정과 불법에 드려 불법에 이른 것같이 이제는 너희 지체를 의에게 종으로 드려 거룩함에 이르라."라고 말합니다. 그런데 삼손은 바울과는 정반대로 그의 지체를 부정과 불법에 드리고 있었습니다.

삼손은 다음으로 이제 문제의 여자 들릴라를 만나게 됩니다. 그리고 그 여자와 사랑에 빠집니다. 한 청년이 정상적으로 한 여자를 만나 사랑에 빠지고 결혼하게 되는 것은 아름답고 귀한 것이지만, 삼손의 경우는 그러한 바람직한 경우가 아니었습니다.

참 재미있는 것은, 삼손의 이름의 뜻이 '강한 자'이고, 들릴라의 이름의 뜻은 '약한 자', '약하게 하는 자', '애처로운 자', '신봉자'입니다. 그러니까 그들의 만남은 서로를 죽이는 만남이었습니다.

들릴라의 이름의 뜻 때문에 어떤 학자들은 그녀가 블레셋 신전의 창녀였을 것으로 보기도 합니다. 삼손은 그녀와 사랑에 빠지게 되는데, 사사기의 기록자는 그들의 사랑이 합법적인 부부가 아니고 불륜임을 "아하브"라는 단어를 사용함으로 보여주고 있습니다.

그녀와 사랑에 빠진 삼손은 동족의 사주를 받은 들릴라의 집요한 추궁을 받게 됩니다. 삼손의 힘의 비결이 무엇이냐고 묻는 것이었습니다.

그는 첫 번째로 푸른 칡 일곱 가닥으로 자신을 묶으면 힘을 못 쓴다고 거짓말을 했습니다.

두 번째로는 새 줄로 묶으면 힘을 쓸 수 없다고 했습니다. 그것도 거짓이었습니다.

세 번째로는 머리털을 베틀로 위선에 섞어 짜면 자신은 힘

2. 이야기 보류식

을 발휘할 수 없다고 말했습니다. 그것도 거짓말이었습니다. 그런데 세 번째 거짓말부터 그는 "머리털"에 관한 이야기를 하기 시작합니다.

그리고 네 번째로 16:16, "그 여자가 날마다 그 말로 그를 재촉하며 조르매 삼손의 마음이 번뇌하여 죽을 지경이라." 17절에서 "삼손이 진정을 토하여" 그에게도 번뇌가 있었습니다. 양심의 가책이 있었습니다. 자신이 그래서는 안 된다는 생각이 있었습니다. 그러나 그는 그 자신을 통제할 수 없게 되었습니다. 이미 늦었던 것입니다.

그는 자신의 약점을 알고 있었습니다. 그러나 그러한 자신의 약점에 대해서 아무런 훈련도 하지 않고 있었습니다. 그가 양심의 가책을 받으면서도 어떤 노력도 하지 않고 있는 것을 보게 됩니다.

여기서 "진정을 토했다."라는 표현은 법정 용어로 '진술한다.' '고소한다.'라는 의미에서 온 마음과 몸으로 진술했음을 의미합니다. 이것은 그의 마음이 이미 하나님으로부터 그 이방 여인에게로 쏠려 있음을 보여주고 있습니다.

존 헌터(John Hunter) 목사님이 스코틀랜드 시골을 여행하고 있었습니다. 도살장을 지나가게 되었는데 12마리의 돼지 도살 장면을 목격하게 되었습니다. 그 주인은 돼지들을 쥐엄나무 열매로 유인하여 산 중턱에 있는 도살장까지 데리고 가서 모두 도살하는 것이었습니다.

우리는 모두 삼손입니다. 영적으로 삼손과 같은 위치에 있습니다. 우리의 중생에는 하나님, 예수님, 성령님이 모두 관여하셨습니다. 우리는 구별되게 살도록 부르심을 받았습니다. 우리는 아직도 복음을 받지 못한 사람들에게 복음을 전하도록 사명을 받았습니다. 그들에게 하나님의 평안을 주도록 부름을 받은 것입니다.

우리가 신앙인으로 성공적인 삶을 살기 위해서는, 첫째로 우리의 소명과 사명을 망각하지 않고 그것에 맞추어 살아야 합니다.

둘째로, 우리 자신의 이기적이고 자기중심적이고 세상적인 삶의 방식을 끊임없이 포기해야 합니다.

셋째로, 아무리 사소하게 보이는 하나님의 말씀도 순종해야

2. 이야기 보류식

합니다.
　　넷째로, 우리의 약점을 발견하고 훈련하는 삶을 살아야 합니다.
　　그럴 때만이 우리는 하나님의 쓰임을 받으면서도 영적으로 성공하는 삶을 살 수 있습니다. 하나님의 사역에 내가 쓰임 받음에 깊은 관심을 두는 것은 당연하지만 그보다 더 먼저 있어야 할 것은 바로 우리가 신앙적으로 바로 서는 것입니다.

2. 이야기 보류식

설교 분석

1. 성경 이야기 사용
  1) 삼손의 마지막 장면 이야기를 통해 삼손의 삶과 그의 삶의 의미를 조명해 본다.
  2) 그러나 삼손 이야기를 하기 전에 모차르트의 삶을 다룬 <아마데우스>라는 영화 이야기를 통해 삼손의 삶을 다른 시각에서 돌아보게 만든다.

2. 성경 이야기 해석과 설명
  1) 삼손이 죽을 때까지 하나님의 쓰임 받았다는 사실은 부인할 수 없지만 과연 그의 신앙인으로 사는 삶은 어떠했는지를 부각한다.
  2) 그리고 그러한 관점에서 볼 때 삼손이 신앙인으로 사는 삶에 있어서는 철저하게 실패했음을 드러낸다.
  3) 그렇다면 왜 삼손은 마지막 순간까지 하나님의 쓰임을 받으면서도 신앙인으로서는 실패했는지를 조명해 본다.

3. 성경 이야기와 다른 이야기
  1) 성경 이야기를 하기 전에 모차르트의 일생을 다룬 <아마데우스>라는 영화 이야기를 사용하고 있다.
  2) 그 영화의 등장인물인 모차르트와 살리에리를 비교함으로 훌륭한 업적을 이뤄낸 사람이 반드시 그의 인격도 훌륭하다는 것을 보장해 주지 않는다는 교훈을 찾아낸다.

4. 성경 이야기의 적용
  1) 하나님의 쓰임 받음은 그가 하나님 앞에서 제대로 살고 있음에

2. 이야기 보류식

대한 증거가 될 수 없다.
  2) 쓰임 받는 사람은 오히려 하나님 앞에서 바르게 살고 있는지를 항상 돌아보아야 한다.

5. 이 설교 방법론 - 이야기 보류식의 강점과 약점
  1) 강점 - 다른 이야기를 통해서 분명한 하나의 관점을 보게 만드는 장점이 있다. 잘 알고 있는 흥미로운 모차르트와 살리에리 이야기를 통해서 쓰임 받음 자체가 영적 구원이나 성숙이 아닐 수 있음을 보게 된다.
  2) 약점 - 성경 이야기를 다루기 전에 그에 대한 적절한 이야기를 선정하지 못할 때 먼저 한 이야기와 성경 이야기가 무슨 관계가 있는지를 분명하게 알지 못할 수 있다.

3. 이야기 대체식

3. 이야기 대체식

(Suspending the story/ Substituting the story)

제목; 심는 대로 거둔다!
본문; 갈라디아서 6:1-10

형제들이여, 여러분 가운데서 누구든지 죄지은 사람이 있거든, 신령함을 지닌 여러분이 온유한 마음으로 그를 바로잡아야 합니다. 그러나 여러분도 유혹에 빠지지 않도록 조심하십시오.

여러분은 서로 다른 사람의 짐을 들어 주십시오. 그것이 그리스도의 법을 이루는 길입니다. 아무것도 아닌 사람이 무엇이나 된 것처럼 행동한다면, 그것은 자기를 속이는 일입니다. 자기를 다른 사람과 비교하지 마십시오. 사람은 저마다 자기 일을 살펴야 합니다. 그러면 자랑할 일이 자기에게만 있을 것입니다. 사람은 저마다 자기 일에 책임을 져야 합니다.

하나님의 가르침을 배우는 사람은 가르치는 사람과 모든 좋은 것을 나누어야 합니다.

스스로 속이지 마십시오. 하나님을 속일 수는 없습니다. 사람은 자기가 심은 대로 거둘 것입니다. 자기 육체의 욕망대로 심는 사람은 육체로부터 썩을 것을 거둘 것이며, 성령의 뜻을 따라 심는 사람은 성령으로부터 영원한 생명을 거둘 것입니다.

선한 일을 하다가 낙심하지 말아야 합니다. 때가 이르면, 영원한 생명을 거둘 것이므로 포기하지 말아야 합니다. 기회가 닿는 대로 모든 사람에게 선한 일을 해야 합니다. 특히 믿음의 가정에 그렇게 해야 합니다.

3. 이야기 대체식

　　　　갑돌이는 강원도 산골의 작은 마을에서 태어났습니다. 그는 초등학교를 시골에서 보냈고 공부를 열심히 하여 중학교는 소도시에 나가서 다닐 수 있었습니다. 그리고 고등학교는 도청 소재지가 있는 도시에서 공부할 수 있었습니다. 공부를 열심히 했던 갑돌이의 꿈은 서울에 있는 좋은 대학에 들어가고 졸업한 다음에는 대기업에 들어가는 것이었습니다. 왜냐하면 그는 자신처럼 가난과 어려운 삶을 자기 자녀들에게는 물려주고 싶지 않았기 때문입니다.

　　　　그러나 그에게 있어서 미래에 대한 꿈을 꾸고 계획을 세우는 데에 있어서 하나님은 매우 소중한 분이셨습니다. 시골에서 초등학교 다닐 때 친구의 전도로 하나님을 믿게 된 그에게는 모든 일에서 하나님은 최고의 우선권을 가진 분이셨습니다. 그래서 그는 한때 시골 교회의 목사님처럼 신학교에 가는 것도 생각했었으나 그가 자라가면서 목회자가 되는 것보다도 더 중요하다고 생각된 것은 목회자처럼 사는 평신도라는 것을 깨닫게 되었습니다.

　　　　그는 서울에 있는 자신이 원하는 대학에 들어갈 수 있었고 대학교 3학년 때에 신앙인의 소개팅에서 신앙심 좋은 여대생을 만나게 되었습니다. 그보다는 두 살 어렸지만, 그들은 곧 마음을 나눌 수 있는 좋은 신앙의 친구가 되었습니다. 갑돌이는 병역의 의무를 다한 후에 복학하게 되었고 그들은 같은 해에 대학을 졸업하고 둘 다 직장에 들어갈 무렵 결혼에 성공하게 되었으며 서울 근교의 작은 전세 아파트에서 신혼생활을 시작할 수 있었습니다.

　　　　그들은 경제적으로는 좀 어려웠지만 서로 기도하고 상의하면서 주님께서 허락하시면 4명의 자녀를 낳자고 합의했습니다. 서로 상대 배우자를 닮은 아이를 가졌으면 하는 바람이 있었습니다. 그러나 그들은 계속해서 아들만 4명을 낳게 되었습니다. 아이들이 자라가면서 그들의 생활과 학업을 위해 더 많은 돈이 필요했기에 삶이 쉽지는 않았지만, 그들은 그 일을 잘 버텨내고 있었습니다. 무엇보다도 매일 저녁 9시에 갖는 가정예배와 말씀과 기도와 나눔은 그 가정의 가장 큰 버팀목이 되었습니다.

　　　　그러던 어느 날 갑돌의 아내가 복부 통증을 호소했습니다.

3. 이야기 대체식

그런데 보통 소화불량과는 매우 다름을 감지한 그들은 바로 큰 병원에 가게 되었습니다. 진단 결과는 그 가족들에게 청천벽력과 같은 것이었습니다. 위암 말기라는 것이었습니다. 사실 그의 아내는 상당한 기간 동안 더부룩함을 느끼고 있었지만 대수롭지 않게 여기고 경제적 부담 때문에라도 오랫동안 참아왔던 것이 큰 화근이 되었습니다. 이미 손을 쓰기에는 늦었다는 의사의 진단이 내려졌습니다.

갑돌이 가족은 그날 밤 가족회의를 열고 그의 아내 치료와 그 가족의 앞길에 대해 상의했습니다. 최종 결론은 아내를 살리기 위해 강원도 산골로 귀농해서 함께 농사를 지으면서 식이요법을 통해 암 치료에 매진해 보자는 것이었습니다. 어려운 결정이었지만 엄마를 살리기 위해서 초등학교에 다니는 막내, 중학교에 다니는 둘째와 셋째, 그리고 고등학생이 된 첫째가 모두 동의했습니다.

그래서 그들은 도시 생활을 정리하고 갑돌이는 자신의 고향 마을에 귀농을 신청했고 아이들은 고향과 그 고향에서 가까이에 있는 학교에 전학했습니다. 그들은 아픈 엄마를 살리기 위해 무엇이든지 할 수 있다는 각오를 새롭게 했습니다. 매일 저녁의 가정예배를 더 강화하고 기도하고 식단을 바꾸고 삶을 다 바꾸었습니다.

그러나 그들의 그러한 노력에도 불구하고 귀농한 지 2년 만에 갑돌이 아내는 끝내 천국으로 가고 말았습니다. 그들은 사랑하는 아내, 사랑하는 엄마를 떠나보낸 뒤 갑돌이 고향의 양지바른 곳에 장례를 치르고 가족회의를 열었습니다. 그날의 의제는 "이제 앞으로의 삶을 어디에서 어떻게 살 것인가"라는 것이었습니다. 그들의 결론은 계속 고향에서 살자는 것이었습니다. 지난 2년 동안의 삶이 그들에게는 너무나 행복했기 때문이라고 했습니다. 각박한 도시 생활로 돌아가는 것을 모두가 원치 않았습니다.

그래서 그들은 아빠의 고향에서 사는 삶을 재정비하기로 했습니다. 6명의 가족에서 5명으로 줄었기 때문이었습니다. 남아 있는 다섯 식구가 서로 업무를 나누어 천국에 먼저 간 엄마 몫까지 감당할 수 있도록 했습니다. 아버지는 저녁 가정예배를 주관하는 일, 농협에서 일하는 일, 농사를 짓는 것과 고소득을 낼 수 있는 작물 연구에

3. 이야기 대체식

매진하고, 큰아들은 고등학생이라는 바쁜 학업 중에서도 집안일을 총괄했습니다. 식사와 청소와 빨래와 집안일을 서로 당번을 정하여 일사불란하게 하도록 했습니다. 그들은 해야 할 일에 대해서는 누가 해야 한다기보다는 서로서로 도와서 자기 일처럼 해내도록 했습니다.

　　　　매일 밤 갖게 되는 가정예배는 실로 그들의 가정생활의 원동력이었습니다. 갑돌이는 바쁜 중에도 그날 저녁에 나눌 말씀에 관해 이야기 형태로 외우고 준비한 다음에 그 이야기를 돌아가면서 다시 나누고 준비한 질문을 서로 나눔으로 활발한 성경 공부와 말씀 적용을 했습니다. 그러다가 하루는 갈라디아서 6:1-10이 그날 밤 가정예배 본문으로 주어졌습니다.

　　　　그들은 항상 해왔던 대로 아빠가 그 본문을 이야기식으로 쉽게 들려주었습니다. 그리고 아들들이 돌아가면서 그 이야기를 다시 기억해 내어 그 내용을 재현했습니다. 어느 정도 이해가 되었다고 생각한 아빠는 아들들에게 질문을 던졌습니다. "얘들아! 오늘 본문이 여러 가지를 말하고 있는데, 그 내용을 둘로 전반부와 후반부를 나눈다면 어떻게 나눌 수가 있을까?"

　　　　그러자 역시 명석한 큰아들이 대답했습니다. "그야 앞부분은 공동체 안에서 문제가 일어났을 때 문제를 일으킨 사람을 도와주어 회복시켜야 한다는 것이고, 뒷부분은 심는 대로 거둔다는 내용이라고 생각합니다." 아빠의 칭찬이 이어졌습니다. "역시 내 생각과 똑같구나. 본문을 정확하게 나누어 주었구나!". 그렇다면 "둘째야, 그리고 셋째야, 너희들 생각에는 앞부분과 뒷부분에서 가장 중요한 단어가 무엇이라고 보느냐?" 그러자 셋째가 먼저 대답했습니다. "제 생각에는 뒷부분이 쉬울 것 같아요. '심는 대로 거둔다'가 되겠지요." 그러자 둘째도 대답했습니다. "그렇다면 앞부분은 '바로 잡는다'는 것이 가장 중요한 단어가 되지 않겠어요?"

　　　　아빠는 아들들의 대답을 흐뭇해하며 그들을 칭찬했습니다. "우리가 이 시골에서 살고 있지만 우리들끼리만 살고 있는 것이 아니지. 우리에게는 항상 하나님이 계시고 우리들 마음속에는 돌아가신 엄마도 살아계신다고 할 수 있을 거야." 그렇다면 "막내야, 너의 생각

3. 이야기 대체식

에는 '바로잡는다.'라는 것이 무엇을 말하는 것으로 생각하니?" 그러자 막내가 대답했습니다. "잘못된 것을 혼내주고 다시는 그렇게 하지 못하게 하는 것이 아닐까요?" 아빠가 질문했습니다. "그렇다면 가족 안에서 한 사람이 무엇을 잘못하면 혼내주고 그 일을 다시 못 하도록 하는 것으로 보는 거지?" 그러자 둘째가 나섰습니다. "저는 좀 다르게 생각하는데요. 여기서 '바로 잡는다.'라는 것은 맞다, 틀린다는 문제가 아닌 것 같아요. 오히려 잘못된 것을 고쳐서 바르게 되도록 하는 것으로 보여요. 그러니까 의사가 환자를 치료하는 것과 비슷한 것이 아닐까요?" 아빠가 대답했습니다. "그래 둘째야 너의 생각이 매우 훌륭하구나. 틀렸다고 해서, 혹은 잘못했다고 해서 쫓아내 버리거나 잘라내 버리는 것은 가족이 아니지."

그들의 공부는 시간 가는 줄도 모르고 계속되었습니다. 보통은 20분 정도였는데 그날은 벌써 30분을 넘기고 있었습니다. 그래서 아빠가 제안했습니다. "오늘은 이 정도 하는 것이 좋겠구나. 너희들 모두 공부할 것도 좀 남아 있지?" 그래서 그들은 그날 가정예배를 막내가 기도함으로 마쳤습니다. 그러자 아빠가 아들들에게 숙제를 내주었습니다. "우리 내일까지 우리가 이 세상에서 '심는 대로 거둔다.'라는 것이 무엇을 의미하는 것인지를 생각해 오기로 하자." 그들은 각자의 방에 돌아갔습니다.

다음 날 저녁 가정예배 시간이 되었습니다. 그날도 역시 막내가 가장 먼저 응접실에 와서 자신의 성경책을 들고 와서 뭔가를 열심히 들여다보고 있었습니다. 시간이 되자 모두 자신의 하던 일을 멈추고 모였습니다. 아빠가 다시 어제 이야기를 꺼냈습니다. 본문을 요약해 주었습니다. 그리고 아빠가 내준 숙제를 서로 나누기로 했습니다. 아빠가 먼저 입을 열었습니다. "그래, 어제 아빠가 내준 숙제는 잘들 했니? '심는 대로 거둔다!'라는 것이 무슨 의미인지, 오늘은 첫째부터 한 가지씩 나눠 보자꾸나."

첫째가 말했습니다. "제가 어제 이후에 틈틈이 생각해 보았는데요. 이 말씀은 그 의미가 깊은 것 같으면서 평범하고 그냥 평범한 것 같으면서도 뭔가 깊은 면이 있는 것 같아요. 제 생각에는 역시

3. 이야기 대체식

가장 중요한 의미는, 그래도 '심어야 거둘 수 있다!'라는 것이 아닐까요?" 아빠가 대답했습니다. "그렇지! 정말 당연하고 중요한 메시지를 발견했구나. 그런데 그 평범한 진리를 많은 사람들이 무시하거나 잊어버리는 것이 문제인 것 같구나. 심지 않으면 거둘 수 없는데, 상당히 많은 사람들은 심지도 않고 거두려고 하기 때문이지. 도둑질이나 강도질, 혹은 뭘 하나 잘해서 아주 큰 것을 얻어보겠다는 생각, 정당하지 않은 돈을 받고 남을 불법으로 도와주는 것 등등 … 그 모든 것이 다 이 평범한 진리에 어긋나는 것이라고 할 수 있겠지."

아빠의 질문은 계속되었습니다. "둘째야, 너는 너의 꿈이 사업을 해서 돈을 많이 벌어서 남을 도와주는 것이라고 했었지? 너의 생각은 어떠니?" 둘째가 고개를 갸우뚱하며 대답했습니다. "저는 이 말씀을 경제적 측면에서 생각해 보았어요. 이 말씀은 사람들은 심은 것 만큼만 거둔다는 의미가 있는 것 같아요. 그러니까 많이 투자해야 많이 거둘 수 있고 적게 투자하면 적게 거둘 수밖에 없다는 것이지요." 아빠가 함박웃음을 지으며 대답했습니다. "역시 너는 사업을 하면 돈을 많이 벌 수 있을 것 같구나. 사람 중에는 심기는 심었는데 아주 조금 심고 많은 것을 거두려고 하거나 많은 악을 심어 놓고 그 대가는 조금만 치르려고 하는 사람들이 있을 수 있지. 그러한 태도는 다 이 말씀을 제대로 이해하지 못했기 때문으로 보이는구나."

그들은 어제에 이어 갈라디아서 말씀이 얼마나 깊고 놀라운지를 다 같이 체험하고 있는 듯했습니다. 아빠가 다시 말했습니다. "이제 셋째와 막내 생각을 들어 보기로 하자." 그러자 셋째가 자신 있게 말했습니다. "아빠, 저는 이 말씀을 정말 많이 생각해 보았는데요. 제가 생각하기에도 놀라운 사실을 발견했어요." 그러자 가족 모두가 궁금하여 셋째에게 집중했습니다. 셋째가 약간 더 뜸을 들이더니 이윽고 입을 열었습니다. "놀라지 마세요. 이 말씀은 바꾸어 거둘 수 없다는 거예요!" 모두 서로 얼굴을 바라보며 의아해했습니다.

그러자 말째가 놀리듯이 말했습니다. "셋째 형은 가끔 하늘에 있는 구름을 잡는 듯한 말을 하는 것 같아. 우리가 모두 알아들을 수 있게 말해 봐!" 셋째가 집게손가락으로 천장을 향해 들어 흔들더

3. 이야기 대체식

니 말을 이어갔습니다. "제가 이 말씀 내용을 보니까 영적으로 심는 것과 육체적으로 심는 것이 서로 대조되고 있음을 보게 되었어요.

그런데 사람들은 세속적이고 육체적인 것을 심으면 아무것도 못 거두고 영적인 것을 심으면 많은 것을 거둔다고 잘못 생각하는 경향이 있다는 것을 알게 되었어요. 그러니까 세속적이고 육체적인 것을 심으면 썩게 될 것을 반드시 거두게 되어 있고, 영적인 것을 심으면 영적인 것, 영생을 거두게 된다는 것이죠.

사실 이러한 깨달음은 엄마 돌아가셨을 때 저의 경험에서 얻은 것이에요. 저는 그때 엄마 장례식으로 학기말 고사 준비를 제대로 못 했어요. 그래서 제가 시험 전날에 거의 잠을 자지 않고 하나님께 기도했어요. 그러면 하나님께서 다음 날 시험을 잘 보게 해주실 것 같았어요. 그런데 그 결과를 모두 기억하시죠? 제가 그 학기에 성적이 엄청 많이 떨어졌었잖아요! 왜 그런지 아세요? 시험 시간에 너무 졸려서 제대로 시험을 못 보았거든요. 시험을 잘 보려면 물론 기도도 해야 하지만 무엇보다도 시험공부를 잘해야죠."

모두 셋째의 대답을 듣고 웃으며 다시 한번 보고 싶은 엄마를 마음속에 떠올리기도 했습니다. 그러자 그 분위기를 바꾸고 싶으셨는지 아빠가 넷째를 재촉했습니다. "아빠는 넷째의 대답이 참 궁금하다. 넷째는 틈만 나면 성경을 보고 있던데, 어떤 귀중한 것이라고 깨달은 것이니?" 그러자 넷째가 심각한 얼굴로 말했습니다. "셋째 형의 깨달음도 아주 좋았어요. 그런데 아마도 저의 깨달음을 들으면 모두 기절할지도 몰라요. 제가 어제부터 기도하고 열심히 성경을 보고 생각도 많이 했는데요. 사실 저는 형들이 발견하지 못하는 것을 깨닫게 해달라고 간절히 기도했거든요.

그런데 오늘 아침에 일어나자마자 그 말씀을 다시 떠올리는데 기가 막힌 생각이 떠오른 거예요. 제 답을 듣고 싶어요? 아니면 그냥 지나갈까요?" 장난기 섞인 그의 말 때문에 모두가 어이없어하며 그를 바라보았습니다. "아빠, 그리고 형들! 잘 들어봐요. 이 말씀의 가장 중요한 교훈은 심을 때는 무엇이든지 심을 수 있다는 거예요. 심는 사람에게 자유가 있다는 거죠. 그런데 거둘 때에는 선택하지 못하

3. 이야기 대체식

고 그 심은 것을 거두어야만 한다는 것이죠. 형들, 작년에 아빠가 우리 텃밭에 채소를 심기 위한 다섯 이랑을 만드시고 우리 다섯 식구가 각각 무엇을 심을까 고민했던 것 기억나시죠? 그때 우리는 거의 모두가 배추를 심자고 했지요. 왜냐하면 김장이 중요하니까요. 그때 저만 고집으로 당근을 심자고 했어요. 그런데 그것을 거둘 때에 보니까 우리는 무를 심어야 했어요. 우리 식구가 모두 총각김치를 좋아하니까요. 우리는 무를 심을 기회를 놓쳤기 때문에 무를 시장에 가서 사야 했었죠. 그러니까 심을 때에 충분히 고민해서 꼭 필요한 것을 심어야 한다는 거예요. 당근도 좋지만 그렇게 많은 당근은 필요 없어서 이웃분들에게 나눠줬잖아요. 물론 좋은 일을 하게 된 셈이지만요…"

　　그들의 말씀 나눔은 날이 가고 해가 갈수록 더 깊어졌습니다. 그들의 나눔은 때로는 시간 가는 줄 몰라 아빠가 끊어주어야만 했습니다. 그들은 "바로잡는다."라는 말씀과 "심는 대로 거둔다."라는 말씀의 깊은 의미를 깨달았고 그 말씀의 무서움도 알게 되었습니다. 그들은 오늘도 내일도 하나님께서 기뻐하시는 것을 심겠다고 하나님께 기도하고 각자가 방으로 돌아갔습니다.

3. 이야기 대체식

설교 분석

1. 성경 이야기 사용

  1) 성경 이야기나 성경의 내용을 소개한 후에 그에 대해 설명하지 않고 다른 이야기를 할 수 있다.
  2) 성경 이야기나 그에 대한 설명 없이 바로 다른 이야기로 설교를 시작할 수 있으며 심지어 성경 이야기를 끝까지 언급하지 않을 수도 있다.

2. 성경 이야기 해석과 설명

  1) 끝까지 성경 이야기에 대해서는 직접적으로 언급하지 않거나 설명 내지는 해석하지 않을 수도 있다.
  2) 나중에 그 본문의 성경 이야기를, 두 이야기의 연관성을 보여주기 위해, 처음에 했던 이야기에 맞추어 어느 정도 설명해 줄 수도 있다.

3. 성경 이야기와 다른 이야기

  1) 다른 이야기로만 성경 이야기를 대체할 수도 있기 때문에 이 설교 방식을 대체식이라고 부를 수 있다.
  2) 그러나 그 다른 이야기는 본문 이야기를 충분히 반영하거나 본문을 떠올릴 수 있을 정도로 명확한 것이어야 한다.

4. 성경 이야기의 적용

  1) 다른 이야기를 사용하면서 성경 이야기의 내용에 대한 적용을 수시로 삽입할 수도 있을 것이다.

3. 이야기 대체식

2) 다른 이야기를 할 때 성경 이야기의 정확한 단어나 구절을 그대로 인용함으로 본래의 성경 이야기를 떠올릴 수 있도록 적극적으로 돕는 일이 필요하다.

5. 이 설교 방법론 - 이야기 대체식의 강점과 약점

1) 강점- 성경을 잘 모르는 청중으로서는 이해가 쉽지 않은 성경 이야기나 다른 형태의 성경 내용(강해나 예언이나 시가서 등을 포함)을 보다 쉽게 이해할 수 있게 전달할 수 있는 강점이 있다.

2) 약점- 성경 이야기를 사용하지 않고 다른 이야기만 전달할 때 성경 이야기를 제대로 떠올릴 수 없게 된다면 성경의 내용을 제대로 전달하는 데에 문제를 일으킬 수 있을 것이다.

3. 이야기 대체식

이 본문에 대한 일반적인 강해 설교

성경에는 "심는 대로 거둔다."라는 말씀이 참으로 많이 등장합니다(창 8:22, 고후 9:6, 욥 4:8, 잠 22:8, 호 8:7, 마 7:16, 갈 6:7).
창세기 8:22, "땅이 있을 동안에는 심음과 거둠과 추위와 더위와 여름과 겨울과 낮과 밤이 쉬지 아니하리라."
고린도후서 9:6, "이것이 곧 적게 심는 자는 적게 거두고 많이 심는 자는 많이 거둔다 하는 말이로다."
욥기 4:8, "내가 보건대 악을 밭 갈고 독을 뿌리는 자는 그대로 거두나니."
잠언 22:8, "악을 뿌리는 자는 재앙을 거두리니 그 분노의 기세가 쇠하리라."
호세아 8:7, "저희가 바람을 심고 광풍을 거둘 것이라."
마태복음 7:16, "그의 열매로 그들을 알지니 가시나무에서 포도를, 또는 엉겅퀴에서 무화과를 따겠느냐."
그리고 오늘 말씀, 갈라디아서 6:7 "사람이 무엇으로 심든지 그대로 거두리라."가 있습니다.
그런데 오늘 말씀은 이해하는 데 어려움이 있을 수 있습니다. 갈라디아서 6:1-10의 말씀이 모두 하나의 메시지로 연결된 것처럼 보이지 않기 때문입니다. 6:1-5는 "범죄한 사람을 바로 잡는 문제"를 다루고 있습니다. 6:6은 갑자기 "가르침을 받는 자는 가르치는 자와 좋은 것을 함께 하라"고 합니다. 6:7-9는 그 유명한 "심는 대로 거둔다"라는 교훈을 주고 있습니다. 6:10은 "믿음의 가정들에 착한 일을 더욱 많이 하라."라는 내용으로 되어 있습니다.
이렇게 길지도 않은 한 본문의 내용이 서로 연결됨이 없이

3. 이야기 대체식

여러 가지 소주제로 나뉘어 있는 것처럼 보이기 때문에 본문을 전체적으로 이해하는 데 어려움이 있을 수 있습니다.

더군다나, 2절에서는 "너희가 짐을 서로 지라."로 되어 있고, 5절에서는 "각각 자기의 짐을 질 것임이니라."로 되어 있어서 서로 상충하는 것처럼 보이기도 합니다.

우리가 믿고 있는 대로 이것이 하나님의 감동으로 된 것이라면 한 묶음의 말씀이 이렇게 연결성도 없어 보이고 논리도 없이 기록될 리가 없을 것입니다. 그렇다면 역으로 우리가 이 말씀을 하나님의 영감 된 말씀으로 믿는다면 이 말씀 안에서 어떤 연결성과 논리를 찾을 수 있을까요?

오늘 본문의 내용을 전체적으로 파악할 수 있는 중요한 단서를 본문의 중심 단어나 중심 구절에서 찾을 수 있을 것입니다.

갈라디아서 6:1-5의 중심 단어는 "바로잡는다."라는 단어입니다. 그리고 6-10까지의 중심 구절은 역시 "심는 대로 거둔다."가 될 수 있을 것입니다.

오늘 본문의 바로 앞 5:26에서 성령으로 사는 그리스도인들이 금해야 할 것이 "헛된 영광을 구하고 서로 시기하고 질투"하는 것임을 말한 후에 성령으로 행하는 그리스도인들은 오히려 해야 할 일이 있음을 보여주고 있습니다. 그리고 오늘 본문에서 신앙인이 서로 해야 할 일이 짐을 서로 짐으로써 서로를 회복시켜 주는 일이라고 말하고 있습니다. 오늘 본문 앞의 5:25에서 "만일 우리가 성령으로 살면 또한 성령으로 행할찌니."라고 되어 있습니다. 그러므로 그다음 말씀인 오늘 본문은 성령으로 사는 사람의 모습에 대한 실례를 구체적으로 보여주고 있다고 할 수 있습니다.

6장의 원문에서의 첫 단어와 마지막 단어가 "형제들아"(Αδελφοι)입니다. 또한 6장에서 가장 강조되고 있는 단어가 바로 "서로"라는 단어입니다. 형제들이라면 서로 싸우지 말고, 서로 질투하지 말고 서로 짐을 져야 한다는 것입니다.

그런 점에서 신앙인들이 서로서로 해주어야 할 일은 가장 먼저 "바로잡음"입니다. 여기서 "바로잡는다."라는 것은 "카타르티조"(κ

3. 이야기 대체식

ατaρτιζω)로, '정리한다.' '원상으로 회복한다.' '탈골/ 절골을 치료한다.' '그물을 깁는다.'의 의미를 지닙니다. 이것을 영어로 표현한다면 "correct"가 아니고 "restore"라는 의미일 것입니다. 이 단어의 해석을 "correct"라고 본다면, 누가 맞고 누가 잘못이고, 누가 옳고 누가 옳지 않으니, 누구를 잘라내야 한다는 문제가 되어버릴 것입니다. 그러나 본문은 오히려 넘어진 지체에 대해 잘못된 것을 회복시켜 제 역할을 하게 해야 함을 말하고 있는 것입니다.

우리에게는 누구나 잘못과 실수가 있을 수 있습니다. 우선 아프고, 보기 싫다고 잘라내면 안 되는 것입니다. 문제가 있다고 잘라낸다면 우리는 잘라내 버린 그 지체가 없는 영원한 장애가 있는 몸이 될 것입니다. 바로 여기에 신자의 특권이 있고 신자의 배짱이 있으며 신자의 당당함과 동시에 무서운 책임 의식이 있는 것입니다.

성경은 신앙인 공동체의 그러한 관계를 "그리스도의 몸" 개념으로 설명하고 있습니다. 그래서 고린도전서 12:12-30은 신자의 공동체를 한 몸이라고 부르고 있습니다.

바로 이러한 관점에서 "짐을 서로 짐"을 설명할 수 있습니다. 한 몸이기 때문에 어느 한 지체가 잘못되면 다른 지체가 짐을 나누어져야 하는 것입니다. 신체의 한 부분에 문제가 생기면 다른 지체가 고생하게 되어 있습니다. 팔이 부러져 깁스하게 되면 팔과는 별 관계가 없어 보이는 목이 고생을 합니다. 눈에 갑자기 문제가 생기면 넘어져서 무릎이 고생할 수 있습니다. 옛날 학생들은 머리가 좋지 않으면 혹은 공부를 못하면, 손바닥이나 엉덩이가 고생해야 하는 때가 있었습니다. 입을 잘못 사용하면 뺨이 고생할 수도 있습니다.

다른 지체에 문제가 생겨 그의 짐을 함께 짐으로 그의 회복을 돕는 것이야말로 "그리스도의 법을 성취하게 되는 것"이라고 말하고 있습니다. 바로 그러한 방법으로 그리스도인들은 모두 그리스도의 말씀에 순종하게 되는 것입니다.

그러니까 "각자의 짐을 지라."라는 말은 각자에게 주어진 사명을 각자가 다 하라는 말입니다. 그럴 때 "자기에게 자랑거리가 있다."라는 말은 한 지체가 자기에게 주어진 사명을 완수했을 때 그에

3. 이야기 대체식

게 주어지는 보람을 지적하고 있는 것입니다.

원문에서는 2절의 "짐"과 5절의 "짐"은 서로 다른 단어를 사용하고 있습니다. 2절의 "짐"은 "바로스"(βαρος)라는 단어로써 피아노 크기의 '큰 짐'을 말하고 있습니다. 그에 반해, 5절의 "짐"은 "포르티온"(φορτιον)으로서 '작은 짐', '짐 보따리'를 말하고 있습니다. 특히, 그 단어는 그 당시 군인들이 등에 지고 다니던 개인 짐을 말하고 있습니다.

신자에게 큰 짐은 몸의 한 부분에 문제가 생겨 전체적인 몸에 영향을 끼치고 있다면 그것은 아주 큰 짐이기 때문에 함께 짐을 져서 그를 회복시켜 주어야 합니다. 그러나 자신에게 맡겨진 사명, 책임을 성실하게 수행함으로 다른 사람에게 피해가 없도록 해야 하는 것은 바로 "각각 자기의 짐을 지라."라는 것으로 설명할 수 있습니다.

그러한 관점에서 다른 지체에 대한 신자의 사명은 그것을 정죄하고 그것을 잘라내는 것이 아닙니다. 오히려 짐을 함께 나누어 짐으로 그것을 바로 잡는 것, 즉 회복시키는 것입니다. 그러므로 그리스도를 머리로 하는 우리 모든 지체는 각자가 가지고 있는 고유한 기능과 고유한 직분을 성실하게 수행해야 합니다.

그러므로 3절의 "누가 아무것도 되지 못하고 된 줄로 생각하는 것"은 자신의 역할과 의무는 다하지 않으면서 다른 지체의 일도 자신이 하려고 하는 것입니다. 모든 지체에 고유한 기능과 고유한 역할을 줬습니다. 자기 일을 제대로 하지도 못하면서 다른 지체의 일까지 자신이 할 수 있다고 생각하는 것은 잘못일 뿐만 아니라 월권입니다.

로마서 12:3, "마땅히 생각할 그 이상의 생각을 품지 말고 믿음의 분량대로."라는 말씀도 이와 같은 말씀을 하고 있습니다. 자신에게 주어진 역할과 사명을 다할 때 자신의 분량을 지키는 것입니다.

그런데 한 몸 안에서 다른 지체의 아픔은 반드시 다른 지체인 나에게 하중이 주어지게 되어 있습니다. 만약에 다른 지체의 아픔과 하중이 나에게 주어지지 않는다면 그가 몸의 일부가 아니거나 내가 그 몸의 지체가 아닐 수도 있습니다.

3. 이야기 대체식

　　　　우리가 그러한 관점에서 본다면, 교회는 안전하고 편안한 곳만이 아닙니다. 나를 위한 안식처도 아닙니다. 오히려 어쩌면 상처 입은 다른 지체를 위한 회복의 장소이며 내가 건강하다면 나는 그를 회복시켜 주기 위해 필요한 공동체의 일원입니다.

　　　　그래서 스스로 살펴보아야 하는 것입니다. 나는 내가 맡은 일을 제대로 감당하고 있는지, 나의 역할을 제대로 감당하고 있는지, 내가 한 지체의 기능을 제대로 발휘하고 있는지를 살펴보아야 합니다. 그렇게 된다면 자랑할 것이 나에게 있음을 알게 될 것입니다. 여기서 "자랑할 것이 나에게"는 서로 비교하지 말라는 것으로서 모든 지체에 고유한 역할과 기능이 맡겨졌다면 비교하는 것은 의미가 없을 것입니다. 그것은 마치 12kg과 10m를 비교하면서 어떤 것이 더 큰 것이냐고 따지는 것과 같습니다.

　　　　자기의 가치를 확인하고 자기의 존재 이유를 다른 곳이 아닌 자신의 역할을 감당하는 것에서 찾으라는 것입니다. 남의 짐, 다른 사람의 역할에 관심을 두기보다는 자신의 의무와 역할 수행에 더 신경을 쓰라는 말입니다.

　　　　이제는 오늘 본문의 후반부인 6절부터 10절을 살펴보도록 하겠습니다.

　　　　오늘 본문의 전반부가 공동체가 한 몸이며 각 공동체원은 그 몸의 지체로 되어 있고 서로의 사명은 자신의 역할을 감당하면서 문제가 생긴 지체에 대해 짐을 서로 나눠짐으로 회복시켜 주는 것이라면, 후반부는 우리가 어떤 삶의 원칙을 가지고 함께 살아가야 하는 것인가를 다루고 있습니다. 그것은 결론적으로 바로 "심는 대로 거둔다."라는 말은 무서운 원칙을 염두에 두고 살아야 한다는 것입니다.

　　　　그런데 이 말씀에 대한 가장 큰 오해는 영을 위해 심는 자는 의미 있는 것을, 귀한 것을 풍성하게 거두게 되지만, 육체를 위해 심는 자는 아무것도 거둘 수 없다고 생각하는 것입니다. 매우 합리적이고 영적인 것으로 보이지만 오늘 본문이 그렇게 말하고 있지 않습니다. 오히려 어떤 사람이 무엇을 심든지 간에 심는 대로, 그대로 거두게 되어 있다고 말하기 때문입니다.

3. 이야기 대체식

8절은 이 말씀에 대한 오해를 원천적으로 차단하고 있습니다. "자기의 육체를 위하여 심는 자는 육체로부터 썩어진 것을 거두고 성령을 위하여 심는 자는 성령으로부터 영생을 거두리라."

이 말씀은 육체를 위하여 심는 자도, 영을 위해 심는 자도 모두 그 심은 것에 따라 합당한 것을 거두게 되어 있다는 것입니다.

그렇다면 심는 대로 거둔다는 이 말씀은 도대체 어떤 교훈을 담고 있는 것일까요?

첫째로, 이 말씀은 너무도 당연하게 보이지만 심지 않으면 거둘 수 없다는 것입니다. 반드시 심어야만 거둘 수 있다는 것입니다.

너무나 당연한 진리 아닌가요? 그런데 이 세상에는 너무도 많은 사람들이 이 원칙을 망각하거나 무시하기 때문에 문제가 일어나고 있습니다. 이 세상에는 심지 않고 거두려고 노력하는 사람이 생각보다 많다는 말입니다. 일확천금주의, 한탕주의, 각종 도둑질이나 강도질, 복권 당첨과 같이 요행을 바라는 것, 관료들의 부정부패나 뇌물수수나 청탁 등 수많은 범죄가 이 원칙을 무시하거나 잘못 이해하고 있기 때문에 일어나는 일들입니다.

신자들이라 할지라도 심지 않고 거두려고 한다면 똑같은 잘못을 범하고 있는 것입니다. 하나님께서는 이 원칙에 대해서 "하나님께서는 만홀히 여김을 받지 않으신다."(Θεὸς οὐ μυκτηρίζεται)라고 말씀하십니다. 이 의미는 원어적으로는 '코 비틀림을 당하지 않는다.'라는 의미로써 하나님께서는 이 원칙에 있어서 절대 무시당하지 않으신다는 것입니다. 그 법칙은 반드시 지켜지게 되어 있다는 것입니다.

둘째로, 이 말씀은 심은 것만큼만 거둔다는 의미가 있습니다. 고린도후서 9:6, "이것이 적게 심은 자는 적게 거두고 많이 심은 자는 많이 거둔다 하는 말이로다."

우리가 거둘 수 있는 양은 항상 심은 양과 관련이 있습니다. 어떤 사람이 조금 심고 많은 것을 거두려고 한다든지 아니면 많이 심고 조금만 거두려고 하는 것은 결과적으로 이 법칙을 잘 모르거나, 이 원칙을 무시하고 있는 것입니다. 이 세상의 모든 일에도, 그리고

3. 이야기 대체식

우리들의 영적인 일에도 이 원칙은 그대로 적용됩니다. 어떤 사람이 조금 심고 많이 거두려고 한다면 그것은 바로 도둑의 마음과 다를 것이 없습니다.

셋째로, 심는 대로 거둔다는 것은 서로 바꾸어 거둘 수 없음을 의미합니다.

이 법칙은 영적인 것과 육적인 것 사이에서 바꾸어 거둘 수 없음을 보여주고 있습니다. 육체를 위해 심는 자는 육체를 위해서 썩어질 것을 거두게 되며 성령을 위해 심는 자는 성령으로부터 영생을 거두게 되어 있기 때문입니다. 누가 육체를 위해서 심고서 영적인 열매를 기대하거나 영적인 것을 심고서 육체적인 어떤 것을 기대한다면 그 사람은 이 법칙을 크게 오해한 것입니다.

이 세상에서 단지 육체적으로 성실하게 살면서 영적인 열매를 기대하는 것은 잘못된 것입니다. 또한 영적인 것을 심으면서 그래도 그에 따라 육체적인 열매가 나올 것이라고 기대하는 것도 잘못입니다.

우리가 말씀을 보고 기도를 했다면 영적인 면에서의 성장과 열매를 얻게 될 것이지 그것으로 인해 육체적인 번영을 기대하는 것은 원칙적으로 옳지 않은 것입니다. 9절에서 "선을 행하되 낙심하지 말 것"을 권고받는 이유가 무엇일까요? 아이러니하게도 영적인 것을, 선한 것을 심는 사람에게는 그 결과가 바로 나타나지 않아 오히려 실망할 수 있습니다. 보이지 않는 것을 심고 있기 때문입니다. 그러나 낙심할 필요가 없는 것은 때가 되면 반드시 거두게 되어 있기 때문입니다. 영적으로 심는 사람들은 이 점을 반드시 염두에 두어야 하는 것입니다.

또한 10절에서 "기회 있는 대로 모든 이에게 착한 일을 하되 더욱 믿음의 가정들에게 할찌니라."라는 말씀은, 믿음의 가정들은 영적인 것을 심는 사람들이라는 사실에서 그 이유를 찾을 수 있습니다. 육체를 위해 심는 사람들은 그 결과가 육체적으로, 가시적으로 바로바로 드러나기 때문에, 역설적으로 영적인 것을 심는 사람들에 비해서 덜 실망할 수 있습니다. 그러나 영적인 것을 심는 사람들은 오

3. 이야기 대체식

랫동안을 심어도 그 결과가 잘 보이지 않을 수 있으며 어떤 경우에는 그가 죽은 다음에야 나타날 수도 있습니다. 그래서 그 부분에서 상대적으로 실망을 더 할 수밖에 없는 사람들이 바로 믿음의 가정들입니다. 그래서 그러한 믿음의 가정들이야말로 믿음을 가진 사람들로부터 더 많은 위로가 필요하다고 말씀하신 것입니다.

넷째로, 심는 대로 거둔다는 법칙의 가장 무서운 점은 심을 때는 자유가 있지만 거둘 때는 자유가 없다는 사실일 것입니다.

우리는 심을 때에는 무엇이든지 심을 수 있습니다. 우리가 무엇인가를 심을 때에는 선택의 자유가 있다는 것입니다. 그러나 우리가 심은 것을 거둘 때에는 우리에게 선택의 자유가 없다는 사실을 기억해야 합니다. 우리가 심은 것을 무조건 거두게 되어 있는 것입니다. 이미 심은 것이 맘에 들지 않는다고 해서 그것을 거두지 않을 수는 없다는 것입니다.

어떤 사람이 육체를 위해 좋지 않은 것을 심었는데 나중에 깨닫고 그것을 거두지 않기를 바랄 수는 있지만, 그래도 그가 심은 것을 거둘 수밖에 없게 되어 있습니다.

예를 들어, 어떤 사람이 오랜 시간 동안 술을 마셨다면 그것으로 인한 위장 장애나 장기 손상을, 혹은 다른 성인병을 얻을 수밖에 없게 되어 있습니다. 이것을 신학적인 용어로는 "자연적 결과"(natural consequence)라고 부릅니다. 이러한 자연적 결과는 하나님이 우리의 잘못에 대해 내리시는 징벌이 아닙니다. 심는 대로 거두게 되는 자연적인 결과인 것입니다.

그렇다면 심는 것이 중요할 수밖에 없는데 우리가 심는 것 중에 무엇이 영적이고 무엇이 육체적인 것인가? 무엇이 선한 것이고 무엇이 악한 것인가? 무엇이 나에게 덕이 되고 무엇이 나에게 해가 되는가? 그 둘을 어떻게 구별할 수 있을까요?

예배드리는 것은 영적이고 직장에서 일하는 것이나 학교에서 공부하는 것은 육을 위해 심는 것인가요? 성경을 공부하는 것은 영적인 일이고 자신의 필요를 위해 세상 학문을 공부하는 것은 육체적인 일인가요?

3. 이야기 대체식

　　　　그렇지 않습니다. 어떤 것이 영적이고 어떤 것이 육체적인가를 구별하는 데에 있어서 지금 우리가 하는 일의 목적과 기준과 방법이 중요한 요소가 됩니다.

　　　　하나님의 영광을 위해, 하나님 말씀의 기준에 따라, 하나님이 인정하는 방법으로 어떤 일을 한다면 그것은 모두 영적인 일이라고 할 수 있습니다. 그리고 그것은 마침내 영적으로 풍성한 열매를 가져다줄 것입니다.

　　　　그러나 언뜻 보기에 영적으로 보이는 일이라 할지라도 나 자신을 위해서, 나의 쾌락을 위해서, 내가 인정받기 위해서 하는 것이라면 그것은 육체적인 일로서 썩어질 것을 거두게 되어 있는 것입니다.

　　　　그런데 어떤 일은 여전히 그 구별이 어려울 수 있습니다. 그래서 6절에서 가르치는 자가 등장하고 있습니다. 가르침을 받는 자가 가르치는 자와 모든 좋은 것을 함께 해야 하는 이유가 바로 여기에 있습니다. 가르치는 사람이 바로 그 부분을 도와줄 수 있기 때문입니다. 바르게 서 있는 영적인 지도자는 어떤 것이 영적이며 어떤 것이 육적인가를 구별하는 데에 도움을 줄 수 있습니다. 그들과 모든 좋은 것을 함께 나눌 때 우리는 그들의 도움을 입어 어떤 것이 바르고, 어떤 것이 옳으며, 어떤 것이 선하며, 어떤 것이 유익한 것인지를 분별할 수 있게 되는 것입니다.

　　　　놀랍게도 우리가 육체를 위해 심는 것은 특별한 노력이 필요 없습니다. 타락한 우리는 적극적인 통제가 없으면 자연스럽게 육체를 위해 심게 되어 있습니다. 그래서 갈라디아서 5:19-21이 그것을 말해 주고 있습니다.

　　　　특히, 5:24에서 "정과 욕심"에 대해 언급하고 있습니다. 육체의 욕망을 만족시키고 키워가는 것은 결국 육체를 위해 심는 것이라고 할 수 있습니다. 육체를 위해 심는 것의 씨앗은 우리의 생각과 행동입니다. 우리는 우리의 생각을 행동으로 거두게 되며 그 행동으로 삶이라는 열매를 거두게 되어 있습니다.

　　　　우리는 우리의 오관을 통해 뭔가를 감지하게 되고, 그것이

3. 이야기 대체식

맘에 든다면 생각하게 되고, 그 생각을 좋게 여긴다면 집착하게 되고, 그 집착한 것은 자신도 모르게 마음의 결정이 일어나게 만들며, 마음의 결정이 일어나면 어느 순간엔가 기회만 되면 그것을 행하게 되어 있으며 그 행한 것은 습관을 만들고 그 습관은 결국 삶을 형성하게 됩니다. 성경은 그 과정 중에서 마음의 결정부터가 이미 죄라고 말합니다. 주님께서 형제를 미워하는 자는 이미 살인했고, 마음에 음욕을 품은 자는 이미 간음했다고 말씀하셨을 때 이미 살인과 이미 간음은 바로 우리의 마음에서의 결정 단계를 의미한다고 볼 수 있습니다.

오관 - 생각 - 집착 - 마음의 결정(죄의 시작) - 행동 - 습관 - 삶

그에 반해서, 성령을 위해 심는 것은 바로 성령에 착념하는 것입니다. 그것에 대해 갈라디아서 5:16, 25는 "성령을 좇아 행함"이라고 말하고 있으며, 골로새서 3:1, 2, 빌립보서 3:19은 "위엣 것을 사모하라."라고 말하고 있습니다. 그러한 삶이 바로 성령님을 위해 심는 삶을 말합니다. 그러므로 성령님을 좇아 행하며 위엣 것을 사모하는 삶이야말로 신령한 것을 심는 삶이라고 할 수 있습니다. 육체의 소욕을 따라 심는 삶은 육체를 위해 썩어질 것을 심는 삶을 말합니다.

그렇다면 우리는 순간순간, 매일매일 무엇을 심고 있는지 생각해 보아야 할 것입니다. 내 생각, 나의 착념, 내 마음의 결정, 나의 행동은 결국 무엇을 심고 있는가요? 나는 성령님을 좇아 살고 있는가, 아니면 육체의 소욕을 좇아 살고 있는가요?

시간이 지나면 우리가 심은 것을 반드시 거두게 되어 있습니다. 오늘 나는 무엇을 심을 것인가? 그것은 때가 되면 반드시 거두게 되어 있는 것입니다.

3. 이야기 대체식

설교 분석

1. 성경 이야기 사용

   1) 성경 이야기를 직접적으로 사용하지 않고 성경 본문 내용을 담고 있을 법한 이야기를 만들어 해줌으로 성경의 메시지를 부각한다.

   2) 성경의 본문을 직접 다루지는 않았지만, 성경 내용을 담고 있는 이야기를 사용했기 때문에 성경 이야기를 일반 이야기로 대체한 것으로 볼 수 있다.

2. 성경 이야기 해석과 설명

   1) 공동체 안에서 일어난 잘못을 바로잡는 문제와 신앙인들이 심는 대로 거두게 된다는 내용을 핵심으로 보고 만든 이야기에 그것을 반영했다.

   2) 아버지와 아들들의 대화를 통해서 그것들에 대해 서로 설명하고 이해를 높이도록 했다.

3. 성경 이야기와 다른 이야기

   1) 성경 이야기는 직접 사용하지 않고 만든 이야기를 통해서 성경 이야기를 대신하는 방법을 사용했다. 이와 같은 유형은 성경 이야기가 너무 잘 알려져 있거나 이해가 다소 어려운 성경 본문일 경우에 사용할 수 있을 것이다.

   2) 다른 이야기를 만들 때 성경 본문에 대한 신중한 분석이 필요하고 전하고자 하는 메시지에 따라 등장인물과 구성을 엮어내야 할 것이다.

3. 이야기 대체식

4. 성경 이야기의 적용
  1) 이러한 유형에서는 이야기 속에 사용된 에피소드별로 적용할 수도 있겠고 대화를 통해서 찾아낸 메시지 별로 적용할 수도 있을 것이다.
  2) 적용은 일상생활이나 실제 생활과 동떨어진 것을 택하기보다는 삶과 밀접한 관계가 있는 것을 선택할 때 적용의 효과를 낼 수 있을 것이다.

5. 이 설교 방법론의 강점과 약점
  1) 강점 - 너무 잘 알려져 있거나 내용 이해가 어려운 본문을 이야기를 통해 쉽게 메시지를 찾아낼 수 있다.
  2) 단점 - 적절하지 못한 이야기를 만들었을 때 성경의 중요한 메시지를 많이 담을 수 없을 것이다. 이야기를 만들 때 신중해야만 할 것이다.

4. 이야기 전환식

4. 이야기 전환식(Alternating the story)

제목; 나사로의 부활과 부활 신앙
본문; 요한복음 11:20-27

마르다는 예수님께서 오신다는 소식을 듣고 예수님을 마중 나갔고, 마리아는 집에 남아 있었습니다.

마르다가 예수님께 말했습니다. "주님, 주님께서 여기 계셨더라면 제 오빠가 죽지 않았을 것입니다. 그러나 지금이라도 주님께서 하나님께 구하시는 것은 무엇이든지 하나님께서 주시리라는 것을 알고 있습니다."

예수님께서 말씀하셨습니다. "네 오빠가 다시 살아날 것이다." 마르다가 대답했습니다. "마지막 날에 있을 부활 때, 제 오빠가 다시 살아난다는 것을 제가 압니다." 예수님께서 마르다에게 말씀하셨습니다. "나는 부활이요 생명이다. 나를 믿는 사람은 설령 죽는다 해도 살 것이며, 살아서 나를 믿는 사람은 그 누가 되었든지 결코 죽지 않을 것이다. 네가 이것을 믿느냐?" 마르다가 대답했습니다. "네, 주님. 저는 주님께서 그리스도이시며, 세상에 오시기로 한 하나님의 아들이심을 믿습니다."

저에게는 초등학교 6학년 때의 경험이 지금도 생생하게 남아 있습니다. 저의 어머니는 모태 신앙인으로 16세에 불신자이신 아버지와 결혼하심으로 아버지와 시댁의 핍박 속에서 험난한 삶을 사셔야 했습니다. 저희 어머님은 그때부터 아버지의 구원을 위해 18년 동안 기도 끝에 아버지가 극적으로 스스로 담배를 끊으시고 교회에 나가시는 기적을 체험하게 되었습니다.

4. 이야기 전환식

　　　　그러나 그것이 끝이 아니었습니다. 아버지가 교회에 나가시기 시작된 지 몇 년이 되지 않아 어머니는 30대 후반에 의사로부터 치명적인 진단을 받게 됩니다. 다리에 이상한 통증이 있어 병원에 가셨는데 다리가 썩어 들어가고 있으니 즉시 다리를 잘라야만 된다는 진단이었습니다. 저희 어머니는 청천벽력 같은 그 진단에 한동안 마음이 너무 혼란스러웠다고 합니다. 그 때에 저희 어머니는 이미 9남매의 자녀를 낳으셨고 다리 하나 없이는 그 당시 가난한 가정 형편상 아이들을 제대로 키울 수 없다는 판단이 섰기 때문이었습니다.

　　　　그래서 저희 어머니는 하나님께 전적으로 매달리기로 결심하셨습니다. 오랫동안 하나님만 의지하고 기도에 전념하시는 동안 하나님께서 많은 은혜를 주셨습니다. 다리의 통증이 거짓말처럼 사라졌고 다리가 완전하게 회복되는 기적이 일어났습니다. 그리고 그것만이 아니었습니다. 저희 어머니께서는 그 기도를 통해 온갖 은사를 체험하게 되었습니다. 방언의 은사, 통변의 은사, 신유의 은사, 말씀의 은사, 예언의 은사를 다 체험하게 되었습니다. 그래서 그 후로 저희 시골 동네에서 많은 신자를 돕는 사역을 하게 되었습니다.

　　　　그런데 기도를 통해 많은 은혜와 축복을 경험하신 저희 어머니는 색다른 헌신을 하게 됩니다. "하나님! 기도가 얼마나 좋은 것인 줄 알았습니다. 제가 평생 기도할 수 있도록 도와주세요! 제가 기도하지 않고는 못 견디게 도와주세요!" 제가 볼 때 좋은 헌신이었지만 마지막 부분은 아주 위험한 헌신이었다고 생각됩니다. 하나님께서 그대로 응답해 주셨기 때문입니다. 저희 어머니는 돌아가시기 전까지 매일 세 시간씩 기도하셨습니다. 기도하지 않게 되면 그날은 하루 종일 아프셨기 때문에 기도하지 않고 못 견디게 된 것이었습니다.

　　　　얼마 후 그렇게 기도하시던 어느 날이었습니다. 그때는 우리 집의 막내인 제가 초등학교 6학년이 되었을 때였습니다. 저희 어머니께서는 기도 응답이 참으로 이상하다고 말씀하셨습니다. 하나님께서 자신에게 이상한 내용을 계속 반복적으로 말하게 하신다는 것이었습니다. "너는 60세에 너의 인생을 마감해야 한다. 너는 60세까지만 살게 될 것이다."라는 말을 기도할 때마다 스스로 말하게 된다는 것이

4. 이야기 전환식

었습니다. 그래서 우리 가족은 모두 어머니의 죽음에 대해 걱정하게 되었습니다. 우리 집에서 가장 어렸던 저는 그것이 충격이었습니다. 8년 후면 저희 어머님이 돌아가실 것을 생각하니 너무도 무서웠습니다.

사실 저는 그때부터 죽음이라는 것이 너무나 큰 두려움이었습니다. 어머니가 돌아가신다는 사실이 저에게는 무섭기만 했습니다. 중학생이 되어서도 저에게는 죽음의 문제가 제 생각을 떠나지 않았습니다. 저는 모태 신앙인이었고 계속 교회를 잘 나갔었지만 죽음의 문제는 신앙과는 별개의 문제처럼 보였습니다.

그런데 중학교 2학년이 되어 여름 수련회에 갔다고 저에게 놀라운 일이 일어났습니다. 마지막 날에 주님께서 저를 개인적으로 만나주셨기 때문입니다. 그 마지막 날 밤의 말씀 주제는 영원한 생명에 관한 것이었습니다. 예수님의 죽음이 우리에게 어떤 의미가 있는지를 하나님께서 깨닫게 해 주셨습니다. 예수님의 죽음은 나의 죽음, 우리 어머니의 죽음을 위한 것이었고 그 예수님을 구주로 모시고 산다는 것은 우리가 영원히 사는 것을 의미하며 육체적으로 죽는 것은 일시적인 것으로 결국 우리의 육체마저도 부활할 것이기 때문에 신앙인은 죽음을 두려워할 필요가 없다는 확신을 갖게 된 것입니다.

우리 모든 식구는 어머니가 60세에 돌아가실 것이라는 말을 듣고 어머니의 생명 연장을 위해 기도를 시작했었습니다. 히스기야왕의 15년의 생명 연장을 생각하며 기도하기로 했던 것입니다. 저의 죽음 문제가 해결되기 전에는 기도하면서도 죽음은 저에게 두려움이요 공포였습니다. 그러나 저에게 죽음 문제가 해결된 다음에는 하나님께서는 생명도 주관하시기에 믿음을 가진 사람은 하나님께서 그의 수명도 연장해 주실 수 있다는 믿음으로 밤과 낮으로 모든 식구가 함께 기도했습니다. 특히 매일 밤 가정예배 시간마다 어머니 생명 연장이 우리 가족의 가장 중요한 기도 제목이었습니다.

그러한 기도는 8년 동안 계속되었습니다. 그리고 8년 후, 저희 어머니가 60세가 되던 해에는 정말 긴장되는 한 해가 되었습니다. 과연 저희 어머니가 60세에 돌아가실 것인가? 아니면 하나님께서 우

4. 이야기 전환식

리들의 기도를 들으시고 어머니의 생명을 연장해 주실 것인가? 저희 어머님은 60세를 넘기셨습니다. 그리고 저희 어머니는 2013년 7월 17일에 주님의 품에 안기셨습니다. 몇 세에 돌아가신 줄 아십니까? 92세 셨습니다. 하나님은 히스기야왕의 경우보다 두 배에 해당하는 생명 연장을 허락하셨던 것입니다.

우리는 오늘의 성경 이야기에서 인간의 죽음, 부활, 영생이 어떻게 해결되고 있는지를 배울 수 있습니다. 그것은 바로 나사로의 부활 이야기를 통해서입니다. 그렇다면 우리 모두 나사로의 이야기를 다시 한번 들어 볼까요? 그리고 그 이야기가 주는 교훈도 알아볼까요?

베다니란 마을에 두 자매와 그들의 한 오빠가 함께 살고 있었습니다. 마리아와 마르다 자매는 나사로의 동생들이었습니다. 그 가족은 예수님과는 각별한 관계였는데 예수님께서는 그 가족을 사랑하셨습니다. 또한 그 마리아는 예수님께 향유를 붓고 그녀의 머리카락으로 주의 발을 닦음으로 주님의 죽음을 준비했던 여인이었습니다.

그러던 어느 날 그 두 자매의 오빠 나사로가 심각한 병에 걸렸습니다. 겁이 난 두 자매는 예수님께 사람을 보내어 주님께서 사랑하시는 나사로가 심각한 상태라고 알렸습니다. 그 소식을 들은 예수님께서는 "이 병은 죽을병이 아니다. 그것은 하나님께 영광을 돌리기 위함이요 하나님의 아들이 그로 인해 영광을 받게 될 것이다!"라고 말씀하셨습니다.

그러고는 병든 나사로가 살고 있는 베다니로 즉시 출발하시지 않고 오히려 그 계시던 곳에 이틀이나 더 머무셨습니다. 이틀 후에 제자들에게, "이제는 유대로 다시 가자!"라고 말씀하셨습니다. 그러자 제자들은, "선생님! 바로 얼마 전에도 유대인들이 돌로 치려고 했는데 다시 그곳으로 간단 말입니까?"라고 반문했습니다.

그러나 예수님께서는, "낮은 열두 시간이다. 사람이 낮에 다니게 되면 이 세상 빛을 볼 수 있기 때문에 넘어지지 않는다. 그러나 밤에 다니게 되면 그 사람 안에는 빛이 없어서 넘어지게 된다."라고

4. 이야기 전환식

말씀하셨습니다.
　　　　그 말씀을 하시고는, "우리 친구, 나사로가 잠들었구나. 내가 깨우러 가야겠구나!"라고 말씀하셨습니다. 그러자 제자들은, "주님 그가 잠이 들었다면 곧 낫겠습니다!"라고 말했습니다. 예수님은 나사로가 죽었다는 의미로 그렇게 말씀하신 것인데 제자들은 나사로가 잠들어 쉬고 있다고 말씀하신 것으로 알아들었습니다. 그래서 예수님께서는 다시 분명하게 말씀하셨습니다. "나사로가 죽었다! 그러나 내가 그곳에 있지 않은 것을 오히려 기뻐한다. 왜냐하면 그것이 결국 너희에게 나를 믿게 할 것이기 때문이다. 이제 우리가 그에게로 가자!" 디두모라고 불리던 도마가 다른 제자들에게 빈정거리듯 말했습니다. "우리도 주님과 함께 죽으러 가자!"
　　　　드디어 예수님과 그의 제자들이 베다니에 도착하셨습니다. 그때는 이미 나사로가 죽어 무덤에 들어간 지 나흘이나 되었습니다. 사실상 베다니는 예루살렘에서 3km 정도밖에 되지 않는 곳이었습니다. 그래서 예루살렘으로부터 많은 사람들이 나사로의 죽음에 대해 듣고 마르다와 마리아를 위로하기 위해 와 있었습니다.
　　　　마르다는 예수님께서 오고 계신다는 말을 듣고 동네 앞으로 마중을 나갔고 마리아는 집에 앉아 있었습니다. 예수님을 만난 마르다는 예수님께 자신의 서운한 마음을 그대로 드러냈습니다. "주님! 주님께서 여기 계셨다면 저희 오빠가 죽지 않았을 것입니다! 그러나 저는 주님께서 지금이라도 하나님께 무엇이든지 구하시면 하나님께서는 그것을 들어주실 것을 믿고 있습니다." 그러자 주님께서는, "너의 오빠가 다시 살아나게 될 것이다!"라고 말씀하셨습니다. 마르다가 말했습니다. "저희 오빠도 마지막 날 부활 때에는 다시 살 것을 제가 알고 있습니다."
　　　　그러나 예수님께서 다시 말씀하셨습니다. "나는 부활이요 생명이다. 나를 믿는 자는 죽어도 살겠고 살아서 나를 믿는 자는 영원히 죽지 않게 된다! 네가 이 사실을 믿느냐?" 그러자 마르다는 대답했습니다. "주님! 그렇습니다. 주님은 그리스도이시고 세상에 오시는 하나님의 아들이신 것을 제가 믿습니다."

4. 이야기 전환식

　　　　이렇게 말한 마르다는 집으로 돌아가 동생 마리아를 살짝 불렀습니다. "선생님께서 너를 부르고 계신다!" 이 말을 듣고 마리아는 급히 일어나 예수님이 계신 곳으로 달려갔습니다. 그때까지 예수님은 마을로 들어오시지 않고 마르다를 만나셨던 곳에 그대로 계셨습니다. 마리아가 급히 일어나 달려 나가자, 그들을 위로하기 위해 와 있었던 유대인들은 그녀가 무덤에 가서 울기 위해 간다고 생각하여 그녀를 따라갔습니다.

　　　　마리아는 예수님을 만나자, 그 발 앞에 엎드려 말했습니다. "주님이 여기 계셨다면 저희 오빠가 죽지 않았을 것입니다!" 예수님께서는 마리아가 우는 것과 그녀를 따라온 유대인들이 우는 것을 보시고 마음이 슬퍼져 불쌍히 여기는 마음이 생겨 이렇게 물으셨습니다. "나사로의 시신을 어디에 두었느냐?" 그러자 마리아는, "주님 와서 보세요!"라고 대답했습니다. 그때 예수님께서는 눈물을 흘리셨습니다. 그것을 본 유대인들은 이렇게 말했습니다. "예수님은 그를 정말 사랑하셨구나!" 하지만 어떤 사람은, "아니 맹인의 눈도 뜨게 하신 분이 나사로가 죽지 않도록 할 수는 없었는가!"라고 빈정댔습니다.

　　　　예수님께서는 다시 한번 마음속 깊이 슬픔을 느끼셨습니다. 그리고 무덤으로 가셨습니다. 그 무덤은 굴로 된 것이었는데 그 입구를 돌로 막아놓았습니다. 예수님께서는 사람들에게, 입구를 막고 있는 "돌을 옮겨 놓아라!"라고 말씀하셨습니다. 그러자 마르다가 말하기를, "주님! 죽은 지가 나흘이나 되었습니다. 벌써 썩은 냄새가 납니다." 그러나 예수님께서는 다시 말씀하셨습니다. "'내 말이 네가 믿으면 하나님의 영광을 보게 될 것이다'라고 말하지 않았느냐?"

　　　　사람들이 무덤의 입구를 막고 있는 돌을 옮겨 놓자, 예수님께서는 눈을 들어 하늘을 우러러보시면서 말씀하셨습니다. "아버지여! 제 말을 들으신 것을 감사합니다. 항상 제 말을 들으시는 줄을 제가 알고 있습니다. 하지만 이렇게 말씀드리는 것은 여기에 둘러서 있는 사람들을 위해서입니다. 아버지께서 저를 보내셨다는 사실을 저 사람들이 믿을 수 있도록 하기 위함입니다."

　　　　이 말씀을 하시고는 큰 소리로 외치셨습니다. "나사로야 나

4. 이야기 전환식

오느라!" 그러자 죽었던 나사로가 얼굴이 천으로 가려지고 손발이 베로 묶인 채로 걸어 나왔습니다. 예수님께서는, "풀어 주어 다닐 수 있게 하라!"라고 말씀하셨습니다.

이 사건을 본 많은 유대인은 예수님을 믿게 되었습니다. 그러나 그중에는 바리새인들에게 가서 예수님께서 하신 일을 알려주는 사람도 있었습니다.

여기까지가 오늘 우리에게 주시는 하나님의 말씀, 성경 이야기입니다.

제가 지금까지 해드린 저의 어머니 이야기와 나사로 이야기는 모두 죽음과 관련된 해피엔딩 이야기입니다. 그러나 우리는 이 세상에서 죽음과 관련하여 해피엔딩 이야기만 있는 것이 아닙니다.

저에게 있어 선교지에 있었던 2004년은 매우 힘든 한 해였습니다. 주님께서는 그 한 해에 저에게서 가까운 세 사람을 차례로 데려가셨기 때문입니다. 맨 처음으로 저의 친구를 데려가셨습니다. 제가 인도네시아에서 한국에 잠깐 들어왔을 때 저의 친구 중에서 고등학교 동창 친구가 암으로 수술을 받고 병원에서 항암치료를 받고 있음을 알게 되었습니다.

제가 병원에 갔을 때 하마터면 못 알아볼 뻔했습니다. 너무 말라서 다른 사람 같았습니다. 머리도 다 빠지고 손을 잡았는데 뼈만 잡히는 것 같았습니다. 그 친구는 저를 보자 울면서 말했습니다. "연수야! 미안하다! 그동안 나는 네가 정글에서 그렇게 고생하며 주님의 일을 하고 있다는 이야기를 들었지만, 한 번도 후원하지 못했구나! 이번에 내가 치료가 끝나면 한 달에 20만 원(약 200불)씩 후원하고 싶어!" 그래서 제가 말렸습니다. "아니야! 괜찮아! 네가 출석하는 교회가 후원하는 것이 너도 후원하는 것이나 마찬가지야!" 그러자 그는 "그래도 지금까지 한 번도 후원하지 못했으나 이제부터라도 매달 그렇게 후원하고 싶어서 그래!" 그래서 저는 그렇게 하라고 말했습니다.

그런데 그 뒤 열흘 뒤에 주님께서 그를 불러가셨습니다. 그의 죽음은 죽음이라는 것에 대해 한 번 더 생각하게 했습니다. 인생이 너무나 허무했습니다. 그리고 이제는 내 나이도 죽을 수 있으며,

4. 이야기 전환식

정말 올 때에는 순서가 있지만 갈 때에는 순서가 없다는 말이 실감 나 허무했습니다. 그러나 그의 죽음이 저의 삶과 사역에는 거의 영향을 끼치지 못했습니다. 그와는 오래전에 헤어져 긴밀한 교제가 없었고 또한 그가 저의 삶과 사역에는 직접 관련이 없었기 때문입니다.

그해에 다시 얼마 뒤에 저의 큰 형님이 주님의 부름을 받았습니다. 그때 60세도 되지 않았을 때입니다. 그 형님은 4남매의 자녀를 두고 있었습니다. 그런데 갑자기 주말에 집에 있을 때 심장마비가 와서 주님의 부름을 받게 된 것입니다. 참으로 허망했습니다. 그 형님과 나 사이에 있었던 온갖 추억들이 떠올랐습니다. 제가 서울에 올라와 결혼하기 전에 그 집에서 8년이나 살았기 때문에 더 많은 추억이 있었습니다. 그래서 더 허전하고 허망했습니다. 네 명의 조카들을 남기고 떠난 형님의 죽음이 안타까웠습니다. 그러나 그 형님의 죽음도 저의 삶과 사역에 큰 영향을 주지 못했습니다. 그 형님과 헤어져 산 지 오래였고 저의 삶과 사역에 직접적인 관계가 없었기 때문일 것입니다.

그러나 같은 해 9월 1일 한 형제의 죽음은 저의 삶과 사역을 송두리째 흔들어 놓았습니다. 제가 속해 있는 성경번역선교회는 한국에 15개의 지부를 가지고 있습니다. 그리고 그 지부들에는 헌신적으로 일하시는 간사님들이 있습니다. 그분들은 제대로 사례를 받지 못하고 거의 자원봉사처럼 사역하는 분들이었습니다. 그분들의 또 다른 문제는 그분들은 거의가 성경번역현장을 가보지 못한 분들이었습니다.

그래서 제가 그분들을 도전했습니다. 저의 사역지에 초청하고 싶었습니다. 저의 사역지는 한국에서 가기에는 오랜 시간이 걸리고 상당히 많은 돈이 드는 곳이었습니다. 한국에서 출발하여 3일 만에 정글 마을까지 들어갈 수 있으며 그 당시 인도네시아의 수도인 자카르타까지 가서 국내선으로 갈아타야 하는데, 그 당시 국제선이 왕복 800불, 다시 국내선이 왕복 700불, 정글 저의 마을까지 경비행기를 타야만 되고 정글 왕복 경비행기 비용이 다시 300불, 그래서 1,800여 불이 들기 때문이었습니다. 그래서 각자가 모금하고 저도 모

4. 이야기 전환식

금하여 돕기로 했고 8명의 간사님이 그 선교여행에 참가하게 되었습니다. 그분들은 저희 정글 마을에 오셔서 참으로 많은 일을 했습니다. 성경학교, 의료봉사, 저의 집수리, 우물 파기 등등 많은 수고를 아끼지 않았습니다.

그래서 저는 그곳을 떠나기 이틀 전에는 아주 경치가 좋은 바닷가에 가서 한나절 쉬게 한 후에 한국에 보낼 계획을 세워놓았습니다. 우리는 배를 빌려서 사람들이 살고 있지 않은 해안으로 이동하여 열대 물고기와 산호를 구경하는 시간을 갖게 되었습니다. 한참 구경을 하고 있을 때 저는 물에서 나와 야자나무 밑에서 바다를 보고 있었는데 갑자기 일행들의 수를 세어보고 싶었습니다. 그래서 숫자를 세어보니 한 명이 모자랐습니다. 그럴 리가 없다고 생각되어 다시 세어보았습니다. 여전히 한 명이 부족했습니다.

그래서 제가 소리를 쳤습니다. 모두 엎드리어 물고기와 산호를 구경하던 형제자매들은 물 위에 엎드려 있다가 모두 일어났습니다. 한 명이 모자란다고 하자, 그들은 곧 대전지부 간사 윤 배영 형제가 보이지 않는다고 했습니다. 그래서 네 명이 바다에서 나와 두 명씩 양쪽 해안을 달리면서 찾아보도록 했습니다. 그 형제가 그곳에는 없었습니다. 우리는 모두 바다에 들어가 줄을 지어 찾아보기로 했습니다. 그렇게 찾기 시작한 지 30여분 만에 그 형제를 찾았습니다. 그 형제는 검은 티셔츠에 짙은 감색 청바지와 검은 장비를 착용하고 물속 검은 바위 위에 엎드러져 있었습니다. 나중에 알게 된 것이지만 그 형제에게 갑작스러운 심장마비가 찾아왔고 그래서 바다를 구경하다가 조용히 가라앉은 것이었습니다.

그때 저는 거의 정신이 없었습니다. 그 형제는 26세였습니다. 대학을 마치고 공군으로 군복무를 마치고 신학교를 준비하고 있는 형제였으며, 성경번역선교 후보생이었고 그 집의 외아들이었습니다. 우리는 그 형제를 모래 위에 뉘어놓고 심폐소생술을 실시했고 다른 모든 형제자매는 하나님께 전심으로 기도했습니다. 저는 하나님께 이렇게 기도했습니다. "하나님! 이 형제를 살려 주세요! 이 형제가 이대로 죽으면 저는 어떻게 선교합니까? 이 형제의 아버지는 외아들인

4. 이야기 전환식

이 형제가 선교하는 것을 원치 않고 있습니다. 이 형제가 죽으면 제가 이 일의 책임자로서 앞으로 제가 어떻게 이곳에서 선교를 계속할 수 있겠습니까? 죽은 나사로는 죽은 지 나흘이나 되었는데 살리셨잖습니까? 이 형제는 한 시간도 되지 않은 것 같습니다. 제발 살려주세요!"

그러나 우리들의 울부짖는 기도는 아무 소용도 없는 듯했습니다. 그 형제는 살아나지 않았습니다. 저는 크게 실망했습니다. 그리고 정말 어려운 시간을 보냈습니다. 한국에 시신을 옮겨 그 형제의 교회에서 장례식을 치르는 내내 정말 힘들었습니다. 그리고 장례식이 끝나면 저는 선교사를 사임하려고 마음을 먹었습니다.

그런데 모든 장례식 절차가 끝나고 모든 사람이 막 흩어지려고 하는데 죽은 배영이의 아버지, 윤 진수 집사님께서 저에게 오셔서 간증 시간을 달라고 하셨습니다. 그분의 얼굴은 붉었고 장례식 내내 우셨기 때문에 눈은 퉁퉁 부어 있었습니다. 막 교회당을 떠나려고 하는 성도들을 다시 모아서 앉게 한 다음 윤 집사님의 간증을 듣게 되었습니다. "저는 조금 전까지 하나님이 원망스럽고 여기 있는 선교사님, 단체, 아니 모든 사람이 원망스러웠습니다.

그런데 마지막 예배 시간에 하나님께서 저의 마음속에 강한 깨달음의 말씀을 주시는 것 같았습니다. 하나님께서는 이렇게 말씀하시는 것 같았습니다. '이제 내 마음을 알겠니? 내가 내 아들 예수를 너희를 위해 죽도록 내어주었을 때 내 마음이 너의 마음과 같았다. 나는 네가 너의 아들이 그렇게 하기를 원했었던 일을 네가 대신하기를 원한다.' 저는 이제야 저의 남은 인생이 해야 할 일이 무엇인지를 알게 되었습니다. 여러분! 제가 이 일을 잘 감당할 수 있도록 기도해 주세요!" 그분의 간증은 이러한 내용이었습니다.

저는 하나님에 대해서 지금도 서운하고 이해하지 못하는 부분이 있습니다. "하나님! 그 형제를 잘 준비시키셔서 훌륭한 선교사로 사용하시면 안 되셨나요?" 그러나 제가 확신하는 것이 있습니다. 그 일이 우리 모두에게 하나님의 놀라운 뜻을 이루는 최선이었다는 것입니다. 함께 그곳에 갔던 8명의 간사님은 그 사건을 통해 모두 성경

4. 이야기 전환식

번역선교사로 헌신했습니다.

그들 중 한 분은 하나님 나라에 먼저 갔고, 그중의 6명이 지금 사역지에 나가 있습니다. 그 후에 배영이의 아버지 윤진수 집사님은 전국에 6개 도시에 동역자 기도 모임을 자비량으로 만드셨고, 어머니는 신학교에 가셔서 목사님이 되신 후에 대전에서 기쁨교회를 개척하셨습니다. 그리고 배영이 시신이 선교지를 떠나기 전에 간단한 장례식을 치렀는데, 그때 세 분의 선교사님들이 자신이 사역보다는 취미 생활을 더 열심히 하였다는 것과 사역에는 너무 헌신하지 못했음을 회개하고 사역에 전념하겠다고 재헌신을 했었습니다.

또 한 가지 확실한 것은 그 형제가 지금 천국에 있다는 것과 우리 모두 이곳에서 삶을 마치면 모두 그곳에 가게 되기 때문에 죽음이 두렵지 않으며 그 영원한 생명을 아직도 모르는 사람들에게 나누어주어야 한다는 것입니다.

그렇다면 오늘의 성경 이야기가 우리에게 주는 교훈을 정리해 보도록 하겠습니다.

첫째로, 마르다와 마리아에게 나사로의 죽음은 현실이었고 실제였으며 나사로가 부활할 것이라는 주님의 말씀이 처음에는 그 두 사람에게 먼 미래의 막연한 소망으로 생각되었을 것입니다. 그러나 오늘 이야기에서 나사로의 실제적인 부활은 그 두 사람에게 부활에 대해 확신해 주었고, 오늘날의 신자들에게 부활이 실제이며 현실임을 보여줍니다.

부활 사건은 앞으로 있게 될 먼 이야기만이 아닙니다. 그저 소망으로만 갖게 될 일이 아닙니다. 부활은 지금 여기에 우리에게 와 있으며 모든 신자가 겪게 될 실제적인 사건인 것입니다. 우리들의 죽음은 현실입니다. 우리는 반드시 죽을 것입니다. 그러나 우리에게는 또 하나의 현실이 있습니다. 실재하는 사건이 있습니다. 우리가 반드시 부활하리라는 것입니다. 죽음이 현실인 것처럼 부활도 현실이라는 믿음을 확실하게 가져야 할 것입니다.

둘째로, 나사로의 부활은 예수님의 부활이 모든 신자 부활의

4. 이야기 전환식

첫 열매요 부활의 실증적이고 실제적인 증거임을 보여줍니다. 주님은 이 세상에 계실 때 세 사람을 살리셨습니다. 나인성 과부의 아들, 회당장 야이로의 딸 그리고 나사로입니다. 이것은 어쩌면 모든 종류 인간의 대표들이라는 생각을 갖게 합니다. 야이로의 딸은 여자였고 나인성 과부의 아들과 나사로는 남자였습니다. 야이로의 딸은 아이였고 과부의 아들과 나사로는 성인이었습니다. 과부의 아들이 아마도 청년이었다면 나사로는 청년기를 벗어난 남자 어른으로 보입니다. 야이로의 딸이 죽은 후 얼마 되지 않아 살리심을 입었다면 나인성 과부의 아들은 장례식을 치르고 있는 동안에 살리심을 받았습니다. 그런가 하면 나사로는 장례식까지 끝나고 이미 시신이 썩기 시작했을 때 살리심을 받았습니다.

그리고 이 세 사람들은 모두 늙을 때까지 산 것이 아니고 생각보다 일찍 죽은 사람들이었습니다. 주님의 부활 대상에는 성별, 나이, 시대와 관계없이, 모든 인간, 모든 상태에 있는 인간이 들어감을 보여주고 있습니다. 그 세 사람이 모두 주님에 의해 부활했습니다. 결국 주님 안에 있는 모든 사람은 그가 어떤 사람이든지 부활하게 될 것입니다.

셋째로, 어떤 불행은 하나님의 영광을 드러내기 위해 하나님의 의도된 사건일 수 있음을 아는 것이 중요합니다. 마르다와 마리아는 둘 다 주님을 만나자마자 주님께서 거기 계셨다면 나사로가 죽지 않았을 것이라고 말함으로 그들의 서운한 마음을 드러냈습니다. 그들은 주님이 거기에 계셨다면 나사로를 위해 뭔가를 하셨을 것이고 그렇다면 나사로는 살 수 있었다고 믿었던 것입니다.

그러나 예수님께서는 더 크고 더 놀라운 일을 준비하셨습니다. 나사로가 죽은 다음에 오셔서 그를 살리심으로 자신이 바로 부활의 주님이심을 보여주시길 원하셨던 것입니다. 하나님께서는 때로는 죽음을 통해서도 우리가 생각지도 못했던, 기대하지도 않았던 놀라운 일을 행하시는 분이십니다. 우리의 살고 죽는 것은 하나님께 달려 있으며 하나님께서는 우리의 살고 죽음을 하나님의 뜻에 따라 결정하시는 분이십니다. 때때로 우리가 기대하는 대로 우리가 바라는 대로

4. 이야기 전환식

죽고 사는 것이 되지 않을 수 있습니다. 그러나 그런 일로 실망할 필요가 없습니다. 하나님께서 우리들의 삶과 죽음을 결정하시는데 우리의 기대대로 되지 않았다고 해서 우리가 손해 보는 것이 아닙니다. 하나님의 뜻이 이뤄지면 그것이 우리에게 최선인 것입니다.

넷째로, 죽지 않고서는 부활의 영광을 체험할 수 없습니다. 주님은 오늘 이야기에서 나사로의 부활을 통한 하나님과 예수님의 영광 받으심을 강조하고 있습니다. 주님께서는 심지어 일부러 일정을 늦추어 나사로가 죽은 다음에야 베다니에 도착하셨습니다. 나사로가 죽어야 나사로를 다시 살리시는 기적을 보여주실 수 있었기 때문입니다. 주님께서는 십자가에서 죽으셨기 때문에 우리를 위해 부활하셨습니다.

예수님께도 십자가의 고난 없이 부활의 영광이 있었던 것이 아닙니다. 고난 없이 영광은 없습니다. 그런 점에서 그리스도인이 마땅히 감당해야 할 고난을 말하지 않으면서 영광만을 강조하는 것은 문제가 있습니다. 우리는 죽음을 두려워할 필요가 없습니다. 우리가 죽어야 비로소 부활의 영광을 체험하게 되기 때문입니다. 죽음은 끝이 아니고 부활 영광의 시작인 것입니다. 그러므로 영원한 생명을 얻은 사람에게는 죽음이 부활 영광의 서막과 같은 것이지만 영원한 생명을 얻지 못한 사람들에게는 죽음이 영원한 죽음의 시작이기 때문에 이 복음을 받지 못한 사람들에게 이 복음을 들려주는 것은 심각하고 엄청난 일임을 알아야 할 것입니다.

4. 이야기 전환식

설교 분석

1. 성경 이야기 사용
   1) 일반 이야기 둘을 나눈 다음에 성경의 이야기를 그대로 사용했다.
   2) 선택된 성경 이야기는 다른 이야기와의 상호 관계에서 다른 시각으로 볼 수 있는 도움을 얻을 수 있다.

2. 성경 이야기 해석과 설명
   1) 다른 이야기들을 통해서 성경 이야기의 내용이 충분히 설명되는 효과를 얻고 있다.
   2) 세 이야기를 모두 한 다음에 종합 부분에서 선택된 성경 이야기를 새로운 시각에서 더 설명할 수 있게 된다.

3. 성경 이야기와 다른 이야기
   1) 선택된 다른 이야기와 성경 이야기는 같은 주제이면서 다른 면들을 가지고 있다. 그래서 선택된 주제에 대해 폭넓은 시각을 확보할 수 있게 된다. 이야기를 전환해 가면서 들려줌으로 그 이야기들이 갖는 풍성한 메시지들을 찾아낼 수 있게 된다.
   2) 그런 점에서 다른 이야기와 성경 이야기는 동떨어진 이야기들이 아니다. 서로 다르면서 공통 주제를 갖고 있는 이야기들이기 때문이다.

4. 성경 이야기의 적용
   1) 각각의 이야기들이 적용점을 가질 수 있다. 그럴 때 하나의 이

4. 이야기 전환식

야기가 끝낼 때마다 적용점을 언급할 수 있을 것이다.

  2) 아니면 종합 내지는 결론 부분에서 각각의 이야기에 대한 적용이나 전체 주제에 대한 적용을 정리할 수 있을 것이다.

5. 이 설교 방법론의 강점과 약점

  1) 강점 - 풍부한 이야기를 통해 설교 전체가 지루하지 않고 흥미진진함과 신선함을 유지할 수 있다. 또한 그 이야기들의 상관성을 통해서 성경 이야기의 특별한 시각을 부각할 수 있다.

  2) 단점 - 잘못하면 본문 이야기의 메시지가 약화할 수 있거나 핵심 메시지가 산만해질 수도 있을 것이다. 그러므로 다른 이야기들을 선정할 때 심사숙고해야 할 것이다.

5. 이야기 회귀식

5. 이야기 회귀식(Returning the story)

제목; 닫힌 인생을 향한 주님의 초청
본문; 마가복음 7:31-37

미국 펜실바니아주 세인트 데이비스시(市)에 있는 이스턴 대학의 사회학 교수이자 목회자이기도 한 토니 캠폴로(Tony Campolo) 목사가 하와이를 여행하던 중 경험한 이야기입니다. 캠폴로 목사는 식당을 찾아 간단한 요기를 하고 싶었습니다. 하와이는 미국 본토와는 6시간 시차가 있어 그곳 새벽 3시라면 본토는 아침 9시였기에 배가 매우 고팠던 것입니다. 한참을 헤맨 끝에 한 음식점을 찾았는데 그 식당은 그렇게 깨끗한 곳도 가고 싶은 곳도 아니었고 또한 식당 이름도 "기름에 찌든 숟가락(Grimy Spoon)"이었습니다. 선택의 여지가 없었기 때문에 그는 그 식당에 들어가 한쪽 구석에 자리를 잡고 도넛 2개와 커피 한 잔을 주문했습니다. 그 식당에는 다른 손님이 한 명도 없었습니다.

드디어 주문한 음식이 나와 막 먹으려고 하는데 그 식당 안으로 화장(makeup), 옷차림(attire, dressing), 말투(harsh language)를 보아 길거리 여자분(street girls, prostitute)들로 보이는 8명 정도의 여성들이 들어왔습니다. 그들은 작은 식당의 중앙에 테이블을 붙여 자리를 잡았습니다. 그 사람들은 먼저 와 있었던 한 남성에 대해 아랑곳하지 않고 매우 큰 소리와 욕(abusive language)이 섞인 말로 대화를 나누었습니다. 그러다가 그 여자분들 중 한 사람이 이렇게 말했습니다. "얘들아! 내일이 나의 39번째 생일이야!"

5. 이야기 회귀식

그러자 약속이나 한 듯이 다른 모든 동료가 그녀에게 핀잔(rebuke)을 주었습니다. "그래서 어쨌다는 건데?", "아니 생일 파티라도 열어달라는 거야?", "생일 케이크라도 준비해 달라는 거야 뭐야?" 그러자 생일 이야기를 꺼낸 여자는 "아니, 그냥 그렇다는 거야! 내가 내 생일이라고 말도 못 하니?"라고 말하면서 화를 냈습니다. 그러자 다른 동료들은 왜 그 이야기를 여기서 꺼내는 거냐고 따져 물었고 그래서 그들의 시끄러웠던 대화는 이제 시끄러운 싸움(noisy quarrel)으로 번지고 말았습니다.

안타깝습니다. 왜 그 친구들은 그냥 말로라도, "그렇구나! 너의 생일이구나! 축하한다!"라고 말해 줄 수 없었을까요? 왜 그들에게는 그러한 인사치레 말조차 해 줄 수 있는 여유가 없는 것일까요? 왜 그런 사소한 일로 그렇게 서로 다투고 있는 것일까요?

왜냐하면 그들이 닫힌 인생(closed life)을 살고 있기 때문입니다. 그들의 어려운 삶, 밑바닥의 삶, 그러한 처지의 삶 때문에 그들의 마음이, 그들의 영혼이 닫혀 있기에 빈말이라도 동료의 생일에 축하한다고 말할 수 있는 작은 여유(small room of mind, composure) 조차 없는 것은 아니었을까요?

오늘 성경 본문에도 그와 같이 귀가 닫히고 입이 닫히고 마음이 닫힌 한 사람이 등장하고 있습니다. 그의 영혼마저 닫혀 있어 하나님의 사랑도 은혜도 알 수 없는 사람이었습니다.

오늘 성경 본문 말씀을 제가 이야기로 다시 한번 들려드리겠습니다. 주님께서 그 닫힌 인생을 위해 하셨던 사역이 오늘 우리에게 생생한 이야기로 전해지고 있기 때문입니다.

예수님께서는 두로와 시돈이라는 지역을 지나고 데가볼리 지역을 통과하여 갈릴리 호수가에 도착하셨습니다. 예수님께서 그곳에 도착하시자 그곳 사람들은 듣지 못하고 말도 제대로 하지 못하는 한 사람을 예수님께 데리고 왔습니다. 그들은 예수님께서 그 사람에게 안수해 주실 것을 간청했습니다.

그러자 예수님께서는 그 사람만을 다른 사람들로부터 따로 데리

5. 이야기 회귀식

고 가셨습니다. 그리고 그의 손가락을 그 사람의 양쪽 귀에 넣으신 다음에 다시 그의 손가락에 침을 뱉어 그 손가락을 그 사람의 혀에 대셨습니다. 그리고는 하늘을 우러러보시고 탄식하시면서 그에게 "에바다!"라고 말씀하셨습니다. 그 말의 뜻은 '열리라!'라는 것이었습니다. 그러자 바로 그의 귀가 열려 들을 수 있게 되었고 그의 혀가 풀려서 말을 분명하게 할 수 있게 되었습니다. 예수님께서는 거기 있는 사람들에게 아무에게도 이 일을 말하지 말라고 하셨습니다. 하지만 그럴수록 그들은 그 일을 많은 사람들에게 널리 알렸습니다. 그리고 그 일을 들은 사람들은 매우 놀랐습니다. 그러면서 이렇게 말했습니다. "그분이 잘하고 계신다. 그분은 못 듣는 사람을 듣게 하시고 말을 못하는 사람도 말하게 하신다!"

여기에 바로 귀가 닫히고 혀가 닫히고 그래서 마음이 닫히고 주님을 모르기에 그의 영혼이 닫혀버린 한 사람이 등장하고 있습니다. 우리는 그 사람의 이름이 무엇인지도 모릅니다. 그런데 그 사람이 오늘 사건 이야기에서 놀라운 일을 체험하게 됩니다. 그에게 닫혔던 모든 것이 활짝 열리는 일이 일어났기 때문입니다. 그렇다면 주님께서는 그렇게 몸과 마음과 영혼이 닫힌 사람을 위해 무슨 일을 하셨는지, 그에게 닫혀 있었던 것들을 어떻게 열어주셨는지를 살펴보도록 하겠습니다.

모든 이야기는 항상 그 배경이라는 것을 가지고 있습니다. 그것은 어느 장소에서 일어났는지에 대한 공간적 배경과 언제 그 일이 일어났는지를 알려주는 시간적 배경이 그것입니다.

그런데 오늘 이야기의 공간적 배경이 다른 이야기와는 좀 차이가 있습니다. 왜냐하면 그 장소를 설명하면서 놀랍게도 예수님께서 이 사건 전에 어떻게 이동하셨는지를 상세하게 설명하기 때문입니다. "두로와 시돈이라는 지역을 지나고 데가볼리 지역을 통과하여 갈릴리 호수가에 도착하셨습니다."라고 되어 있습니다. 기록자 마가가 오늘 사건에 대해 기록하기 전에 예수님의 여행 경로를 이렇게 상세하게 밝힌 것은 우연한 일이거나 의미 없는 일이 아닐 것입니다. "두로 - 시돈 - 데가볼리 - 갈릴리"까지의 여정은 그 지역에 대한 현대

5. 이야기 회귀식

의 도로로 계산해도 260km가 넘는 먼 거리입니다. 그 당시의 도보 길로 계산한다면 훨씬 더 먼 여정이었을 것입니다.

그렇다면 마가는 왜 이렇게 주님의 여행 여정을 상세하게 기록하고 있을까요? 아마도 그 이유는 지금 일어나고 있는 사건이 구약의 예언과 연결되어 있음을 보여 주기 위함이었을 것입니다. 이사야 9장 1절과 2절에 보면, "고통의 땅에 그늘이 걷힐 것이다. 옛날에는 여호와께서 스불론 땅과 납달리 땅으로 하여금 부끄러움을 당하게 하셨다. 하지만 앞으로는 지중해로 나가는 길(시돈과 두로)과 요단강 건너편(데가볼리), 그리고 북쪽으로는 이스라엘 백성이 아닌 외국인이 살고 있는 갈릴리까지, 이 모든 지역을 영광스럽게 하실 것이다. 어둠 속에 살던 백성이 큰 빛을 보고, 짙은 그늘의 땅에 살던 백성에게 환한 빛이 비칠 것이다."

이사야 선지자는 어두움 가운데 거했던 땅이 예수 그리스도가 오심으로 그 어둠이 거치고 빛의 땅으로 바뀔 것임을 예언하고 있습니다. 오늘 사건에 등장하는 어둠 가운데 거했기 때문에 듣지 못하고 말을 제대로 못 하는 사람이 빛을 보게 되어 듣고 말할 수 있는 일이 일어날 것임을 암시적으로 보여 준 것입니다. 그것은 8장에서 벳새다의 앞을 보지 못하는 사람이 예수 그리스도로 말미암아 보게 될 것임을 보여준 것입니다. 그러면서 이사야 선지자는 바로 그 일이 하나님께서 우리에게 보내신 한 아이, 한 아들로 말미암아 일어날 것이며 그 아들이 바로 기묘자며, 모사며, 전능하신 하나님이며, 영존하시는 아버지시며, 평강의 왕이심을 분명하게 밝히고 있습니다 (9:6).

그런가 하면 이 이야기의 시간적 배경에 대해서도 생각해 보아야 합니다. 이 사건 이야기의 바로 앞에는 이방 여인이었던 수로보니게 여인의 딸이 치료받는 사건(7:24-30)이 나옵니다. 그리고 그 수로보니게 여인 사건의 바로 앞에는 정결 논쟁(7:1-23)이 나옵니다. 특히 율법과 그 율법 준수를 무엇보다도 중요하게 여겼던 유대인들에게 "누가 정결한가?"의 문제는 매우 중요한 문제가 아닐 수 없습니다. 그 당시 유대인들은 하나님의 선택을 받은 자신들만 정결한 인간

5. 이야기 회귀식

이고 그들이 율법을 지킴으로 정결해질 수 있다고 믿었습니다. 그러면서 그들은 정결해지기 위한 많은 인간적인 규례들을 덧붙였습니다. 그러므로 그들 처지에서 본다면, 선택받지 못한 이방인이 정결해질 수 없다고 생각했습니다. 그런데 예수님께서는 사람이 규례를 지킨다고 인간이 정결해질 수 있는 것이 아니며, 오히려 그 사람을 더럽히는 것은 바로 사람의 속에서 나오는 것임을 강조하셨습니다. 인간은 율법 준수가 아닌 주님의 은혜로만 정결해질 수 있으며 그 정결해진 신자들에게 필요한 것이 바로 하나님의 법을 지키는 것임을 가르쳐 주셨습니다.

그러면서 더러운 귀신이 들렸던 수로보니게 여인의 딸을 치료해 주심으로 유대인들에게 무엇이 잘못된 것인지를 한 이방인의 치료를 통해서 보여 주셨던 것입니다. 그러므로 오늘 이야기도 바로 유대인들의 잘못된 정결관과는 다른 예수님의 정결관을 계속 해서 보여 주시는 사건으로 이해해야 할 것입니다. 그러므로 우리는 그러한 시간적 배경과 맥락 속에서 오늘 사건을 보아야 할 것입니다.

오늘 이야기에서 우리들의 주 예수 그리스도께서는 어두움 가운데서 살았던 그러한 닫힌 인생을 향해 몇 가지 중요한 일을 하셨습니다. 그것이야말로 바로 닫힌 인생을 향한 주님의 초청이었습니다. 그리고 그러한 일은 주님의 제자인 우리가 배워서 우리 주위에 있는 닫힌 영혼들을 향해서 우리가 실천해야 하는 일이기도 합니다.

무엇보다도 주님께서는 그 닫힌 사람을 보시자 마음속에서 우러나오는 깊은 탄식을 하셨습니다. 그분은 닫힌 인생을 보시자 탄식(deep sigh of grief)하시는 분이셨고 그의 슬픔을 보여 주시는 분이셨습니다. 34절에 "하늘을 우러러 탄식하시며"(ἐστέναξεν, He looked up to heaven and with a deep sigh)라고 되어 있는데 이것은 그분이 그 사람으로 인한 슬픔을 표현하셨다는 것입니다. 또한 이것은 갑갑한 상황에서 터져 나오는 신음과 같은 것이며 안타까운 마음에서 나오는 것입니다. 이 단어는 로마서 8장에서 우리가 "우리는 마땅히 기도할 바를 알지 못하나 오직 성령이 말할 수 없는 탄식(στεναγμοῖς ἀλαλήτοις)으로 우리를 이하여 친히 간구하시느니

5. 이야기 회귀식

라."(8:26)에서도 사용되었습니다.

놀랍게도 주님께서는 항상 그의 도움이 필요한 사람을 만나시면 그들을 불쌍히 여기시고 가슴 아파하셨습니다. 성경 기자들은 예수님의 그러한 마음을, "불쌍히 여기셨다!"(σπλαγχνίζομαι), 또는 "긍휼히 여기셨다!", 특히 마태는 "민망히 여기셨다!"라고 기록하고 있습니다. 누가는 그러한 예수님의 마음을, 아들을 잃고 슬퍼하는 나인성 과부를 보셨을 때, 선한 사마리아인의 비유에서는 그 사마리아인이 강도 만난 사람을 보았을 때 그의 마음을 통해, 돌아온 탕자 비유에서는 집 나간 아들이 돌아오고 있을 때 그 아들을 보고 있었던 아버지의 마음을 통해, 보여주었습니다. 그래서 학자들은 예수님의 자비가 나타나기 직전 예수님의 마음을 보여주는 단어이기 때문에 그 단어를 메시아 용어라고 말하기도 합니다.

그런데 헬라어에서는 그 동사들이 모두 한 명사에서 나온 파생어입니다. 그 명사는 바로 "스플랑크논"(σπλάγχνον)이라는 단어로, '인간이나 동물의 내장이나 심장'을 가리키는 명사입니다. 그래서 바울은 그의 빌립보서 1:8에서 "내가 예수 그리스도의 심장(ἐν σπλάγχνοις Χριστοῦ Ἰησοῦ)으로 너희 무리를 얼마나 사모하는지 하나님이 내 증인이시니라."라고 말하는데 거기서 "예수 그리스도의 심장"이 바로 그 단어입니다. 사도행전 1:18 그의 "모든 창자"(πάντα τὰ σπλάγχνα αὐτοῦ), 고린도후서 6:12 "너희 심정에서"(ἐν τοῖς σπλάγχνοις ὑμῶν)에서 같은 단어가 사용되었습니다. 그런데 그 명사가 동사로 파생되면 "불쌍히 여긴다." "긍휼히 여긴다."라는 단어가 됩니다.

그러니까 그러한 예수님의 마음을 어원학적으로 본다면, 예수님께서는 그러한 불쌍한 사람을 만나시면, "그의 내장이 심하게 흔들리셨습니다!", 주님의 도움이 필요한 심령을 만나시면, "그의 심장이 요동을 쳤습니다!", 주님께서는 주님의 자비가 필요한 사람을 만나시면 "뭔가 삶으로 반응을 보이지 않고서는 지나치실 수 없었다!"라는 의미인 것입니다. 우리가 주님의 마음과 행동을 닮아가는 것이 우리 신앙의 목표라면, 우리에게 주님께서 가지셨던 그 긍휼의 마음을 회

5. 이야기 회귀식

복하는 것이야말로 무엇보다도 중요한 것이 될 것입니다.

　　　이 이야기에서도 예수님께서는 제대로 듣지도, 말하지도 못하는 사람을 만나시자, 영혼의 깊은 탄식을 보이셨습니다. 그것은 주님의 안타까운 마음을 보여주는 것입니다. 그는 긍휼의 마음을 드러내셨습니다. 다르게 말한다면, 예수님께서는 하늘을 우러러보시면서 그를 위한 자비를 하나님께 호소하셨던 것입니다. 우리가 마음이 닫히고 영혼이 닫힌 사람을 만난다면 주님처럼 그를 향한 아픈 마음이 있어야 한다는 것입니다. 그것이 바로 우리가 닫힌 영혼을 향해서 가장 먼저 가져야 할 마음의 자세입니다.

　　　제가 사역을 했던 인도네시아, 이리안자야 섬의 끄웨르바 부족 사람들은 부자이거나 문명의 혜택을 많이 누리는 사람들이 아닙니다. 그들은 그 섬의 열대우림 정글 깊은 곳에 살고 있으며 외부와는 접촉이 매우 제한적입니다. 그렇다고 그들은 먹을 것이 없어 굶주린 사람은 아닙니다. 왜냐하면 일 년에 비가 13,000밀리나 오기 때문에 정글에는 따먹고 캐 먹고 잘라 먹을 수 있는 열매와 식물들이 있고 멧돼지를 비롯한 그들이 자주 사냥하는 동물들이 있습니다.

　　　그러나 그들은 오랫동안 예수 그리스도를 전해 주는 사람도 없었고 글자가 없어서 그들의 말로 된 성경도 없는 사람들이었습니다. 제가 처음에 그들에게 해줄 수 있는 유일한 것은 그들이 주님을 모르기 때문에 주님의 마음으로 그들을 불쌍히 여기는 것이었습니다. 바로 그것이 저의 사역의 근거였고 저의 성경번역 선교의 시작이었습니다. 우리의 모든 전도와 선교와 사역의 시작은 주님께서 그러셨던 것처럼 그들을 불쌍히 여기는 마음이어야 할 것입니다. 주님을 알지 못하고 사는 사람은 누구나 영원한 심판을 받을 것이기 때문입니다.

　　　그런데 오늘 이야기에는 예수님의 좀 이상한 행동이 나오고 있습니다. 33절에 그 사람을 따로 데리고 가셔서 손가락을 그의 양 귀에 넣고 침을 뱉어서 그의 혀에 대셨습니다.

　　　저는 어릴 때 친구들과 병원 놀이를 한 적이 있습니다. 그것은 저의 두 손가락을 저의 귀에 넣고 발로 친구의 배를 진단하는 것

5. 이야기 회귀식

입니다. 저의 손가락과 발과 몸 전체가 청진기가 되는 것이지요! 그런데 예수님께서는 그 사람의 귀에 예수님의 손가락을 집어넣으셨습니다. 이상한 행동이 아닐 수 없으며 그렇게 권장할 만한 위생적인 행동으로 보이지 않습니다.

더 이상한 것은 예수님께서 자신의 손가락에 침을 뱉으셔서 그 침 묻은 손가락을 그 사람의 혀에 대셨다는 것입니다. 이것은 이해하기 힘든 행동이 아닐 수 없습니다. 그것을 어떤 학자들은 그 당시에 침이 특별한 효능이 있다고 생각하여 침을 뱉어 치료하려는 사람이 있었다고 설명하기도 합니다. 또한 일 년 내내 거의 비가 오지 않는 아프리카의 사막에 사는 한 부족은 아침에 다른 사람을 만나 반갑다는 인사가 그의 얼굴에 침을 뱉는 인사법도 있습니다. 아마도 침도 물의 일종이고 그 귀한 침을 친구의 얼굴에 뱉는다는 것은 물을 풍성히 가지라는 축복의 의미에서 발달한 문화적인 인사법으로 보입니다.

그런데 여기에서 예수님의 침 뱉음이 우리에게는 큰 의미가 없을 수도 있지만 어떤 사람들에게는 엄청난 의미로 다가올 수도 있는 대목입니다. 바로 그러한 사람들은 제가 사역했던 같은 섬의 동쪽 지역인 파푸아뉴기니의 세픽 이왐 부족 사람들입니다. 그들은 파푸아뉴기니의 세픽강 상류에 사는 사람들입니다. 그곳 사람들과 미국 출신 여자 선교사님이 오늘 본문을 번역하고 있을 때 선교사님이 "예수님께서 침을 뱉으셨습니다!"라고 말하자 함께 번역하는 사람들이 모두 놀라 자리에서 일어납니다. 그리고 다시 묻습니다. "예수님께서 어떤 일을 하셨다고요?" 그러자 선교사님이 대답했습니다. "예수님께서 침을 뱉으셨습니다!" 그러자 그 사람들은 깜짝 놀라면서, "그렇다면, 예수님은 가장 위대한 침 뱉는 분이시군요!"라고 말했습니다.

본래 그들의 무당은 그들의 말로 "인간피수기"(inganpisugi)로 불렸는데 그 뜻은 '침 뱉는 사람'이라는 뜻이고, 그들은 대대로 영험한 무당이라면 침을 뱉어 병자를 치료한다고 믿었습니다. 그러나 그들의 어떤 영험하다는 무당도 침을 뱉어 병자를 치료한 사람은 없었습니다. 그런데 오늘 이야기에서 예수님께서는 침을 뱉어 소리를

5. 이야기 회귀식

듣지 못하고 말을 제대로 못하는 사람을 완전하게 치료하셨으며, 다른 곳에서는 침을 뱉어 소경의 눈도 뜨게 하셨기(막 8:23 소경의 눈에 침을 뱉으심) 때문에 그들은 예수님을 "위대한 침 뱉으시는 분"으로 표현했던 것입니다. 그 부족 사람들은 이 사건, 예수님께서 침을 뱉으신 일 때문에 예수님을 영접하는 놀라운 계기를 갖게 되었습니다.

그런데 왜 주님께서는 그 사람을 다른 사람들이 없는 곳으로 데리고 가셔서 이와 같은 행동을 하셨을까요? 그리고 어찌 보면 비위생적이고 더러운 행동을 하셨던 것일까요? 그 사람의 귀에 예수님이 자신의 손가락을 집어넣으신 것은 그래도 참을만한 것으로 보더라도 예수님께서 자신의 손가락에 침을 뱉으셔서 그 침 묻은 손가락을 그 사람의 혀에 대신 행동은 어떻게 보아야 할까요?

그 사람은 오랫동안 듣지도 못하고 말하지도 못하는 것 때문에 소외된(alienated) 삶을 살아온 사람이었습니다. 아마도 그 사람은 단 한 번도 주위 사람들로부터 따뜻한 사랑의 접촉을 받아보지 못했던 사람일 것입니다. 유대인들은 장애가 있는 사람, 신체적으로 문제가 있는 사람을 부정하다고 여기고 가까이 가거나 그를 접촉하는 일을 극히 꺼렸습니다. 주님께서는 따뜻한 사랑도 특별한 관심도 받아보지도 못했던 그 사람을 따로 데리고 가셔서 자신의 관심과 사랑을 직접적으로 표현하심으로 그의 마음을 치료하셨습니다. 그분은 사랑의 터치(touch of love)로 그의 마음을 어루만지셨던(stroke, placate, smooth down, feel) 것입니다.

우리가 닫힌 인생을 보면서 탄식의 마음, 자비의 마음만을 갖는 것으로는 부족합니다. 그의 마음과 그의 영혼을 어루만지기 위해서는 우리들의 사랑의 행동이, 사랑의 접촉이 필요합니다. 그래서 예수님께서는 그 닫힌 영혼에 대해 자비의 마음만 가지신 것이 아니고 그 영혼을 위한 사랑의 터치를 하신 것입니다. 그분은 닫힌 인생을 직접 만져주시는 분이셨습니다. 불쌍히 여기는 마음을 넘어 사랑의 행동을 더 하셨던 것입니다. 우리가 우리 주위에 있는 수많은 사람들이 그들의 마음을 열기 원한다면 작지만 사랑이 담긴 접촉, 사랑

5. 이야기 회귀식

의 행동이 필요합니다. 그의 작은 필요를 채워주는 것, 그를 위로할 수 있는 따뜻한 말 한마디가 그들에게 사랑의 터치, 사랑의 행동이 될 수 있을 것입니다.

제가 사역했던 그 부족 사람들은 정글 깊숙한 곳에서 여러 마을을 형성하면서 그들만 살기 때문에 의료 혜택을 전혀 받을 수 없는 상황입니다. 그들의 사망 원인 1위가 모기가 옮기는 말라리아인데 그 병으로 죽어가는 사람이 생각보다 많습니다. 사실 그 약은 도시에서는 매우 싼 약이며, 구하기 힘든 것도 아닙니다. 그런데 그들은 그 약이 없어서 매년 많은 사람들, 특히 아이들이 죽어갑니다. 저희들은 그곳에 들어가 약국과 간이 병원 역할을 했습니다. 다행히 제 처가 간호사 출신이어서 온 부족 사람들이 크고 작은 혜택을 누릴 수 있었습니다. 저도 배운 기본적인 의학 지식을 가지고 그들의 상처를 싸매주고 약을 보급하는 일을 했었습니다. 그러한 작은 사랑의 터치 때문에 마을 사람들과 저희는 끈끈한 관계를 누릴 수 있었고 그들은 우리들이 사역을 신뢰해 주었습니다.

그다음으로 주님께서는 그 닫힌 인생에 결정적인 행동을 보여주셨습니다. 그 사람에게 한 명령, 주님의 말씀을 주신 것입니다. 그분은 닫힌 인생을 말씀으로 치료하시는 분이셨습니다. 34절에서 그 사람에게는 너무나 친숙한 그의 모어인 아람어로 "에바다(ephphatha -εφφαθα)!"라고 말씀하셨던 것입니다. 그 뜻은 '열리라(Be open)!'는 뜻입니다. 성경은 헬라어로 기록되었지만 사실상 주님께서는 아람 방언으로 사역하셨고 성경의 기록자는 그것을 헬라어로 성경을 기록하면서도 이 단어만큼은 아람 방언을 그대로 사용하고 있습니다.

에바다라는 단어는 우리에게는 낯설고 신비로운 말로만 들릴 수 있습니다. 물론 "애를 받아라!"라는 말이 아닙니다. 그 아람 방언은 그 닫힌 인생에는 그동안 듣지도 못했고 말도 제대로 못 했었지만 너무나도 마음에 와닿는 마음의 언어였을 것입니다. 어쩌면 그가 태어나 처음 들어보는 사람의 말소리가 바로 그 단어였을 수 있습니다. 그런데 주님께서 그에게 하셨던 그러한 명령은 창조주이신 주님만이 하실 수 있는 명령이었습니다. 듣지 못하는 사람에게 귀가

5. 이야기 회귀식

열려서 듣게 되고 혀가 풀려서 말을 제대로 하라는 명령이었기 때문입니다. 그래서 우리는 그러한 명령형을 "신적 수동태"라고 부릅니다. 주님께서 수동태로 "열려라!"(Be open!)라고 명령하시자 그의 몸은 그리고 그의 신체 기관은 그 명령에 순종하여 바로 들을 수 있고 말할 수 있게 되었습니다.

인간은 사실상 우리의 신체 장기에 명령할 수 없습니다. 아니, 명령한다고 해도 아무 변화나 어떤 소용도 없을 것입니다. 그러나 우리를 만드셨고 우리의 모든 장기를 만드신 창조주이신 주님께서는 어떤 것에도 명령하실 수 있는 분이셨고 만물이나 우리의 신체 장기마저도 주님의 명령에 순종했던 것입니다. 여기서 주님께서는 그분의 말씀으로 그 사람을 치료하고 계심을 볼 수 있습니다. 그리고 우리에게도 그 말씀을 통해 다른 사람을 치료할 것을 명령하고 계십니다. 우리가 주님처럼 닫힌 사람을 위해 할 수 있는 결정적인 행동은 바로 그 주님의 말씀을 그에게 전달하는 것입니다. 그분의 말씀은 천지를 창조했던 말씀이고, 자연을 움직였던 말씀이며, 어떤 문제나 어떤 병도 치료할 수 있는 능력의 말씀입니다.

저희의 성경번역 사역은 바로 하나님의 말씀을 공급하는 일이었습니다. 그들은 글자도 없는 부족이기 때문에 하나님의 말씀을 그들의 말로, 그들의 글로 보급하는 것은 너무나 어려운 일이었습니다. 그들은 제가 새로 글자를 만들고 그 글자로 번역한 성경을 통해 하나님의 말씀을 들을 수 있었고 읽을 수 있게 되었습니다. 하나님의 말씀이야말로 가장 확실한 구원의 도구요 치료의 도구입니다.

우리 성경번역선교사들은 주로 신약만을 번역합니다. 왜냐하면 신약만 번역하는데 평균 20년이 걸리기 때문에 훨씬 두꺼운 구약 번역은 엄두도 내지 못하기 때문입니다. 저는 신약 번역을 시작하기 전에 그들에게 성경 이야기에 대한 호기심을 키워주기 위해 구약의 짧은 책인 요나서를 가장 먼저 번역했습니다. 1장을 번역한 다음에는 15개 마을에서 두 명씩 불러온 30명의 교사에게 그것을 일주일 동안 가르쳐서 각자의 마을에 가서 마을 사람들을 가르치도록 했습니다.

그런데 2장 번역을 마치고 두 번째 워크숍을 할 때에 의문

5. 이야기 회귀식

이 생겼습니다. 과연 이것이 그들에게 어떤 효과가 있을까? 이 요나서 말씀이 그들에게 능력으로 역사할까? 그런데 우리 마을에서 가장 먼 마을이어서 그들이 걸어오는 데에만 4일이 걸리는 "무눅까인"이라는 마을의 교사 중 한 사람이 두 번째 워크숍에 참석하지 못하게 되었습니다. 그의 건강이 좋지 않았고 집안에 일이 있어 데리러 보낸 사람이 다른 한 교사만을 데리고 왔습니다.

그런데 워크숍 둘째 날에 워크숍 장소에 가보니 못 오게 되었다던 그 형제가 맨 앞자리에 앉아 있었습니다. 다른 교사들보다는 하루 늦게 워크숍 시작 첫날 밤에 우리 동네에 도착한 것입니다. 너무 놀랍고 반가워서 어떻게 된 것이냐고 물었습니다. 그러자 그 형제는 전날에 다른 교사와 데리러 온 사람을 보내고 다음 날 아침에 자신이 1개월 전에 했던 요나서 1장을 보고 싶어서 보았다고 했습니다.

그런데 그 요나서 1장을 펴자마자, 2절에 나와 있는 "일어나라!"(Pakwa ipiric!), "가라!"(Pakwa ku!)라는 구절이 크게 다가왔다고 했습니다. 그의 마음속에 "왜 너는 여기에 앉아 있느냐? 어서 일어나서 가라!"라는 말씀으로 들려서 몸이 좋지 않고 상황이 좋지 않았지만 믿음으로 혼자 하루 늦게 오게 되었다는 것이었습니다. 저에게는 그 순간에 그 형제의 간증이 복음과 같았습니다. "요나서의 말씀이 우리 부족 사람들에게 역사하고 있구나!"라는 확신이 왔기 때문이었습니다. 하나님의 말씀은 역사를 일으킵니다. 죽은 자를 일으키고 죽을 수밖에 없는 사람을 구원하고 병자를 치료합니다. 그것은 하나님의 말씀이 능력을 갖추고 있기 때문입니다.

이제는 우리가 주님의 그러한 행동들이 어떤 결과를 가져왔는지를 살펴보아야 합니다. 그분의 치료는 더 이상의 어떤 다른 도움도 필요 없는 즉각적(instant)이고 완전한(complete) 것이었습니다. 35절에 보시면 그의 귀가 열리고 혀의 맺힌(tied) 것이 곧 풀려(untied) 말이 분명하게 되었다고 기록되어 있습니다. 주님의 치료는 그리고 주님의 구원은 완벽한 것입니다.

사실상 우리의 치료와 구원을 위해 어떤 인간적이거나 추가적인 도움도 필요치 않습니다. 주님의 도움만으로 완벽하게 치료받고

5. 이야기 회귀식

구원받을 수 있기 때문입니다. 그리고 주님의 구원은 완벽할 뿐만 아니라 즉각적입니다. 우리가 닫힌 영혼을 만나 주님의 명령대로 탄식하는 마음을 가지고 사랑의 터치를 보이면서 주님의 말씀으로 치료를 명한다면 그 영혼은 즉각적이고 완전하게 치료될 것을 믿어야 할 것입니다.

이제 처음에 꺼냈던 토니 캠폴로 목사의 이야기로 돌아갑니다. 그 여자들이 한참 싸우고 떠들다가 돌아간 다음에 토니 캠폴로는 주인인 해리와 이야기를 시작합니다.

캠폴로 목사는 방금까지 그렇게 떠들고 싸우다가 집으로 돌아간 여자분들에 대해서 그 음식점의 주인인 해리에게 물었습니다. "해리 씨! 저 여자분들은 이 집에 자주 오는 분들입니까?" 그러자 해리가 대답했습니다. "말도 마세요! 골치 아픈 손님들입니다. 이 시간만 되면 매일 찾아옵니다. 그리고 오늘처럼 매일 그렇게 떠들다가 가곤 합니다." 그러자 캠폴로 목사가 말했습니다. "해리 씨, 아까 그분들 중에서 내일이 생일이라고 말했던 여자분은 누구입니까?" 해리가 대답했습니다. "네, 그분요? 아그네스입니다."

캠폴로 목사가 말했습니다. "아, 그렇군요. 제가 그 아그네스 양을 위해 깜짝 생일 파티를 열어주고 싶은데 도와주실 수 있나요?". "아, 그럼요! 저는 생일 케이크를 아주 잘 만듭니다. 제가 케이크를 만들고 이름까지 새겨드릴 수 있습니다."라고 해리가 대답했습니다. 그래서 캠폴로 목사가 다시 말했습니다. "그렇다면, 해리 씨는 생일 케이크를 만들어 주시고 아그네스 양의 친구들에게 살짝 연락해서 함께 생일 파티를 준비하도록 합시다!"

그래서 그들은 아그네스를 위한 깜짝 생일 파티를 준비하게 되었습니다. 풍선을 불어서 벽과 천장에 장식하고 벽에는 큰 글자를 써서 붙였습니다. "해피 버스 데이 투 미쓰 아그네스!"

그날 밤이 지나 새벽 세 시쯤 되자 전날처럼 그 사람들이 음식점에 나타났습니다. 그 무리가 막 그 음식점을 들어오다가 그 무리의 중간쯤에 있었던 아그네스 양이 막 문턱을 넘으려다가 그 생일 장식과 벽에 쓴 글자와 가운데 탁자 위에 있는 자신의 이름이 새겨

5. 이야기 회귀식

진 큰 생일 케이크를 보았습니다. 그러자 갑자기 그녀는 그 자리에 털썩 주저앉고 말았습니다. 캠폴로 목사는 그의 책에서 그 장면을 이렇게 기록하고 있습니다. "저는 한 여인이 그렇게 소스라치게 놀라는 모습을 본 적이 없습니다." 그 여인은 그 자리에 앉아 한참 동안을 큰 소리로 엉엉 울었습니다.

그러다가 이윽고 친구들이 그 여자에게 말했습니다. "아그네스야! 이제 촛불을 붙어야지!" "케이크를 잘라야지!" 그러자 한참을 울고 난 아그네스가 말했습니다. "얘들아! 내가 이 케이크를 여기서 먹지 말고 우리 집으로 가져가면 안 될까? 며칠 만이라도 집에 두고 보면 안 될까? 이것이 내가 태어나고 처음 받아보는 케이크야!" 그렇게 말하자 이제는 모든 여자가 함께 울기 시작했습니다. 한참 후에 캠폴로 목사가 입을 열었습니다. "여러분! 제가 오늘 생일을 맞은 아그네스 양을 위해서, 그리고 여러분 모두를 위해서 기도해도 될까요?" 그러자 모두 다 그렇게 해달라고 말했습니다.

캠폴로 목사는 아그네스 양을 위해서, 그리고 그녀의 동료 모든 여자를 위해서 진심 어린 기도를 드렸습니다. 그러자 그 자리에 모든 여자가 예수님을 자신들의 구주로 영접했습니다. 너무나도 감격스러운 시간이었습니다.

모든 사람이 돌아간 후에 식당 주인 해리가 캠폴로 목사에게 말을 건넸습니다. "왜 당신이 목사라고 하지 않았습니까? 도대체 당신은 어느 교단 목사입니까?" 그러자 캠폴로 목사가 말했습니다. "저는 새벽 세 시에 길거리 여자분들을 위해서 생일 파티를 열어주는 교단에서 나온 목사입니다." 해리가 바로 그 말을 반박했습니다. "나는 믿을 수 없습니다. 그러한 교단이나 그러한 교회나 당신과 같은 목사가 내 주위에 있었다면, 나는 벌써 교회에 나갔을 것입니다. 저는 그러한 교단이나 교회가 있다고 들은 적이 없습니다." 그날 해리도 그 자리에서 예수님을 자신의 구주로 영접했습니다.

그렇습니다. 지금은 전도가 어렵다고 말합니다. 사실 전도가 쉽지 않습니다. 사람들은 풍요로워지면 종교를 갖는 것에 별 관심이

5. 이야기 회귀식

없어집니다. 많은 사람들이 신자들이나 교회를 신뢰하지 않습니다. 그렇다고 사람들에게서 종교심이 사라진 것이 아닙니다. 특별한 종교를 갖지 않는 사람 중 많은 사람들이 여전히 점을 보고 중요한 일이 있을 때마다 무당을 찾아가곤 합니다. 그들은 여전히 열려 있는 교회를 찾고 있습니다. 자신들의 닫힌 마음을 열어줄 수 있는 교회와 신자들을 찾고 있습니다.

어떻게 우리가 그렇게 닫혀버린 사람들의 마음을 열어줄 수 있겠습니까? 우리가 오늘 본문 이야기의 주님처럼 사람들의 닫힌 마음을 열어줄 수 있습니다. 지금도 전도는 가능합니다. 수많은 닫힌 영혼들이 자신들의 닫힌 마음과 영혼을 열어줄 사람을 간절히 기다리고 있기 때문입니다.

그들의 닫힌 마음을 열어주기 위해서는 우리가 그리고 우리 교회가 첫째로, 닫힌 사람들을 보고 진심으로 아파할 줄 알아야 합니다. 우리 마음속에 그들로 인한 말로 할 수 없는 깊은 탄식이 있어야 합니다. 주님께서는 그들을 보시고는 마음속에 깊은 아픔이, 거룩한 탄식이 있었습니다.

둘째로, 우리에게 그들의 아픈 마음을 만져줄 수 있는 사랑의 접촉, 사랑의 행동이 필요합니다. 우리가 그들에게 사랑의 행동으로 다가가지 않는다면 그들은 마음을 열지 않을 것입니다. 우리가 그들에게 작지만, 사랑의 행동, 사랑의 터치를 보여주지 않는다면 그들의 마음은 좀처럼 열리지 않을 것입니다.

셋째로, 우리가 그들의 마음을 열기 위해서는 주님 능력의 말씀이 필요합니다. 그 말씀은 천지를 창조하셨던 말씀입니다. 그 말씀은 어떤 문제도 어떤 병도 해결할 수 있고, 어떤 닫힌 영혼도 열게 할 수 있는 말씀입니다.

마지막으로 우리는 그러한 주님의 행동 모형을 통해, 그리고 주님의 말씀을 통해, 닫힌 영혼을 열게 되는 일이 즉각적이고 완전한 것이 될 수 있음을 믿어야 할 것입니다.

5. 이야기 회귀식

설교 분석

1. 성경 이야기 사용
   1) 성경 이야기는 일반 이야기와 그 이야기의 연속된 후속편의 사이에 위치하게 된다. 다른 이야기로 성경 이야기를 감쌈으로 성경 메시지를 강조할 수 있을 것이다.
   2) 일반 이야기를 통해 성경 이야기의 시각이 조정을 받게 되며 그 성경 이야기의 핵심이 연속된 이야기 후속편에서 강조되는 효과를 얻을 수 있다.

2. 성경 이야기 해석과 설명
   1) 일반 이야기에서 강렬한 시각을 확인했기 때문에 성경 이야기의 해석과 설명에서 메시지 강조 효과를 낼 수 있다.
   2) 처음에 소개된 이야기에서 남긴 인상이 성경 이야기의 해석과 설명에 큰 영향을 끼치게 되어 있다. 그러므로 일반 이야기 선정을 신중히 해야 할 것이다.

3. 성경 이야기와 다른 이야기
   1) 처음 소개되는 다른 이야기는 청중의 충분한 관심을 끌만한 이야기일 때 그 효과가 극대화된다. 그것이 청중들의 실제적인 고민과 관련되어 있다면 훨씬 효과적인 것이 될 것이다.
   2) 다른 이야기의 사용이 성경 이야기의 메시지를 충분히 살릴 수 있도록 절제된 이야기가 필요할 것이다. 지나치게 장황한 내용보다는 성경 이야기의 핵심적인 내용과 대조되거나 핵심적인 것을 드러나는 이야기일 때 그 효과가 극대화될 것이다.

5. 이야기 회귀식

4. 성경 이야기의 적용

1) 성경 이야기의 요점이 정리될 때 적용점이 언급되는 것이 효과적일 것이다. 일반 이야기에서 중요한 요점이 드러났을 것이기 때문에 성경 이야기를 할 때는 적용점을 부각하는 것이 어렵지 않을 것이다.

2) 다른 이야기의 연속된 후속편에서 다시 한번 성경 이야기의 메시지가 상기되면서 적용점도 강조될 수 있을 것이다.

5. 이 설교 방법론의 강점과 약점

1) 강점 - 다른 이야기의 도입에서 성경 이야기에 대한 강렬한 연상을 보여줄 수 있고 연속된 이야기 후속편에서 성경 이야기의 메시지가 효과적으로 강조될 수 있다.

2) 약점 - 일반 이야기에 지나친 비중이 쏠림으로 성경 이야기가 약화할 수 있다. 그러므로 일반 이야기의 길이나 내용의 절제가 필요할 것이다.

6. 이야기 마무리식

6. 이야기 마무리식(Finishing the story)

제목; 향유 옥합을 깨뜨린 여인
본문; 마가복음 14:3-9

　　　　예수님께서 베다니 마을에 있는, 문둥병에 걸렸던 시몬의 집에서 음식을 드시고 계셨습니다. 한 여자가 매우 비싼 나드 향유 한 병을 가지고 왔습니다. 그리고 병을 열고, 향유를 예수님의 머리에 부었습니다. 그러자 몇몇 사람이 화를 내면서, 서로 말했습니다. "어째서 향유를 낭비하는 거지? 이 향유는 삼백 데나리온에 팔 수 있고, 그 돈으로 가난한 사람들을 도울 수도 있었을 텐데." 그리고 여자를 호되게 나무랐습니다.
　　　　예수님께서 말씀하셨습니다. "가만두어라. 어째서 여자를 괴롭히느냐? 그는 내게 좋은 일을 했다. 가난한 사람들은 항상 너희와 함께 있으므로, 원하면 언제든지 좋은 일을 할 수 있다. 그러나 나는 항상 너희와 함께 있는 것이 아니다. 여자는 자기가 할 수 있는 일을 했다. 죽기 전에 내 장례를 위해 내 몸에 향유를 부어 준 것이다.
　　　　내가 너희에게 진정으로 말한다. 복음이 온 세상에 전해질 때, 이 여인이 한 일도 알려져서, 사람들이 기억하게 될 것이다."

　　　　예수님에게 비싼 향유를 부었던 여인의 이야기는 마태복음과 마가복음과 요한복음에 기록되어 있습니다. 그리고 값비싼 향유를 붓는 여인을 비난했던 가룟 유다에게 예수님께서 그 여인이 자신의 장례를 준비하고 있다고 하시면서, "온 세상에 복음이 전해지는 곳마다, 이 여자가 한 일도 전해져 그를 기억할 것이다"(마태 26:13)라고

6. 이야기 마무리식

말씀하셨습니다.

그런데 정작 마태와 마가는 이 여인의 이름을 기록하지는 않았습니다. 또한 마태복음(26:7)과 마가복음(14:3)은 한 여인이 향유를 예수님의 머리에 부었다고 기술하지만, 요한(12:3)은 한 여인이 향유를 예수님의 머리와 발에 부었다고 기록하고 있습니다. 아마도 이것은 이 사건이 모두 같은 것이라고 가정할 때 마리아가 향유를 예수님의 발에 각각 부었기에 때문에 기록자마다 그들의 강조점에 따라 각기 다르게 기록한 것으로 추측합니다.

오늘의 이야기에서 9절을 보면 놀랍게도, "내가 진실로 너희에게 이르노니 온 천하에 어디서든지 복음이 전파되는 곳에는 이 여자가 행한 일도 말하여 그를 기억하리라 하시니라."라고 되어 있습니다.

이것은 인간이 하나님이신 예수님에게서 받을 수 있는 최고의 인정과 칭찬이 아닐 수 없습니다. 로마 백부장의 믿음에 대해서는 예수님께서 놀라셨습니다. 그런데 이 여인의 믿음에 대해서는 복음이 전파되는 곳에는 어느 곳이나 그 여인의 행동이 말해지고 그 행동을 기억해야 한다는 것입니다.

성경에는 어떤 사실이나 행동을 "기억하라!", 혹은 개역 번역에서는 "기념하라!"라는 표현이 단 두 번 나오고 있습니다.

한 번은 예수님께서 성찬 예식을 제정하신 다음에 "이를 행하여 나를 기념하라!"(눅 22:19)고 말씀하신 것이고 다른 한 번은 오늘 본문의 옥합을 깨뜨리고 향유를 예수님의 몸에 부은 여인의 행동에 대해 주님께서 하신 말씀입니다. "온 천하에 어디서든지 복음이 전파되는 곳에는 이 여자의 행한 일도 말하여 저를 기념하리라."

이 두 사건을 비교해 보면 다음과 같습니다. 누가복음 22:19 "Do this in remembrance of me!"(τουτο ποιειε εις την εμην αν αμνησιν). 마가복음 14:9 "This woman's deed will be talked about in her memory"(και εποιησεν αυτη λαληθησεται εις μνημοσυνον αυτης). αναμνησις - 'reminder', 'remembrance'. αναμνησ

6. 이야기 마무리식

κω - 'remind.' μνημοσυνος - 'memorial', 'something done to arouse', 'the memory of another.' μνημονευω - 'remember', 'keep in mind.'

도대체 그 여인의 헌신이 어떠한 것이었기에, 그 여인의 믿음이 얼마나 대단한 행동이었기에 주님께서는 이렇게까지 칭찬을 아끼지 않으시는 걸까요?

그러니까 이 여인의 헌신은 복음과 함께 소개되어야 할 유일한 헌신 사건이라는 것입니다. 왜 그럴까요? 그 이유를 찾아보도록 하겠습니다.

첫째로, 그 여인의 행동은 큰 희생을 감수한 것이었기 때문입니다. 8절에 보시면 "힘을 다하여"라고 되어 있습니다. 로마의 화폐 단위로 표기된 300데나리온은 1데나리온이 그 당시 장정의 하루 품삯이었기 때문에 지금의 돈으로 환산해 본다면, 물론 지금의 화폐 가치와 일치한다고 볼 수는 없다고 하더라도, 아마도 적어도 3천만 원에 해당하는 큰돈이었습니다. 그것은 장정의 하루 품삯에 대한 1년분이었기 때문입니다(300일 × 10만 원 = 3천만 원).

성경학자 이스톤(Easton, 1876)은 예루살렘에서 아주 가까이에 있는 베다니 마을에 살던 마리아와 마르다 그리고 나사로는 집안에 자산이 많은 부유한 집이었을 것으로 추측합니다. 그는 나사로가 죽었을 때 예루살렘에서 그렇게 많은 사람들이 찾아와 애도를 표한 것을 볼 때 그들이 부유했음을 보여주는 증거라고 주장합니다. 혹은 그들이 부자가 아니었더라도 베푸는 삶을 통해 다른 사람들과 아주 좋은 관계를 유지하며 살았을 가능성이 높습니다. 어쩌면 부자였기 때문에 그렇게 값비싼 향유를 살 수 있었을 수도 있습니다. 아니면 그 마리아가 경제적으로 규모 있는 사람이어서 미래의 중요한 일을 위해 사용하도록 착실하게 그 큰돈을 모았을 수도 있습니다. 마가에 의하면 그 향유는 스파이크나드(spikenard) 향으로서 나드(pure nard) 또는 라벤더 향이라 불리는 값비싼 향수(very expensive perfume)였다고 밝히고 있습니다(막 14:3).

그 여인은 그 큰돈을 예수님께 아낌없이 붓고 있습니다. 어

6. 이야기 마무리식

쩌면 그것은 그 여인으로서는 평생을 모은 돈일 수 있었을 것입니다. 그러니까 그 여인의 전 재산을 드린 것이었기에 주님께서는 그렇게 칭찬하셨던 것으로 볼 수 있습니다.

요즘 성도들이 자신의 목사님이 다루지 않았으면 하는 설교 주제는 무엇일까요? 어떤 설문조사 결과를 보니까, 성도들이 원하지 않는 주제 1위는 돈이고 2위는 정치라고 되어 있었습니다.

그런데 이것은 그렇게 단순한 문제가 아닙니다. 성경이 엄청나게 많이 돈에 대해서 다루고 있기 때문입니다. 그래서 종교 개혁자 캘빈은 "문제는 돈에 대해 바른 이야기를 하지 않는 것이다!"라고 지적하면서 목회자가 돈에 대해 바르게 성경적으로 다뤄야 한다는 사실을 강조한 바 있습니다.

저는 어떤 목사님의 자랑을 들은 적이 있습니다. 그는 "저는 헌금에 대해 설교한 적이 없습니다!" 그렇다면 과연 이것이 자랑거리가 될 수 있는 것일까요? 성도들이 싫어하기 때문에, 혹은 연약한 신자들이 시험에 들지 않게 하도록, 혹은 사심 있는 목회자로 취급받지 않고 대담한 목회자가 되기 위해서 헌금에 대해 설교하지 않아도 되는 것일까요?

왜냐하면 성경에는 재물 관련 절수가 신약에 288절, 성경 전체에는 2,309절이나 됩니다. 또한 예수님의 38개의 비유 중 16개가 돈에 관한 것입니다. 그러니까 전체 비유 중 42%가 재물에 관한 비유인 것입니다(예를 들어, 달란트 비유, 불의한 청지기 비유, 과원지기 등등).

이 말씀은 우리의 가진 모든 것을 드려야만 주님께서 귀히 받으신다는 것이라기보다는 우리 자신에게 부담이 되지 않는 헌신, 자신의 경제생활에 별로 부담이 되지 않는 헌금 생활은 심각한 문제라는 것입니다.

우리는 주님께서 두 렙돈을 드린 과부를 칭찬하신 이유를 알아야만 합니다. 주님께서 말씀하셨듯이 다른 사람들은 모두 "풍족한 중에 일부를 헌금으로 드렸습니다". 그러나 그 과부는 "구차한 중에서 자기가 있는 것, 생활비 전부"를 헌금했기 때문에 주님께서는

6. 이야기 마무리식

그 여인을 칭찬하셨습니다(눅 21:1-4). 그 당시 그 여인이 드렸던 렙돈은 가장 작은 화폐 단위로서 지금의 돈으로 환산하면 라면 두 봉지 정도밖에 되지 않는 적은 액수였습니다. 그러나 그 돈이 그 여인의 삶에서 비중은 그녀의 삶의 전부였던 것입니다.

둘째로, 그 여인의 헌신은 정확한 기회를 포착한 헌신이었기에 귀중한 것이었습니다. 7절에 보시면, "가난한 자들은 항상 너희와 함께 있으니 아무 때라도 원하는 대로 도울 수 있거니와 나는 너희와 항상 함께 있지 아니하리라."

그때 주님께서는 십자가를 바로 앞에 두고 계셨고, 죽으시기로 되어 있었으며, 부활하신 다음에는 곧 승천하시게 되어 있었습니다. 물론 주님은 우리와 항상 함께 계시지만 육신을 입고 오셨던 그 주님은 그들과 함께하시는 일에 아주 한정된 시간만을 가지고 계셨습니다.

가난한 사람들, 우리의 도움이 필요한 사람들을 돕는 일도 귀한 일입니다. 그러나 그 일은 일반적으로는 우리가 언제든지 할 수 있는 일입니다. 그러나 주님은 이제 이 세상을 떠나가실 날이 시시각각으로 다가오고 있었던 바로 그때였습니다.

우리의 헌신, 우리의 드림, 우리의 봉사, 우리의 전도, 우리의 구제는 일반적으로 항상 할 수 있는 것들입니다. 그러나 사실은 알고 보면 아무 때에라도 맘대로 할 수 있는 것은 아닙니다. 우리의 구제, 전도, 선교, 헌신도 어떤 경우에는 때가 있습니다. 그것은 우리가 한정된 시간 속에서 살고 있고 우리의 도움을 받아야 할 사람도 그의 제한된 시간 속에서 살고 있기 때문입니다.

그러므로 기회가 주어졌을 때, 우리의 마음이 열렸을 때, 헌신하고 싶어질 때 해야 하는 것입니다. 그때를 놓치면 다시는 그 기회가 오지 않을 수도 있습니다. 나의 가진 것, 나의 배움, 나의 재능, 나의 시간을 정말 중요한 일에, 하나님께서 원하시는 것에 드리는 것은 기회를 잘 포착해야 하는 것입니다. 한 번 때를 놓치면 영원히 그 기회가 오지 않을 수도 있기 때문입니다.

셋째로는, 그 여인의 헌신은 예수님의 장례, 예수님의 십자

6. 이야기 마무리식

가 사건을 준비하는 것이었기에 귀중한 것이었습니다. 3년씩이나 예수님을 따라다녔던 제자 중에서도 아무도 예수님의 죽으심에 대해 제대로 알고 있는 사람이 없었습니다. 그 여인을 제외하고는 아무도 예수님의 죽으심에 대해 관심도 없었고 그에 대한 깨달음도 없었으며 그래서 아무 일도 하지 않고 있었습니다.

14:1-2를 보면 그때가 바로 주님께서 잡히시기 직전이었음을 알 수 있습니다. 대제사장들과 서기관들은 예수님을 잡아 죽일 방도를 백방으로 찾고 있었습니다.

그런데 주님의 죽음을 준비하고 있는 그 여인의 행동에 대해서 제자들은 그것을 팔아서 가난한 사람들을 도와주지 않았느냐고 그 여인을 오히려 나무랐습니다. 그들은 그 여인의 그러한 행동이 "돈을 허비($\alpha\pi\omega\lambda\epsilon\iota\alpha$ - destruction, ruin, waste)하는 것", "돈을 낭비하는 것"이라고 비난했던 것입니다. 당연히 그 여인 행동의 의미를 알지 못하는 사람들에게는 돈을 낭비하는 것으로 보였을 것입니다. 주님의 십자가 사건의 의미를 깨닫지 못하는 불쌍한 사람들의 눈에는 300데나리온이나 되는 향유를 의미 없이 붓는 것은 낭비라고 생각했을 것입니다. 그러나 주님의 구원 사역이, 주님의 우리를 위한 십자가에서 죽으심의 가치가 얼마나 큰 것인지를 우리가 계산이나 할 수 있겠습니까?

오늘 이야기 다음을 보시면 바로 이 사건 다음에 가룟 유다는 예수님을 팔아넘기기 위해 대제사장들에게 찾아갔습니다. 어쩌면 그는 더 이상 참을 수 없다고, 늦출 수 없다고 생각했던 것 같습니다. 예수님의 행동이 자신이 보기에는 도저히 참아줄 수 있는 정도가 아니라고 생각했었을 수 있습니다.

본래 향유는 붓는 것이 아니고 뿌리는 것입니다. 그런데 이 여인은 옥합을 깨뜨려 그 향유를 예수님께 부어드렸습니다. 오직 향유를 부을 수 있는 경우는 시체에만 가능한 것입니다. 마태복음 26:12 "이 여자가 내 몸에 이 향유를 부은 것은 내 장사를 위하여 함이니라."라고 예수님께서 말씀하셨습니다. 오직 예수님만큼은 그 여인이 향유를 붓고 있는 이유를 정확하게 알고 계셨습니다.

6. 이야기 마무리식

　　　　그래서 향유를 낭비한다고 비난하는 제자들을 향해서 예수님께서는 그 여인을 괴롭게 하지 말라고 하셨습니다. 예수님께서 그 여인의 행동을 단지 두둔하고 계신 것이 아닙니다. 그 여인이야말로 최초로 그리고 유일하게 예수님께서 살아계실 때 곧 닥쳐오게 오게 될 예수님의 죽음을 준비했던 것입니다. 그래서 예수님께서는 그 여인의 행한 일을 복음이 전파되는 곳에는 그 헌신을 말하여 그 여인의 행동을 기억하라고 하신 것입니다.

　　　　자, 그렇다면 우리가 마지막으로 반드시 생각해 보아야 할 것이 있습니다. 그 여인의 헌신을 통해서 배워야 할 것이 있습니다. 3년 동안 주님을 밤낮으로 따라다니던 제자들조차 깨닫지도 못하고 생각지도 못한 예수님의 십자가 사역, 주님의 죽으심을 어떻게 그 여인은 알고서 이러한 놀라운 헌신을 하게 되었을까요? 이것이 돌발적인 사건이 아니라면 과연 그 여인은 어떤 과정을 통해서 그 예수님의 엄청난 구원 사역을 이해하게 되었을까요?

　　　　우리는 이 문제를 풀기 위해서 여기에 등장하는 이 여인에 대한 다른 복음서의 다른 기록을 살펴볼 필요가 있습니다.

　　　　먼저, 누가복음 7:36 이하에 나오는 기록입니다. 주님께서 베다니에서 바리새인이었던 시몬의 집에 계실 때 한 여인이 와서 향유를 담은 옥합을 깨뜨려 예수님의 발에 붓고 자기 머리털로 예수님의 발을 씻었던 일이 있었습니다. 39절에 보면 그 여인은 "죄인"이라고 되어 있으며 주님께서는 그 여인이 그렇게 행동한 이유가 많은 죄에 대해 용서를 체험했기 때문이라고 말씀하셨습니다. 그런데 이 사건은 오늘의 사건과는 다른 것임을 알 수 있습니다.

　　　　다음에는 요한복음 11:1-44에서 베다니에서 일어난 다른 사건을 볼 수 있습니다.

　　　　1절에는 병든 사람 나사로가 등장합니다. 그는 마리아와 마르다와 함께 살고 있었습니다. 2절에 보면, 그 마리아는 향유를 주님께 붓고 머리털로 주의 발을 씻기던 여인으로 소개되고 있으며, 병든 나사로는 바로 그녀의 오빠라고 기록하고 있습니다.

　　　　이제 비로소 그들의 가족 관계가 드러나고 있습니다. 3절에

6. 이야기 마무리식

보면 누이들이 예수님께 사람을 보내어 자신들의 오빠 나사로를 치료해 주실 것을 요청합니다. 5절에 보면, 예수님께서 본래 마르다와 그 동생 마리아와 그들의 오빠 나사로를 사랑하셨다고 기록하고 있습니다.

그리고 그 일이 있었던 후 요한복음 12:1-8에는 베다니에서 일어난 다음 사건이 기록되어 있습니다. 그때가 예수님께서 이 세상에서 보내신 마지막 유월절의 엿새 전에 일어난 것이었습니다. 기록자는 그곳을 "예수님께서 나사로를 살리신 곳이라"라는 설명을 덧붙이고 있습니다. 아마도 나사로의 부활과 관련하여 두 여동생이 예수님을 위해 잔치를 베푼 것으로 보입니다.

그때 바로 마리아는 "지극히 비싼 향유"를 발에 붓고 머리털로 씻기는 일을 하게 됩니다. 이것을 지켜본 가룟 유다는 가난한 자를 운운하며 마리아를 비난합니다. 그러나 요한은 그 가룟 유다가 그렇게 마리아를 비난한 이유를 그가 돈궤를 맡았는데 돈궤에서 돈을 훔쳐 가기 위함이라는 설명을 덧붙이고 있습니다.

학자들은 일반적으로 마태복음 26:6-13과 마가복음 14:3-9, 요한복음 12:1-8은 모두 같은 사건이고, 누가복음 7:36-38은 다른 사건으로 보고 있습니다. 왜냐하면 누가복음에 나오는 향유를 붓는 여인의 이야기는 마태복음과 마가복음과 요한복음의 향유를 붓은 여인 이야기와는 서로 다른 곳에서 일어난 다른 여인의 이야기라고 보기 때문입니다. 두 종류의 이야기를 비교해 본다면, 각각의 사건에서 향유를 붓는 문맥과 상황이 서로 다르기 때문입니다. 누가복음에서는 예수님께서 이 사건에서 두 명의 빚진 자에 대해 말씀하시면서 죄를 더 많이 지은 사람은 빚을 더 많이 탕감받은 사람으로서 더 크게 감사한다는 것을 비유로 말씀하셨기 때문입니다. 가톨릭교회에서는 전통적으로 여기 누가복음에 나오는 죄 많은 여인을 막달라 마리아라고도 추측하기도 합니다.

그런데 누가복음 10:38-42에는 그 마르다와 우리가 다루고 있는 마리아에 관한 다른 사건이 기록되어 있습니다. 예수님께서 아마도 마르다의 초청으로 그 집에 방문하신 것으로 보입니다. 초청자

6. 이야기 마무리식

인 언니, 마르다는 예수님을 대접하기 위해 너무도 분주하고 정신이 없었습니다. 그런데 39절에 보면 그녀의 동생 마리아는 "그에게 동생이 있어 주의 발치에 앉아 그의 말씀을 듣더니."라고 소개되고 있습니다. 마리아는, 그녀의 언니 마르다나 다른 사람들과는 달리 주의 발치에 조용히 앉아 겸손함과 침잠함을 보여주고 있습니다. 무엇보다도 그 여인은 주님의 말씀을 사모하여 그분의 말씀을 주의 깊게 듣는 사람이었던 것입니다.

바로 그 마리아는 이렇게 주님의 말씀을 주의 깊게 정성을 다하여 듣는 삶이 있었기 때문에 다른 모든 사람이 깨닫지도 못하고 생각지도 못하고 있을 때 주님 십자가의 비밀, 구원 사역을 깨닫고 전적인 헌신으로 그것을 예비할 수 있었던 것으로 보입니다.

그러므로 우리에게 오늘도 필요한 것은 바로 "주님의 발아래 앉아 주의 말씀을 듣는 자세"입니다. 우리 신앙인에게는 그 무엇보다도 주의 말씀에 경청하는 자세가 필요한 것입니다.

주의 말씀에 대한 우리의 자세가 우리의 인생을 결정합니다. 누구의 말을 들을 것인가가 우리의 미래를 바꿉니다. 누구의 말을 듣느냐에 따라 우리의 인생이 결정된다는 것입니다. 또한 그것은 누구를 주로 모시고 살 것인가의 문제와 연결되어 있습니다. 누구를 주로 모시고 살 것인가에 따라 우리 인생은 달라지게 되어 있습니다.

그래서 우리에게 조용히 주의 발아래 앉아 주님의 말씀을 들을 수 있는 마음의 여유와 침잠이 필요합니다. 너무 시끄럽고 번잡하고 바쁘고 정신없는 세상에 살면서 그러한 시간을 만들어 내지 않으면 우리에게 주님의 제자로 제대로 사는 일에 소망이 없습니다.

바울은 에베소서 보내는 편지에서 신앙인들이 "시간을 아껴 써야 한다."라고 강조하고 있습니다. 에베소서 5:16 "세월을 아끼라, 때가 악하니라."

여기서 "아끼라."라는 말은 단지 시간을 선용하라는 말이 아니고, 시간을 '구출해 내라.'는 의미입니다(ἐξαγοραζόμενοι τὸν καιρόν).

우리말 성경에는 두 문장 사이에 접속사가 생략되어 있습니

6. 이야기 마무리식

다. 그러므로 헬라어 성경을 직역한다면, "시간을 구출해 내라 왜냐하면 때가 악하기 때문이다."가 될 것입니다. 말세로 갈수록 우리의 시간을 빼앗아 가는 것이 너무도 많아서 중요한 일을 하기 위해서는 그 시간을 구출해 내야 한다는 것입니다. 정말 중요한 일을 위해서 시간을 구출해 내지 않는다면, 따로 떼어놓지 않는다면, 그 중요한 일을 할 수 있는 기회마저 놓치게 된다는 것입니다. 주님의 말씀을 들을 수 있는 시간을 확보해 두지 않는다면 우리는 여러 가지 바쁜 일로 모든 시간을 놓치게 되고 말 것입니다.

우리가 주의 말씀을 주의 깊게 들어야 하는 이유를 바울은 다음과 같이 설명해 주고 있습니다. 데살로니가전서 2:13 "이러므로 우리가 하나님께 끊임없이 감사함은 너희가 우리에게 들은바 하나님의 말씀을 받을 때에 사람의 말로 받지 아니하고 하나님의 말씀으로 받음이니 진실로 그러하도다. 이 말씀이 또한 너희 믿는 자 가운데에서 역사하느니라." 골로새서 2:2-3 "이는 그들로 마음에 위안을 받고 사랑 안에서 연합하여 확실한 이해의 모든 풍성함과 하나님의 비밀인 그리스도를 깨닫게 하려 함이니 그 안에는 지혜와 지식의 모든 보화가 감추어져 있느니라." 히브리서 4:2 "그들과 같이 우리도 복음 전함을 받은 자이나 들은바 그 말씀이 그들에게 유익하지 못한 것은 듣는 자가 믿음과 결부시키지 아니함이라."

마지막으로 성도 여러분께 조신영과 박현찬 작가가 저술한 소설 <경청>을 소개해 드립니다.

조신영 작가는 자기 계발 분야에서 국제적인 강사이며, 한국, 미국, 중국, 러시아, 몽골, 중앙아시아, 홍콩을 수백 회 순회하며 자기 계발 세미나를 진행해 오신 분입니다. 2001년 세계 최초의 온라인 셀프리더십 게임을 발표하였고, 베스트셀러 <쿠션>, <성공하는 한국인의 7가지 습관> 등의 저자이기도 합니다. 늘사랑 기독학교의 초대 교장, 현재는 인문 고전독서포럼 대표입니다.

박현찬 작가는 스토리직 대표로 일하고 있습니다. 서울대에서는 독문학을, 서강대 대학원에서 인공지능을 전공했고, 미국 스탠포드대학교 경영대학원의 IT 기업과정을 수료하기도 했습니다. 웅진출

6. 이야기 마무리식

판 인터넷 사업 본부장을 역임했고, 한겨레 교육문화센타 및 한국언론재단, KBS PD 연수과정에서 스토리텔링 강의를 했습니다. <연암에게 글쓰기를 배우다>, <원칙 있는 삶>, <마중물> 등의 저작이 있습니다.

<경청>이라는 이 책은 일반적인 자기계발서와는 확연하게 다릅니다. 그 소재와 구성면에서 볼 때 기승전결의 소설 형태로 쓰였기 때문에 읽으면 더 큰 감동이 있습니다. 이 책의 주인공인 '이토벤(본명: 이청)'은 평소에 남들이 무슨 말을 하든지 자기 편한 대로 이해하는 독선적인 행동을 하는 30대의 직장인입니다. 그러니까 이토벤이라는 이름은 난청을 겪었던 베토벤처럼 남의 말을 안 들어서 혹은 못 들어서 붙여진 별명이라고 할 수 있습니다. 그의 불소통과 독선적인 행동으로 아내와는 별거 중이었으며 외아들(현)은 발달장애인이 되었습니다. 다니는 회사가 어려워지자, 회사의 대대적 구조조정에 적극적으로 협력하여 대리점 개설권을 준다는 회사의 제안에 따라 퇴직하게 됩니다.

이 소설에서 이토벤은 뇌줄기 암으로 청력을 완전히 잃게 되고 결국 시한부 인생을 살아가기 때문에 직장과 가정에서 소외된 처지가 됩니다. 이토벤은 자신의 인생 유산으로 아들에게 자신이 제작한 바이올린을 남겨주기로 결심합니다. 우여곡절 끝에 퇴직한 그는 그 회사의 악기공장이 있는 강원도로 들어가게 됩니다. 온갖 멸시 천대를 다 받으면서 무급사원으로 바이올린 제작을 배우는 이토벤, 그는 귀가 잘 들리지 않았기 때문에 팀원 한 사람 한 사람의 말에 더 집중해야 했습니다. 어느 사람의 대화라도 도중에 말을 자르고 들어가지 않는 이토벤의 자세는 마침내 입만 열면 으르렁대는 듯한 현장 팀원들의 마음을 천천히 녹아내리게 했습니다. 그들은 평소에 경험해 보지 못했던 이토벤의 능동적인 경청 덕분에 같은 동료 팀원들은 자신들의 속마음까지 조금씩 꺼내놓기 시작합니다.

이토벤은 훗날 아들(현)과 소통을 바라면서 편지를 쓰기 시작합니다. 그리고 얼마 후에는 이토벤은 최고의 바이올린 목재를 구하러 깊은 산속으로 들어갔다가 조난하게 됩니다. 한 노인의 구조로

6. 이야기 마무리식

3일 동안 산속 오두막에 머물면서 자연의 소리를 듣고, 만물의 소리에 오히려 귀가 열리게 되는 소중한 경험을 하게 됩니다.
<경청>은 기승전결이라는 목차가 아주 인상적입니다. 제1악장 전주, 제2악장 소나타, 제3악장 미뉴에트, 제4악장 피날레 맨 마지막이 앙코르로 이루어진 음악적 스토리 구성을 하고 있습니다.
<경청>에는 다음과 같은 말이 나옵니다.

우리는 대부분 상대의 말을 듣기도 전에 미리 내 생각으로 짐작하고 판단하곤 합니다. 상대의 말을 왜곡하지 않고, 있는 그대로 받아드리기 위해서는 먼저 빈 마음이 필요하다는 뜻입니다. 텅 빈 마음이란 아무것도 생각하지 말라는 뜻이 아닙니다. 나의 편견과 고집을 잠시 접어 두라는 의미입니다(p. 67).

이 소설에서 주인공의 아내는 남편이 임종 때에 남겼던 유언을 아들 이현에게 다음과 같이 전달합니다. 그것이야말로 작가들이 독자들에게 하고 싶었던 가장 중요한 주제일 것입니다.

네 아버지가 중환자실에서 마지막으로 엄마에게 남긴 것이 바로 이 구절이었어. 자신이 삶에서 깨달은 가장 귀중한 지혜라고 했지. '귀를 기울이면(以聽) 사람의 마음을 얻을 수 있다.'(得心)라는 것이었지. 네 아버지는 우리에게, 그리고 세상 모든 이들에게 들려주고 싶은 것이 바로 이 네 글자라고 하셨어. 영혼의 귀를 열어 그 마음의 소리를 들으면 상대가 누구이든지 진정으로 사랑할 수 있다고 말이야(p. 241).

우리 신앙인은 그가 말한 이청득심(以聽得心)을 반드시 기억해야 합니다. 이 사자성어는 우리가 매일 보는 성경의 말씀과 너무나도 상응하기 때문입니다. "경청"(傾聽)에서 "청"자가 의미하는 것처럼, 온몸과 마음으로 하나님의 말씀에 귀를 기울이면 하나님의 마음(뜻)을 알게 됩니다. 하나님은 우리에게 성경을 단순하게 읽기보다는

6. 이야기 마무리식

들으라(경청하라)고 말씀하십니다.

오늘 본문 이야기에서 주님을 3년씩이나 따라다니며 주님의 모든 말씀과 사역을 눈으로 목격하고 직접 체험했던 12명의 제자도 깨닫지 못하고 있었던 주님의 십자가 사역, 주님의 죽음과 장례에 대한 준비를 어떻게 그 여인만은 깨달을 수 있었을까요?

주님께서 그 여인의 행동에 대해 복음이 전해지는 곳마다 그 여인을 말하여 그를 기념하라고 말씀하실 정도의 영광스러운 칭찬을 어떻게 얻어낼 수 있었을까요? 그것은 그 여인의 삶이 "주의 발 아래 앉아 주의 말씀을 듣는" 삶이었기 때문입니다. 그 여인에게는 주님의 말씀에 경청하는 것보다 더 중요한 것이 없었기 때문입니다.

성경은 우리에게 계속해서 한결같이 하나님의 말씀을 경청할 것을 강하고 도전하고 있습니다. "이스라엘아 들으라! 우리 하나님 여호와는 오직 하나인 여호와시니"(신 6:4). "그러므로 믿음은 들음에서 나며 들음은 그리스도의 말씀으로 말미암느니라"(롬 10:17). "귀 있는 자는 성령이 교회들에게 하시는 말씀을 들을지어다"(계 2:7, 11, 17, 29; 3:6, 13, 22). "주의 발치에 앉아 그의 말씀을 듣더니"(눅 10:39).

6. 이야기 마무리식

설교 분석

1. 성경 이야기 사용
   1) 이야기 진행식처럼 성경 이야기에 대한 충분한 시간적 할애가 필요하다.
   2) 그러나 결론부에서 다른 이야기를 사용할 수 있는 여지를 성경 이야기 설명에서 남기는 것도 중요할 것이다.

2. 성경 이야기 해석과 설명
   1) 진행식 이야기 유형처럼 성경 이야기에 대한 충분한 설명이 필요할 것이다.
   2) 그리고 결론부에서 다른 이야기를 사용함으로 성경 이야기의 메시지나 메시지의 일부를 강렬하게 보여주는 것이다.

3. 성경 이야기와 다른 이야기
   1) 이 유형에서 설교의 종결부에 사용되는 다른 이야기는 성경 이야기의 메시지를 살려낼 수 있는 이야기여야 할 것이다.
   2) 성경 이야기가 충분히 설명된 후에 강력한 결론 내지는 적용을 위해 그에 걸맞은 효과적인 이야기를 사용하는 것이 중요할 것이다.

4. 성경 이야기의 적용
   1) 종결부의 다른 이야기 사용은 성경 이야기에 대한 아주 강한 적용이 될 것이다.
   2) 물론 성경 이야기를 풀어가면서 몇 개의 적용점들을 제시할 수도 있을 것이다.

6. 이야기 마무리식

5. **이 설교 방법론의 강점과 약점**

1) 강점 - 이야기 진행식과 같지만, 종결부에서 아주 강력한 결론이나 적용을 위해 다른 이야기가 사용되기 때문에 긴 여운을 남길 수 있을 것이다.

2) 단점 - 종결부 이야기가 강렬하지 못할 때 큰 효과를 내지 못하고 사족과 같은 느낌이 들 수도 있기 때문에 이야기 선정에서 신중해야 할 것이다.

7. 이야기 강해식

7. 이야기 강해식(Storytelling exposition)

제목; 믿음의 본질
본문; 누가복음 17:1-10

예수님께서 제자들에게 말씀하셨습니다. "다른 사람을 죄짓게 하는 일이 없을 수는 없겠지만 그렇게 하는 사람에게는 화가 있을 것이다. 어린아이 하나라도 그로 하여금 죄를 짓게 한다면 차라리 그 아이의 목에 연자맷돌을 매어 바다에 빠뜨리는 것이 죄가 더 가벼울 것이다. 그러므로 조심해야 한다. 만약에 너의 형제가 죄를 짓는다면 그를 책망하여라. 그러나 그가 회개한다면 그를 용서해 주어라. 만일 그 형제가 하루에 일곱 번이라도 너에게 죄를 짓고 돌아와서 잘못했다고 빈다면 너는 그를 용서해 주어라.

그러자 사도들이 주님께 말했습니다. "우리에게 믿음을 더해 주세요!" 주님께서 말씀하셨습니다. "만일 너희에게 겨자씨만 한 믿음이 있다면 이 뽕나무에게 '뿌리째 뽑혀 바다에 심겨라'라고 말하면 그것이 그대로 되었을 것이다.

너희 중에 밭을 갈거나 양을 치는 일을 하는 종이 있는데 그가 밭에서 돌아오면 '어서 이리 와서 앉아서 먹으라!'라고 말할 사람이 있겠느냐? 오히려 그 종에게 '너는 내가 먹을 것을 준비하고 내가 먹고 마시는 동안 나에게 시중을 들다가 그 후에 먹고 마시라!'라고 말하지 않겠느냐? 종이 시키는 일을 다했다고 해서 주인이 그 종에게 고맙다고 하겠느냐?

이와 같이 너희도 명령받은 것을 다 행한 후에 '우리는 가치 없는 종입니다. 우리가 해야 할 일을 했을 뿐입니다'라고 말하는 것이 당연

7. 이야기 강해식

하다."

2013년 8월 20일 오후 1시, 조지아주, 아틀란타시 근교의 로날드 맥네아 디스커버리 러닝 아카데미(Ronald E. McNair Discovery Learning Academy) 학교의 담장을 소리 없이 넘어 학교 안으로 들어가는 백인 청년이 있었습니다. 그는 사회에 대해 불만이 많은 청년이었고, 그래서 그 학교의 모든 아이를 죽이려고 마음을 먹고 자신도 죽으려고 AK47 소총과 500발의 탄환을 가지고 담을 넘었습니다. 그의 이름은 마이클 브랜돈 힐(Michael Brandon Hill)이었고, 그의 나이는 20세였습니다.

그 당시 그 학교에는 800여 명의 아이들이 수업하고 있었는데 마이클 힐은 운동장을 지나면서 몇 발의 총을 운동장 바닥에 쏘았기 때문에 그 학교의 사서로 8년째 근무하던 앙또아네 터프 교사는 환영 테이블에서 창 너머로 그를 볼 수 있었고 바로 911에 전화했습니다. 그녀가 전화를 끊기도 전에 마이클 힐은 터프가 있는 본관 건물로 들어왔고 터프는 조용히 전화기를 책상 위에 내려놓았습니다. 그러나 그날 마이클 힐은 더 이상 총을 사용하지 않았고 자진해서 경찰에 자수를 했습니다. 그것은 앙또아네 터프와 마이클 힐의 대화 덕분이었습니다.

그날 앙또아네 터프(Antoinette Tuff)와 마이클 힐이 나눴던 20여 분의 대화는 그대로 911에 녹음되었습니다. 그날 터프는 그 청년이 들어오자 당황하지 않고 말을 먼저 건넸습니다. "참으로 힘들었나 봅니다. 저는 그 기분을 좀 알 것 같아요. 저도 딱 1년 전에 결혼생활 20년 만에 저의 남편이 가족을 두고 떠나버렸었거든요. 그때 저의 아들은 다중 장애를 갖고 있는 아이였고, 그 아이를 돌보면서 사는 것이 너무 힘들고 어려워서 저도 생을 끝내려고 시도했었어요. 여기 저의 왼쪽 팔목을 보세요. 그 흉터가 이렇게 남아 있네요. 그런데 그때를 넘기게 되니까 이렇게 살 수 있었어요. 모든 것은 다 지나가게 되어 있습니다."

그렇게 시작된 대화는 한참 동안 이어졌고 마이클 힐은 자

7. 이야기 강해식

신은 정신 장애를 앓고 있다면서 울면서 자신이 어떻게 하면 좋겠느냐고 물었습니다. 그러자 터프는, "걱정하지 마시고 경찰에 신고합시다. 제가 반드시 면회를 갈 것입니다"라고 말했습니다. 그래서 그는 자수하게 되었고 엄청난 파국으로 끝날 수 있었던 그 사건은 무사히 넘어갈 수 있었습니다.

그 사건 이후에 터프는 많은 방송사에 나가 방송을 하게 되었으며, 훌륭한 시민에게 주어지는 영예로운 메달인, 자유의 메달(Medal of Freedom)이 수여되었고, 오바마 대통령은 그녀에게 직접 전화하여 "진정한 일상의 영웅"이라고 칭찬하기도 했습니다. 그런데 얼마 후에 한 방송사 인터뷰에서 그녀가 독실한 기독교 신자라는 것이 밝혀졌고, 그런 용기와 힘이 어디에서 나왔느냐고 묻는 기자의 물음에 아마도 "바로 그 전주에 우리 교회 목사님의 설교 덕분이었던 것 같아요."라고 말해서 큰 화제가 되었습니다.

그때 그녀가 출석하는 교회의 목사님은 "주님께 닻 내리기"(Anchoring Yourself in the Lord)라는 시리즈 설교를 막 시작한 때였고, 주일에 설교를 들은 그녀는 월요일에 그 말씀을 떠올리면서 주님께 닻을 내림으로 더 이상 흔들리지 않고 말씀 안에서 살아가겠다고 결심했었는데, 바로 그다음 날 화요일 점심때 그 일이 있었던 것입니다. 그녀의 그 행동으로 그 청년은 말할 것도 없고 잠재적인 위험에 빠져있었던 800여 명의 아이들을 구할 수 있었습니다.

어떤 사람에게는 평범하게 주어질 수 있는 주일의 말씀이나 말씀 이야기가 어떤 사람에게는 엄청난 재난을 막거나 많은 사람을 구하는 역할을 할 수도 있음을 깨닫게 하는 사건이었습니다. 기독교인이 갖고 있는 "믿음"이라는 것이 무엇인지를 우리가 분명하게 안다면 우리의 일상적인 삶과 행동이 얼마나 큰 의미를 지니는지를 알 수 있을 것입니다.

오늘 우리가 살펴보기를 원하는 이야기는 전체 이야기가 한 흐름을 가진 하나의 이야기로 이해되지 않고 몇 개의 이야기로 끊어져 있는 느낌이 들거나 혹은 몇 개의 반전을 가지고 있는 이야기로 보입니다.

7. 이야기 강해식

　　　주님께서는 오늘 말씀을 통해 다른 사람을 영적으로 넘어지게 하는 것이 얼마나 심각한 잘못인지를 지적하셨습니다. 그러한 일은 일상생활에서 그리고 인간관계에서 일어날 수밖에 없겠지만 다른 사람을 넘어지게 한 사람은 큰 화를 입게 될 것을 알라고 하셨습니다. 그러므로 다른 사람이 죄를 범한다면 책망해야 하고 그렇지만 그가 용서를 구한다면 하루에 세 번도 어려운 일인데 일곱 번이라도 용서해야 한다는 매우 높은 수준의 신앙을 요구하셨습니다.

　　　그러자 제자들은 예수님의 그 말씀에 대해 순종이 거의 불가능하다는 사실을 직감적으로 알았기 때문에 자신들에게 믿음을 더해달라고 요청했습니다. 그렇다면 주님께서는 그들이 작은 믿음에서 어떻게 하면 큰 믿음으로 나갈 수 있는지에 대한 말씀을 하시는 것이 이야기가 자연스럽게 흘러가도록 만들었을 것입니다.

　　　그런데 여기서 첫 번째 반전이 일어납니다. 주님께서는 제자들이 "겨자씨" 한 알만한 믿음만 있어도 불가능하게 보이는 일을 할 수 있게 된다고 말씀하신 것입니다. 제자들은 자신이 작은 믿음을 갖고 있지만 그렇게 작은 믿음을 갖고 있다고는 생각하지 않았을 것인데 "겨자씨"라는 단어를 사용하심으로 마치 제자들은 그만한 믿음도 없다는 듯이 말씀하셨습니다.

　　　그리고 두 번째 반전이 일어납니다. 주님께서 앞에서 해오셨던 문제와는 다르게 보이는 주제의 말씀을 하셨기 때문입니다. "믿음" 이야기를 하시다가 갑자기 "주인과 종"에 관한 이야기를 하셨습니다. 주인을 섬기는 종은 자신이 해야 할 일을 다했다고 주인에게 사례를 받고 대접을 받는 것이 아니라는 것입니다. 오히려 들에서 일을 열심히 하고 왔더라도 주인의 식사를 준비해야 하며 맡은 일을 다한 후에도 자신은 무익한 종이며 마땅히 해야 할 일을 했을 뿐이라고 말하는 것이 당연하다고 하셨습니다.

　　　우리는 오늘 주님께서 말씀하신 이야기를 제대로 이해하기 위해서는 특별히 사용된 단어나 표현도 역사적으로, 문화적으로, 문학적으로 알아봐야 할 것이고 오늘 말씀이 어떤 논리를 바탕으로 진행되고 있는지에 대해서도 공부해야 할 것입니다.

7. 이야기 강해식

우리는 오늘 이야기에 사용된 단어들, 표현들에 대한 것들을 먼저 살펴보도록 하겠습니다.

우선은 다른 사람을 "실족하게 한다."는 것이 무슨 뜻인지부터 알아보겠습니다. 이 단어는 쉬운성경에서는 다른 사람으로 하여금 '죄짓게 하는 일'이라고 번역했습니다. 이것은 다른 사람으로 그로 하여금 뭔가 거리끼게 만들거나 죄를 짓게 만드는 것을 의미합니다. 신앙인이 다른 신앙인을 그렇게 만들거나 그렇게 되도록 조장하는 것은 심각한 잘못이라는 사실을 주님은 강조하고 있습니다.

그렇게 다른 사람을 넘어지게 한 사람은 차라리 "그 목"에 연자 맷돌을 매어 바다에 빠뜨리는 것이 더 낫다고 하셨는데 문제는 여기의 "그"가 누구를 가리키는가입니다. 실족게 한 사람의 목인가 아니면 실족 당한 사람의 목인가가 문제입니다. 우리말에서도 불분명하지만, 원문도 역시 불분명합니다. "그의"는 소유격인데 넘어지게 한 사람은 남성이고, 넘어짐을 당한 어린아이는 중성입니다. 그런데 공교롭게도 헬라어에서 남성과 중성의 소유격이 똑같습니다. 그러니까 실족시킨 사람의 목이 될 수도 있고 실족 당한 아이의 목이 될 수도 있다는 것입니다.

여기에 사용되고 있는 "연자 맷돌"은 그 당시 황소가 돌릴 정도의 큰 맷돌을 말하고 있습니다. 그 돌 중에서 돌아가는 위에 있는 맷돌을 가리키고 있습니다. 어쨌든 그 크기와 무게를 생각한다면 사람의 목에 매어 바다에 빠뜨린다면 도저히 빠져나올 수 없을 것입니다.

여기에 사용된 "경계하라."라는 단어는 사람의 등 뒤에서 말하는 것이 아니고 신실하고 솔직하고 분명하게 당사자 앞에서 충고하는 것을 의미합니다.

이 이야기에서 문제가 되는 구절 중의 하나가 "일곱 번 용서"라는 것입니다. 그 당시 랍비들은 사람이 세 번 용서할 수 있다면 그 사람은 완전한 사람이라고 가르쳤습니다. 그런데 주님께서는 3번도 아니고 7번 용서하라고 가르쳤기 때문에 제자들의 관점에서 좌절감을 줄 정도의 무리한 요구였음을 알 수 있습니다.

7. 이야기 강해식

"겨자씨 한 알만한"이라는 구절은 그 당시 그들의 언어와 문화를 이해하지 못하면 그 뜻이 제대로 다가올 수 없습니다. 유대인들의 문화에서 그들은 "아주 작은 것"을 의미할 때 "그것이 겨자씨만 하다"는 속담적 표현을 사용했습니다. 그러니까 그래도 믿음이 조금은 있지만 큰 믿음이 없어서 용서를 못 하게 될 것이니 더 큰 믿음을 달라고 했던 제자들에게 "겨자씨만 한 믿음"만 있다면 뽕나무도 뿌리째 뽑을 수 있다고 하셨으니 결국 제자들은 그러한 믿음도 없는 것이 되기 때문에 제자들은 주님께서 무슨 말씀을 하시고 계시는지 혼란스러웠을 것입니다.

"이 뽕나무더러 뿌리가 뽑혀 바다에 심기우라."라는 표현은 당연히 그들의 문화적인 표현 중의 하나였습니다. 그 당시 유대인들은 훌륭한 의사를 "뽕나무를 뿌리째 뽑는 사람"이라고 표현함으로 불가능한 것을 할 수 있는 엄청난 능력을 소유했음을 이와 같이 속담적으로 표현했습니다. 뽕나무는 600년까지도 살며 그 뿌리는 작은 집채만 하다고 알려져 있는데, 그것을 뿌리째 뽑을 수 있다는 것은 엄청난 능력의 소유자임을 표현하는 것이 분명합니다. 그래서 이것은 "산을 옮길만한 믿음"(고전 13:2)과도 대비되고 있습니다. 그런데 주님께서는 뽕나무를 뽑는 일을 넘어서 "그 뽕나무더러 바다에 심기우라."고 명령한다면 그 일도 일어난다고 말씀하셨습니다. 그러니 그 "겨자씨만 한 믿음"의 능력이 얼마나 대단한 것인지 짐작조차 어려울 정도입니다.

"무익한 종"에 대해 알아봅시다. 그 당시에 종은 인간으로서의 대접을 받지 못했었습니다. 단지 재산의 일부로 취급되기도 했습니다. 그러나 그 단어는 "노예"와는 다른 개념으로 사용되었습니다. 주님께서 "너희 중에"라고 말씀하시면서 "종"의 개념을 사용하셨기 때문에 그 말씀을 듣고 있는 사람들에게도 있을 수 있는 종에 대해 언급하셨던 것으로 보입니다.

"우리에게 믿음을 더하소서."라고 제자들이 요청한 것을 보면 제자들은 믿음의 개념을 어떤 양적 개념으로 보고 있는 듯합니다. 그러나 주님께서 "겨자씨만 한 믿음"을 언급하심으로 그들의 생각과는

7. 이야기 강해식

다른 질적 개념의 믿음을 언급하고 계신 것으로 볼 수 있습니다.

그렇다면 이제는 오늘 본문이 주고 있는 교훈이나 메시지를 예수님과 제자들이 나누고 있는 대화의 순서에 따라 살펴보도록 하겠습니다. 예수님과 제자들 간의 대화의 흐름은 실족 문제, 죄를 범한 사람에 대한 경계와 용서 문제, 제자들과 예수님의 믿음의 개념 문제, 예수님께서 말씀하신 믿음의 본질 문제 순으로 다뤄지고 있음을 알 수 있습니다.

많은 세리와 죄인들이 말씀을 들으려고 예수님께 가까이 나오는 것을 보고 바리새파 사람들과 율법학자들은 예수님께서 죄인들을 받아들이시고 함께 먹으시기까지 한다고 수군거렸습니다(눅 15:1-2). 그런가 하면 한 부자는 거지 나사로에 대해 경멸하는 태도를 보였습니다(눅 16:19-21). 이와 같이 사람들로부터 소외당하고 멸시받는 사람들은 바리새인이나 율법학자들과 같은 사람들의 이러한 태도로 인하여 쉽게 상처를 받을 수 있고 신앙을 포기할 수도 있습니다. 그래서 예수님께서는 다른 사람을 실족시키는 일이 없도록 주의하라고 경고하셨습니다. 다른 사람을 실족시키는 일은 언제든지 일어날 수 있습니다.

그러나 우리는 실족을 막기 위해 최선을 다해야 한다는 것입니다. 그 모든 인간의 주인이신 주님께서는 한 영혼도 잃는 것을 원치 않으시기 때문입니다. 그래서 마태는 "소자 중의 하나라도 잃는 것은 하나님의 뜻이 아니다"라고 말하고 있습니다(18:14).

그러면서 다른 사람을 실족하게 하는 사람의 죄가 얼마나 무거운지 "그의 목"에 연자 맷돌을 달아서 바다에 빠뜨리는 것이 더 낫다고 말씀하실 정도입니다. 여기서 "그의"를 실족하게 한 사람이나 실족 당한 사람을 다 가리킬 수 있다고 했는데, 만약에 "그의"가 실족 당한 소자를 가리킨다고 한다면 차라리 육체를 죽이는 것이 영혼을 죽이는 것보다 오히려 죄가 더 가볍다는 말이 됩니다. 다른 사람의 영혼을 죽이는, 실족시키는 일을 하기보다는 차라리 그의 육체를 죽여 영혼을 살리는 것이 죄가 훨씬 가볍다는 의미입니다.

그다음으로 주님께서는 공동체 안에서 범죄 한 사람을 어떻

7. 이야기 강해식

게 대할 것인가를 말씀하셨습니다. 먼저는 그것을 본 사람 자신도 그러한 죄를 범하지 않도록 조심해야 할 것입니다. 또한 죄를 지은 사람에 대해서는 뒤에서 비난하지 말고 그 사람 앞에서 경계할 것을 주문하셨습니다. 하지만 그가 와서 용서를 구한다면 7번까지라도 용서하라고 하셨습니다. 이것은 사실상 끝까지 용서하라는 의미입니다. 또한 이 말은 인간들은 남에게 상처 주는 일을, 죄를 짓는 일을 어쩔 수 없이 반복하는 경향이 있음도 지적하고 있습니다.

　　　　예수님께서 용서를 구하는 사람에 대해 7번까지라도 용서하라는 말씀은 분명히 제자들에게 넘을 수 없는 요청으로 들렸을 것입니다. 사실상 일반적인 사람은 그러한 용서를 할 수가 없을 것입니다. 그래서 그들은 자신들의 믿음이 부족함을 느끼고 믿음을 더해 주실 것을 주님께 요청했을 것입니다. 물론 "믿음을 더해 주소서!"에서 "더한다."(προσθες)는 것이 이미 소유된 것과는 성질상 다른 어떤 것을 첨가한다는 의미는 아닙니다. 이미 소유한 것에다가 더 추가시켜달라는 뜻을 내포하고 있습니다. 그런 점에서 제자들의 믿음은 "적은 믿음"(마 6:30; 8:26; 14:31; 16:8, 눅 12:28)이었고 성장이 필요한 믿음이요, 증진이 필요한 믿음이었음은 분명합니다.

　　　　그런데 주님의 대답이 제자들이나 우리의 기대와는 전혀 다른 것이었습니다. 왜냐하면 주님께서는 "겨자씨만 한 믿음"을 들고나오셨기 때문입니다. 언뜻 보면 주님의 말씀이 동문서답처럼 들릴 수 있습니다. 그러나 주님께서 하신 말씀을 제자들의 요청과 관련지어 들여다보면 주님께서 언급하신 믿음의 개념과 제자들의 그것이 다르다는 사실을 파악할 수 있습니다. 제자들이 믿음의 양적인 개념을 들고나왔다면, 주님께서는 믿음의 질적 개념을 언급하신 것으로 보입니다. 겨자씨는 아주 작은 것이지만 일반적인 사물과는 전혀 다른 면이 있습니다. 그것은 그 안에 생명력이 있다는 것입니다. 그러니까 크기가 중요한 것이 아닙니다. 그러한 생명력 있는 믿음이 있느냐 없느냐가 중요한 것입니다. 겨자씨는 비록 가장 작은 것이지만 생명력이 있기에 땅에 심기어지면 싹이 나고 11m까지도 자라서 커다란 나무가 되어 새가 집을 지을 정도가 될 수 있습니다.

7. 이야기 강해식

주님께서는 귀신 들린 아들을 치료하지 못하는 제자들에게 "겨자씨만 한 믿음이 있다면 이 산을 저기로 움직여라 하면 산이 움직였을 것이다."라고 말씀하시면서 그들이 "믿음이 적은 연고"(마 17:20)라고 말씀하셨습니다.

이제 예수님과 제자들의 대화는 새로운 국면으로 넘어가고 있습니다. 주님께서는 갑자기 믿음 이야기를 하시다가 주인과 종의 관계 문제로 화제를 돌리셨기 때문입니다. 그런데 주님의 그 말씀을 들여다보면 전혀 다른 주제로 대화를 돌리신 것이 아닙니다. 주님께서는 계속해서 믿음에 관해서 말씀하고 계신 것입니다. 특히, 주님께서는 주인과 종의 관계를 꺼내심으로 믿음의 본질을 다루고 계셨던 것입니다. 주님께서 말씀하시는 질적인 믿음의 본질은 관계에 달려 있습니다. 그러니까 믿음의 본질이 어떤 대단한 일이나 사역과 관련이 있는 것이 아니고 오히려 관계에 달려 있다고 말씀하신 것입니다. 참다운 믿음은 주님과의 관계에 그 핵심이 달려 있습니다. 그러므로 요한이 기록하고 있는 것처럼 "하나님의 일"은 어떤 사역이나 프로젝트가 아니고 하나님과의 바른 관계, 즉 하나님의 말씀을 믿는 것이 되는 것입니다(요 6:29 - "하나님께서 보내신 이를 믿는 것이 하나님의 일이다").

믿음의 본질은 그 크기나 양에 있지 않고 질에 있으며 그 질은 관계로 결정됩니다. 그리고 바람직한 종과 주인의 관계는 종이 자신의 위치를 정확하게 알고, 자신의 의무를 다하며 항상 자신은 무익한 종이라는 겸손한 태도를 가져야 하는 것입니다. 그러니까 얼마나 대단한 일을, 얼마나 많은 일을 행했느냐보다는 주님께 얼마나 충성스럽게 행하였느냐가 더 중요한 것입니다. 하나님과 제대로 된 관계 속에서 주님을 신뢰하기만 하면 그 믿음은 우리에게 어떤 일도 가능하게 만듭니다.

그러므로 믿음은 결국 활용의 문제입니다. 믿음이 없어서 문제인 것이지 믿음이 있다면 그 크기는 우리가 생각하는 대로 양적인 차이가 있다기보다는 생명력 즉, 하나님과의 온전한 관계, 친밀한 관계에 달려 있다고 할 수 있습니다. 그러므로 믿음은 주님과의 바른

7. 이야기 강해식

관계에서 주님께서 이미 주신 것을 믿음으로 활용하는 것이라고 할 수 있습니다.

제자들이 주님을 배에 모시고 가면서도 주님께 기도하지 않고, 도움을 청하지 못하는 것이 바로 작은 믿음입니다. 그들은 이미 그들에게 주어져 있는 주님을, 주님한테서 오는 능력을 활용하지 못하고 있었던 것입니다.

그런 점에서 오늘의 본문 전체를 요약한다면, 주님의 제자에게 필요한 것 세 가지가 기술되고 있습니다. 그것은 용서, 믿음, 관계라고 할 수 있습니다. 주님과 올바른 관계가 이뤄지면 그는 믿음이 있는 것이고 그 믿음은 불가능하게 생각하는 일도 가능하게 만들며, 무한한 용서까지도 가능케 만드는 것입니다.

이제는 우리가 깨달은 것을 우리들의 생각과 삶에 적용해 보도록 하겠습니다. 우리는 우리 삶에서 일어날 수 있는 실족 문제의 심각성을 이해해야 합니다. 다른 사람의 영혼에 피해를 주거나 넘어지게 하는 것보다 차라리 그를 물에 빠뜨려 죽이는 것이 더 낫다는 것이 무엇을 의미하는지 이해해야 할 것입니다. 우리는 다른 사람의 신앙에 피해가 되는 나의 말과 행동의 심각성을 깨달아서 말과 행동을 하기 전에 반드시 먼저 생각해 보아야 할 것입니다.

이제부터는 다른 사람의 잘못을 뒤에서 비난하거나 다른 사람에게 말하는 것의 잘못을 깨닫고 그러한 일을 하지 않도록 결심해야 할 것입니다.

작은 자, 연약한 지체에 대한 바람직한 나의 태도를 돌아보고 연약한 자에 대한 구체적인 배려를 결심할 필요가 있습니다.

과연 나는 주님의 종으로서의 자세가 어떠한가를 생각해 보아야 합니다. 그 동안의 잘못된 자세를 회개하고 내 자신이 주님의 종임을 인정하고 종의 본분을 다하려는 자세를 갖는 것이 마땅합니다.

내 믿음의 본질이 결국 나의 주님과의 관계에 달려 있음을 깨닫는다면 주님과의 관계 증진을 위한 구체적인 실천을 결심해야

7. 이야기 강해식

할 것입니다. 많은 일을 하고 큰 일을 하는 것이 큰 믿음이 아닙니다. 오히려 주님께 더 가까이, 주님과 더 친밀히 사귀는 것이 바로 큰 믿음입니다.

7. 이야기 강해식

설교 분석

1. 성경 이야기 사용
1) 성경 이야기나 본문을 그대로 사용한다. 그러면서 그 내용이 일관적이지 않거나 혼동을 일으키는 부분을 부각한다.
2) 성경 이야기나 본문을 그대로 이야기해 주는 것으로 끝나지 않고 왜 그 이야기나 내용이 그렇게 흘러가야 하는지를 보여주어야 한다.

2. 성경 이야기 해석과 설명
1) 주어진 이야기나 본문에 대해 소단락으로 내용을 정리하고 그것들에 어떤 상관성이나 논리성이 있는지를 보여주어야 한다.
2) 소단락의 주제들에 대해서도 상세하게 설명함으로 모든 본문이 잘 이어질 수 있도록 해석과 설명을 추가해야 한다.

3. 성경 이야기와 다른 이야기
1) 이러한 유형에서는 다른 이야기를 사용하지 않아도 될 것이다. 물론 다른 짧은 이야기를 소주제들의 연결 설명을 위해 사용할 수는 있을 것이다.
2) 오히려 한 이야기나 본문 안에 있는 작은 이야기-에피소드들의 원활한 연결에 초점을 맞추어야 할 것이다.

4. 성경 이야기의 적용
1) 적용은 전체 흐름이 완성된 후에야 나올 수 있거나, 소단락에 대한 정리를 할 때마다 나올 수 있을 것이다.

7. 이야기 강해식

  2) 전체가 하나의 이야기나 흐름으로 이어질 때 가장 강력한 결론이나 적용점이 드러날 수 있을 것이다.

5. **이 설교 방법론의 강점과 약점**
  1) 강점 - 연결되지 않고 낱개의 교훈들이 나열된 것 같은 본문이나 이야기가 하나로 연결될 때 드러나는 강력한 메시지를 얻을 수 있다.
  2) 약점 - 아무래도 논리적인 설명이나 이론적인 해석이 곁들일 수 있어서 설교가 전체적으로 사변적인 될 수도 있을 것이다. 그러므로 설교가 그렇게 흘러자기 않도록 조심해야 할 것이다.

8. 이야기 적용식

8. 이야기 적용식(Storytelling Application)

제목; 왼손잡이 사사 에훗
본문; 사사기 3:12-30

      이스라엘 백성이 또다시 여호와께서 보시기에 나쁜 일을 저질렀습니다. 그래서 여호와께서는 모압왕 에글론을 강하게 하셔서 이스라엘을 공격하도록 하셨습니다. 에글론은 암몬 백성과 아말렉 백성을 자기편으로 끌어들였습니다. 그리고 나서 이스라엘을 공격하여 종려나무 성인 여리고를 점령했습니다. 이스라엘 백성은 십팔 년 동안 모압왕 에글론의 지배를 받았습니다.

      그러자 이스라엘 백성은 여호와께 부르짖었습니다. 여호와께서는 이스라엘 백성을 구하시기 위해 한 사람을 보내주셨는데 그 사람은 왼손잡이인 에훗입니다. 에훗은 베냐민 지파 사람인 게라의 아들입니다. 이스라엘은 모압왕 에글론에게 바칠 물건을 에훗을 통해 보냈습니다.

      에훗은 양쪽에 날이 선 칼을 하나 만들었습니다. 그 칼의 길이가 한 규빗 정도 되었습니다. 그는 그 칼을 오른쪽 허벅지 옷 속에 차고 모압왕 에글론에게 가서 그가 바치라고 한 물건을 전했습니다. 에글론은 매우 뚱뚱한 사람이었습니다.

      에훗은 에글론에게 물건을 바친 후에 그 물건을 싣고 왔던 사람들을 돌려보내고 자신은 길갈성 근처 채석장이 있는 곳을 지나다가 다시 돌아와서 에글론에게 말했습니다. "에글론 왕이여, 왕께 전할 비밀스러운 말씀이 있습니다!" 그러자 에글론왕은 신하들에게 "조용히들 하여라!"고 말하고 그들을 방에서 내보냈습니다.

277

8. 이야기 적용식

　　　　에훗은 에글론왕에게 가까이 갔습니다. 에글론은 꼭대기에 있는 서늘한 다락방에 혼자 앉아 있었습니다. 에훗은 "하나님께서 왕에게 전하라고 하신 말씀이 있습니다!"라고 말했습니다. 그 말을 듣고 왕이 자리에서 일어섰습니다. 에훗은 오른쪽 허벅지에 차고 있던 칼을 왼손으로 빼서 왕의 배를 깊이 찔렀습니다. 칼자루까지 몸 안으로 들어갈 정도로 에글론의 배에 칼이 깊이 박혔습니다. 그리고 칼끝은 에글론의 등 뒤까지 나왔습니다. 왕의 몸속 기름이 칼과 함께 엉겼습니다. 에훗은 에글론의 몸에서 칼을 빼내지 않았습니다. 에훗은 방에서 나와 문을 잠갔습니다.

　　　　에훗이 그곳을 떠나자마자 신하들이 돌아왔는데 문이 잠겨 있었습니다. 신하들은 왕이 용변을 보고 있는 줄로 생각하고 오랫동안 기다렸습니다. 그래도 왕이 문을 열지 않자 신하들은 이상하게 생각했습니다. 그래서 열쇠를 가져와 문을 열어 보니 왕이 죽은 채 바닥에 쓰러져 있었습니다.

　　　　한편 신하들이 왕이 문을 열기를 기다리고 있는 동안에 에훗은 몸을 피해 채석장을 지나 스이라로 갔습니다. 스이라에 도착하여 에훗은 에브라임 산지에서 나팔을 불었습니다. 이스라엘 백성은 그 나팔 소리를 듣고 에훗을 앞장세워 언덕을 내려왔습니다.

　　　　에훗이 말했습니다. "나를 따르세요. 여호와께서 우리를 도우셔서 우리의 적인 모압 백성을 물리치게 해주셨습니다." 그러자 이스라엘 백성은 에훗의 뒤를 따랐습니다. 이스라엘 백성은 요단강 나루를 차지하고 모압 사람 중 한 사람도 요단강을 건너가지 못하게 했습니다. 이스라엘은 강하고 힘센 모압 사람 일만 명 정도를 죽여서 아무도 도망치지 못하게 했습니다.

　　　　그날 모압이 이스라엘에게 항복하자 이스라엘 땅에 팔십 년 동안 평화가 임했습니다.

　　　　오늘의 이야기는 왼손잡이 사사 에훗에 관한 것입니다. 어떻게 보면 이 이야기는 자신의 약점마저도 하나님께서 어떻게 사용하셨는지를 보여주는 사건이라고 할 수 있습니다.

　　　　사사 옷니엘이 죽은 후에 이스라엘 백성들은 다시 우상숭배

8. 이야기 적용식

에 빠졌습니다. 12절의 "이스라엘 자손이 또 여호와의 목전에 악을 행하니라."에서 "악"은 바로 우상숭배였습니다. 여기에서 "또"라는 단어가 인간의 어리석음, 아니 우리의 어리석음과 안타까움을 보여주는 표현이라고 할 수 있습니다. 그러나 우리는 그러한 어리석음을 범할 때마다 하나님의 징계가 따르고 있음도 보아야 할 것입니다. 그러한 징계는 하나님께서 우리들을 바로잡으시기 위함입니다.

이스라엘 사람들의 반복되는 타락에 하나님께서는 이번에는 모압왕 에글론을 사용하셨습니다. 그는 롯의 둘째 딸로부터 나온 암몬과, 에서의 후손에게서 나온 아말렉과 연합하여 가나안 땅 정복의 상징이었던 여리고를 점령하고 이스라엘 사람들을 18년 동안이나 괴롭혔습니다. 그 당시 여리고는 교통의 요지요, 무역의 중심지였고 지리적 요충지였기에 이스라엘의 중심부라고 할 수 있었습니다. 바로 그곳이 점령당한 것입니다.

고통이 심해지자, 이스라엘 백성들은 다시 부르짖었고 하나님께서는 에훗이라는 사람을 사사로 보내셨습니다. 아마도 사사 에훗은 모압왕 에글론을 죽여야 이스라엘을 해방할 수 있다고 판단한 것으로 보입니다. 그래서 백성들의 공물을 바치러 가면서 45cm 정도 되는 양날 칼을 오른쪽 허벅지에 숨기고 가서 공물로 환심을 산후에 비밀스러운 이야기가 있다고 하여 독대를 신청했습니다. 둘만 있게 되자 에훗은 에글론에 다가가서 칼을 뽑아 에글론의 배를 찔렀습니다. 얼마나 힘껏 찔렀는지 칼자루가 함께 들어갔고 칼끝이 등 뒤로 나왔습니다. 칼을 빼지 않은 채 문을 닫고 나와 에브라임 산지로 와서 백성들을 불러 모아 군대를 조직했습니다. 그리고 일만 명 이상의 모압 족속을 죽여 모압으로부터 항복을 받아 냈고 80년 동안의 평화를 얻게 됩니다.

그러면 오늘 이야기를 한 가지씩 좀 더 자세히 살펴보도록 하겠습니다. 먼저 우리가 살펴보아야 할 것은 에훗은 어떤 사람이었는가 하는 것입니다.

그의 이름부터가 심상치 않습니다. 그의 이름 속에 역설이 들어 있습니다. "에훗"이라는 단어에는 두 가지 뜻이 있습니다. 하나

8. 이야기 적용식

는 '영광이 어디에 있는가?'라는 의미입니다. 이것은 그가 무시당하는 사람이었음을 시사하고 있습니다. 그 이름의 다른 뜻은 "에하드", 즉 '하나'에서 온 것으로 보자면 '독불장군', '외톨이'라는 것입니다. 그는 별로 인정받는 사람이 아니었던 것으로 보이며 그는 혼자 단독으로 행동하는 사람이었고 그가 혼자 들어가 에글론을 죽였습니다. 사람들로부터 외톨이였고 인정받지 못하는 사람이었지만 이스라엘을 구원하는 일에 하나님의 쓰임을 받았습니다.

또한 그는 베냐민 지파 사람이었고 왼손잡이였습니다. "베냐민"에서 "벤"은 '아들'이라는 뜻이고 "야민"은 '오른손'이라는 뜻이기 때문에 "베냐민"은 '오른손의 아들'이라는 뜻이 됩니다. 그런데 아이러니하게도 그는 "왼손잡이"였습니다. 정확하게 말하자면 오늘 본문에는 "베냐민", 즉 '오른손의 아들' 대신에 "야민" 즉 '오른손'이라는 단어 앞에 정관사를 넣어서 "벤하냐민", 즉 '그 오른손의 아들'로 되어 있습니다. 이것 또한 역설이 아닐 수 없습니다. 최고의 엘리트인 그 오른손잡이의 아들은 역설적으로 바로 왼손잡이였다는 것입니다. 그 당시 중동 지방에서 "왼손잡이"는 '열등', '불결', '무능'을 의미했습니다.

히브리어에서 왼손잡이라는 단어에는 두 가지 뜻이 있습니다. 하나는 '양손을 잘 쓰는 사람'이라는 주장이 있고, 다른 하나는 '오른손에 장애가 있는 사람'이라는 주장입니다. 그런데 우리가 주목해야 할 것은 오늘 이야기가 에훗이 왼손잡이라는 사실을 왜 그렇게 중요하게 다루고 있느냐입니다. 15절에서 처음 소개할 때 에훗은 "왼손잡이"였다고 밝히고 있습니다. 16절에서 그가 양날 칼을 만들어 오른쪽 허벅지 옷 속에 감추었습니다. 오른쪽에 감춘 것은 왼손잡이였던 그가 그 칼을 잘 쓸 수 있도록 하기 위함이었습니다. 21절에서도 그가 왼손을 뻗쳐 그의 오른쪽 허벅지 위에서 칼을 빼서 왕의 몸을 찔렀다고 되어 있습니다.

동서고금을 통해서 볼 때 태어나는 아이의 약 10% 정도가 왼손잡이입니다. 그런데 우리나라와 같이 과거에 왼손잡이가 되는 것을 꺼리는 문화에서는 어릴 때부터 노력하여 오른손잡이가 되거나 양손잡이가 되는 경우가 있습니다. 그래서 우리나라의 경우 갤럽 통

8. 이야기 적용식

계를 보면 20세 이상 남녀 성인의 3.9%가 왼손잡이로 되어 있습니다. 그러나 양손잡이가 7.8%니까 아마도 태어날 때는 11.7%가 왼손잡이로 태어났으나 커가면서 문화적 문제와 불편함 때문에 상당히 많은 사람들이 양손잡이로 바뀐 것으로 보입니다.

사사기 20:16에서 "베냐민 지파 중에 왼손을 잘 쓰는 700여 명의 용사"가 소개되고 있는데, 구약의 히브리어 성경을 헬라어로 번역한 70인 역에서는 그 "왼손잡이"를 "양손잡이"로 번역했습니다. 그러나 본래 히브리어에서 "왼손잡이"는 "이쉬 이테르 야드 예미노"(אִישׁ אִטֵּר יַד־יְמִינוֹ)로서 그것을 직역하면 '오른손이 묶인 사람', '오른손에 제한이 있는 사람'이라는 뜻입니다. 그러니까 히브리어에서 "왼손잡이"는 오른손에 장애가 있는 사람, 혹은 오른손이 그냥 매달려 있거나 조각 손처럼 생겨서 누가 보아도 장애인임을 알 수 있는 사람이라는 것입니다. 우리가 생각하는 것처럼 에훗이 단순한 왼손잡이라고 한다면 사사기 기록자가 그가 왼손잡이인 것을 그렇게 중요하게 다룰 필요가 없었을 것입니다.

당시에 장애인들은 노예로 팔릴 수 없었으며 여호와의 성회에 들어갈 수 없었습니다. 그래서 아마도 에훗은 조공을 바치는 치욕스러운 업무를 맡게 된 것으로 보입니다. 그리고 에글론도 아무런 의심 없이 에훗을 독대할 수 있었던 것도 첫째는, 그것은 평소와 비교해 볼 때 별로 다른 점이 없었다는 것이고, 둘째는, 에훗이 비밀스러운 이야기가 있다고 했기 때문이고, 셋째는, 누가 보아도 장애인이었기 때문일 것입니다. 본문에서 밝히고 있듯이 에글론은 거구였고 비둔한 사람이었습니다.

그러니까 사사 에훗은 오른손의 아들이었지만 오른손을 쓰지 못했습니다. 아이러니가 아닐 수 없습니다. 그러나 하나님께서는 그의 왼손을 사용하셔서 이스라엘을 구원하셨습니다.

그런 점에서 어쩌면 하나님께서는 우리의 편견과 교만을 경계하시기 위해서 에훗을 사용하셨다고 볼 수도 있을 것입니다. 그래서 한 성경학자는 이렇게 말하기도 했습니다.

"오른손을 쓰지 못했던 에훗, 그는 자신의 약점 때문에 하나

8. 이야기 적용식

님을 의지하며 살았다. 그랬더니 주님의 오른손이 에훗의 오른손이 되었다. 하나님께서 친히 에훗의 오른손이 되어 주셨던 것이다."

　　　　19절에 나오는 "길갈 근처 돌 뜨는 곳"은 건축 자재를 만드는 곳이 아니었습니다. 그곳은 바알 우상을 만드는 곳이었습니다. "길갈"은 이스라엘 사람들이 가나안 땅에서 처음으로 할례를 행했던 곳이었습니다. 그러니까 그곳은 과거의 영광을 생각하게 만드는 곳이었습니다. 그러나 지금은 바로 그곳이 이방인의 우상을 만들어 상납하는 곳으로 전락해 버린 것입니다. 우상숭배는, 신앙적 타락은 과거의 영광스러운 신앙마저도 수치로 바꾸어 버립니다.

　　　　에훗은 에글론에게 "은밀한 일"을 아뢸 것이 있다고 해서 모든 신하를 물러가게 했습니다. 여기서 "은밀한 일"은 비밀스러운 정보나 비밀스러운 물건 즉 뇌물일 수 있습니다. 에훗은 그 말에 매우 큰 관심을 보였습니다. 더군다나 에훗은 "하나님의 명령을 받들어 왕에게 아뢸 일이 있다."라고 했습니다. 그 말을 듣고 에글론이 자리에서 일어났습니다.

　　　　그러자 에훗은 "왼손을 뻗어 그의 오른손 허벅지 위에서 칼을 빼어 왕의 몸을 찔렀고 칼자루도 날을 따라 들어가서 그 끝이 등 뒤까지 나갔고 그가 칼을 그의 몸에서 빼지 아니하였으므로 기름이 칼날에 엉겼다."라고 묘사하고 있습니다. 흥미로운 점은 왜 기록자는 그 상황을 이렇게까지 자상하게 설명하고 있는 것일까요?

　　　　우리 성경이나 NIV에서는 칼날이 등 뒤까지 나온 것으로 번역했지만 히브리어 원문에는 무엇이 등 뒤에 나왔는지에 대해 말하고 있지 않습니다. 그래서 다른 번역본들은 "오물이 나왔다."(KJV)고 했거나 "변을 보았다."(NLT)고 했습니다. 그렇게 번역한 근거는 20절에서 에글론이 "서늘한 다락방에 홀로 앉아 있었다."라는 표현이나 24절에서 에글론의 신하들이 "왕이 서늘한 방에서 그의 발을 가리우신다.", 혹은 다른 번역본은 "용변을 본다."라고 번역한 것에서 찾을 수 있습니다. 그렇다면 에글론은 너무 놀라서 고통스러워서 변을 보면서 죽음을 맞이한 치욕스러운 죽임을 당했다는 것이 될 것입니다.

　　　　그 상황을 이렇게 자세하게 설명한 것은 아마도 후에 장애

8. 이야기 적용식

인이었던 에훗이 거구였던 에글론을 칼로 죽였다고 말했을 때 백성들이 그 말을 믿기 어려워했을 것을 예상했거나 아니면 이스라엘 사람들에게 생생한 감동을 주기 위해서 그렇게 한 것으로 보입니다.

그렇다면 우리는 오늘 왼손잡이 사사 에훗 이야기를 통해서 어떤 교훈을 얻을 수 있고 어떤 것을 적용할 수 있을까요?

첫째로, 우리는 하나님께서 우리에게 구체적으로 역사하시는 분이라는 사실을 알아야 할 것입니다. 사사 옷니엘은 사사의 전형으로서 그에 대한 기록은 간단하면서도 사사 사역의 모든 요소를 다 포함했었습니다. 그런데 사사 에훗에 대한 묘사는 그보다도 더 자상합니다. 이미 살펴보았듯이 특히 그가 에글론을 죽이는 장면은 지나칠 정도로 자세한 면이 있습니다.

이것은 이스라엘 백성들로 하여금 감동을 주고 에훗을 믿을 수 있도록 만들어 주는 것일 뿐만 아니라, 하나님께서는 구체적으로 역사하시는 분이심을 보여주기 위함일 것입니다. 하나님께서는 우리에게 역사하시되 구체적으로 역사하시는 분이십니다. 우리의 문제와 마음과 아픔을 자세하게 아시는 분이십니다. 그리고 그러한 것에 대해 구체적으로 역사하시는 분입니다. 그런 점에서 우리는 우리의 문제를 가지고 기도할 때도 구체적으로 기도할 필요가 있습니다. 그럴 때 구체적으로 응답하시는 하나님께서 구체적으로 그 문제를 해결해 주실 것이기 때문입니다.

둘째로, 우리의 악습, 죄의 습관은 쉽게 전수되며 쉽게 유지된다는 것을 배워야 할 것입니다. 잘못된 악습들은 노력하지 않아도 너무나 쉽게 반복된다는 것입니다.

12절에는 "이스라엘 자손이 또 여호와의 목전에 악을 행하니라."라고 되어 있습니다. 앞 세대의 타락이 다시 반복되고 있습니다. 그들 부모 세대의 잘못이 또다시 반복되고 있습니다. 타락은 너무나도 쉽게 전이가 됩니다. 별다른 노력이 필요 없습니다. 여기에 등장하는 "또"는 사사기에서 6회나 반복적으로 나타나고 있습니다(3:7, 12; 4:1; 6:1; 10:6; 13:1). 이것은 이스라엘 사람들이 특별히 악해서 그런 것이 아닙니다. 타락한 인간들의 근본적인 속성임을 잘 보여주

8. 이야기 적용식

고 있습니다. 죄는 새로운 것이 아닙니다. 잠시 바르게 살았다고 그것이 사라지는 것도 아닙니다. 죄는 계속될 것이며 나의 인생에서도 죄는 또다시 반복될 수밖에 없습니다.

우리는 아이들의 어떤 잘못을 보게 되면 어디에서 어떻게 그런 잘못을 배웠는지 놀라면서 묻게 됩니다. 그러면서 그에게 "언제 내가 너를 그렇게 가르쳤냐?"라고 묻고 싶어질 것입니다. 그런데 사실은 아이들의 그러한 잘못을 보면서 우리는 우리 자신을 먼저 돌아볼 필요가 있습니다.

저도 저의 둘째 아이가 어렸을 때 저 앞에서 너무도 뻔한 거짓말을 하는 것을 보고 너무 놀라고 화가 나서 아이를 엄하게 훈계한 적이 있었습니다. 그것만큼은 용서해 주면 안 된다고 생각했었기 때문입니다. 그런데 그 후에 제 처의 말을 듣고 오히려 제가 회개한 적이 있었습니다. 제 처의 이야기는 제가 제 처에게 그렇게 자주 많은 변명과 구실을 늘어놓는다는 것이었습니다.

구세대의, 앞 세대의, 부모 세대의 악과 타락을 세습하지 않으려면 성령님의 도우심과 우리 쪽에서의 각별한 노력이 필요합니다. 저는 한때 많은 사람들에게 인기가 있었고 논란이 되었던, 이윤호 목사가 쓴 "가계에 흐르는 저주를 이렇게 끊어라!"라는 책의 주장을 인정하지는 않습니다. 그런데도 우리가 정작 조심해야 할 것은 그러한 저주가 아니더라도 한 가정의 좋지 않은 습관과 타락은 너무나 쉽게 후손들에게 전이되고 반복될 수 있다는 것입니다.

그래서 에스겔 20:18은 "너희 열조의 율례를 쫓지 말며"라고 경고하고 있습니다. 그러면서 갈라디아서 5:17은 성령의 소욕으로만 이 육체의 소욕을 이길 수 있음을 말하고 있습니다.

셋째로, 약점으로 인하여 하나님께 나아갈 때 하나님께서는 우리의 약점까지도 사용하신다는 것입니다. 오른손을 제대로 못 썼던 에훗은 그것이 약점이었으나 그것으로 인해 오히려 하나님의 쓰임을 받았습니다. 어쩌면 에훗은 오른손을 못 쓰는 자신의 약점 때문에 하나님을 의지함으로 하나님의 오른손으로 쓰임 받게 된 것이라고 볼 수 있습니다.

8. 이야기 적용식

　　　내 약점이 약점으로 남게 하려면 그 약점에 머무르면서 그것 때문에 열등감을 느끼는 것입니다. 그러나 그러한 삶은 그 약점에 갇혀 사는 것이나 마찬가지입니다. 하지만 나의 약점을 주님께 맡기고 주님을 의지하면 그 약점이 바로 복이 될 수 있습니다. 그것이야 말로 바로 우리의 약점 안에 숨겨진 하나님의 뜻을 발견하는 삶인 것입니다. 그 약점 때문에 하나님을 의지하고 그 약점 때문에 겸손해지고 그 약점 때문에 기도할 수 있다면 그 약점은 더 이상 약점이 아니고 축복인 것입니다.

　　　그러한 비밀을 알았던 바울은 자신의 약함을 오히려 자랑한다고 했습니다. 왜냐하면 자신이 약할 때 바로 강해지기 때문입니다. "이는 내 능력이 약한 데서 온전하여짐이라 하신지라. 그러므로 도리어 크게 기뻐함으로 나의 여러 약한 것들에 대하여 자랑하리니 이는 그리스도의 능력이 내게 머물게 하려 함이라"(고전 12:9).

　　　넷째로, 우리는 한 사람의 중요성을 깨달아야 합니다. 이스라엘 백성들은 18년 동안이나 모압 사람들에게 조공을 바치며 착취를 당하고 있었습니다. 소망이 없다고 말하는 그 시대에도 하나님께서는 한 사람을 들어 쓰시자 세상이 바뀌었습니다. 그것도 18년 동안의 괴로움이 끝나고 80년의 평화가 찾아오게 된 것은 한 사람이 분연히 일어났기 때문입니다.

　　　영화 <1987>을 본 문재인 전 대통령에게 가장 울림이 있었던 대사가 "그런다고 세상이 바뀌나요?"였다고 합니다. 그러나 그 영화는 시간은 걸릴지 모르지만, 용기 있는 그 한 사람 때문에 세상은 천천히 변하고 있음을 보여준다는 사실도 기억해야 할 것입니다. 저도 그 영화를 보면서 그 대목을 깊이 생각해 보았습니다. 우리 신앙인은 "그런다고 세상이 바뀌나요?"라는 패배주의적인 생각보다는 "내가 바뀌면 결국 세상은 반드시 바뀌어 간다!"라는 적극적인 생각을 가져야 할 것입니다.

　　　오늘 이야기에는 옷니엘이나 삼손처럼 에훗이 성령이 충만했거나 하나님께서 그에게 힘을 주셨다는 말이 없습니다. 다만 15절에 "그들을 위하여 한 구원자를 세우셨으니"라는 기록만 있습니다. 그

8. 이야기 적용식

를 누가 세우셨나요? 하나님께서 그를 세우셨습니다. 하나님께서 그에게 사명을 주시고, 그 사명의 전달은 성령님의 감동으로 되었을 것입니다.

　　　　이 세상은, 우리 회사는, 우리 학교는, 아니 한국은, 한국교회는, 우리 교회는, 우리 가족은 소망이 없다고 함부로 말하는 것은 잘못입니다. 하나님께서 한 사람을 쓰시면 우리 가정이, 우리 교회가, 우리나라가, 이 세상이 바뀔 수 있습니다. 문제는 나 한 사람이 주님의 도구가 되느냐 안 되느냐에 달린 것입니다.

　　　　28절에는 "여호와께서 넘겨주셨느니라."라고 되어 있습니다. 하나님께서 이스라엘을 구원시키는 일을 하셨음을 분명하게 보여주고 있습니다. 하나님께서 에훗 한 사람을 통해 모압왕 에글론을 죽게 하셨고 그 한 사람을 통해 군대를 일으켜서 모압 군대의 만 명을 죽이고 항복을 받아서 18년 동안의 압제를 끝내고 마침내 80년 동안의 평화를 얻게 하셨습니다.

　　　　한 소녀가 무디 목사님에게 질문했습니다. "저도 목사님처럼 사랑을 받고 싶어요! 하나님의 사랑을 깨닫고 싶어요!" 그러자 무디 목사님은, "하나님의 말씀을 읽어 보렴!"이라고 말했습니다. 그러자 그 소녀는, "저는 글을 못 읽어요!"라고 대답했습니다. 무디 목사님은, "네가 가진 것을 드려보아라!"라고 말했습니다. 그러자 그 소녀는, "저는 너무 가난해서 가진 것이 없어요!"라고 대답했습니다. 무디 목사님은, "그러면 네 몸을 하나님께 드려라!"라고 말했습니다. 그 소녀는 대답했습니다. "저는 병이 많은데, 하나님께서는 이런 몸도 받으시나요?" 무디 목사님이 대답했습니다. "그럼, 하나님은 너를 사랑하신단다. 너의 몸도 받기 원하신단다. 그러자 그 소녀는 얼굴이 밝아지면서 무릎을 꿇고 기도했습니다. 그런데 그 소녀의 얼굴은 사람의 얼굴이 아니었습니다. 그 소녀는, "하나님, 내 모습 이대로 받아주세요! …"

　　　　그 옆에 있었던 E. H. 해밀톤 여사가 그 소녀의 기도에 영감을 얻어 조용히 시를 써 내려갔습니다. 그런데 그 시를 쓰다가 종이를 바닥에 떨어뜨렸는데 그것을 주워 주면서 그 시를 읽은 사람이 바로 무디 목사님과 찬양으로 동역했던 생키였습니다. 그가 피아노를

8. 이야기 적용식

연주하며 그 시에 곡을 붙였습니다. 수많은 상처를 받고 연약한 사람들이 부를 때마다 은혜를 받는 찬양이 바로 그 찬양입니다.

> 나 주의 도움 받고자 주 예수님께 빕니다.
> 그 구원 허락하시사 날 받으옵소서.
> 내 모습 이대로 주 받으옵소서.
> 날 위해 돌아가신 주 날 받으옵소서.

주님께서는 우리 모습 그대로 받으십니다. 약점까지도 드리십시오. 우리의 못난 부분도 그대로 드리십시오. 그 약점 안에, 그 못난 부분에 하나님의 특별한 뜻이 있습니다. 약점을 통해서 우리의 부족을 통해서 하나님의 큰 뜻을 이루게 될 것입니다. 주님께서는 나 한 사람을 통해서도 큰일을 하실 수 있습니다. 그래서 내가 먼저 변하는 것이 무엇보다도 중요합니다.

찬송가 214장(통일 349장), "나 주의 도움 받고자"를 1절만 같이 부르면 어떨까요?

8. 이야기 적용식

설교 분석

1. 성경 이야기 사용
  1) 성경 이야기를 그대로 사용한다. 이와 같은 유형의 설교는 이야기 진행식이라고 할 수 있을 것이다.
  2) 성경 이야기를 그대로 사용하면서 여러 가지 설명과 해석, 적용을 추구한다.

2. 성경 이야기 해석과 설명
  1) 이야기를 그대로 진행하면서 중요한 부분이나 단어, 표현 등에 대해서 자세한 설명을 시도한다. 그런 점에서 이것은 강해 설교의 비슷한 형태를 띠고 있다고 볼 수 있다.
  2) 강해 설교처럼 설명할 때 중요한 것은 본문에서 중요한 것, 청중들이 알고 싶어하는 것을 다루는 것이 필요하다. 전체 내용에서 나오는 메시지나 부분에서 나오는 메시지도 소홀히 해서는 아니 될 것이다.

3. 성경 이야기와 다른 이야기
  1) 이런 유형의 설교에서는 다른 이야기를 사용하는 것이 크게 중요하지 않다. 주어진 이야기에 주로 집중하기 때문이다.
  2) 그러나 다른 이야기, 다른 성경 이야기를 사용해도 괜찮을 것이다. 또한 적용을 위해서 다른 것을 사용할 수도 있을 것이다.

4. 성경 이야기의 적용
  1) 이 유형의 설교에서는 적용을 끝부분에 다시 재정리함으로 적

8. 이야기 적용식

용을 크게 강조하는 특징을 가지고 있다.
  2) 또한 이야기식 설교에 익숙하지 않고 대지식 설교나 주제식 설교에 익숙한 청중을 위해서는 이야기식 설교의 끝부분에서 요점이나 적용을 정리하는 것이 도움이 될 것이다.

5. 이 설교 방법론의 강점과 약점
  1) 강점 - 이야기식으로 설교를 진행하면서도 강조점, 적용점을 따로 정리함으로 그것에 강조점을 둘 수 있는 것이 강점이다.
  2) 약점 - 그러나 적용 부분이 너무 길어진다면 설교가 교훈적으로 흐르거나 지루한 반복이 될 수도 있다. 그런 점에서 적용 정리를 길게 하지 않도록 신경 써야 할 것이다.

9. 이야기 대조식

9. 이야기 대조식(Comparing the stories)

제목; 사사 기드온의 300 용사와 영화 "300"
본문; 사사기 7:1-8, 16-23

여룹바알이라 하는 기드온과 그의 군대는 아침 일찍 하롯샘에 진을 쳤습니다. 미디안 사람들은 그들의 북쪽에 진을 치고 있었습니다. 미디안 사람들이 진을 친 곳은 모레라고 부르는 언덕 아래의 골짜기였습니다.

그 때에 여호와께서 기드온에게 말씀하셨습니다. "미디안 백성과 싸울 이스라엘 백성이 너무 많구나. 이스라엘 사람들이 자기들 힘으로 싸워서 승리했다고 자랑하는 것을 듣고 싶지 않다. 그러니 이제는 이스라엘 백성에게 이렇게 명령하여라. '누구든지 두려운 사람은 길르앗산을 떠나 집으로 돌아가도 좋다.'" 그래서 이만 이천 명이 집으로 돌아갔고 만 명이 남았습니다.

그 때에 여호와께서 기드온에게 다시 말씀하셨습니다. "아직도 사람이 너무 많구나. 사람들을 물가로 데리고 가거라. 내가 그들을 시험해 보겠다. 그런 뒤 내가 '이 사람들은 너와 함께 갈 것이다.'라고 말하는 사람들은 너와 함께 갈 것이고, 내가 '이 사람들은 너와 함께 가지 않을 것이다.'라고 말하는 사람들은 돌려보내라!" 그래서 기드온은 사람들을 물가로 데리고 갔습니다.

그 때에 여호와께서 기드온에게 말씀하셨습니다. "사람들을 두 편으로 나누어라. 개처럼 혀로 물을 핥아먹는 사람과 무릎을 꿇고 물을 먹는 사람을 구별하여 각각 다른 편에 두어라." 여호와의 명령대로 물을 먹는 사람을 보았습니다. 물을 손에 담아서 핥아먹는 사람은 삼백 명이었고, 나

9. 이야기 대조식

머지 사람들은 모두 무릎을 꿇고 물을 먹었습니다.
그 때에 여호와께서 기드온에게 말씀하셨습니다. "내가 물을 핥아 먹은 사람 삼백 명으로 너희를 구원하겠다. 너희가 미디안을 물리치도록 해주겠다. 다른 사람들은 모두 집으로 보내라." 그리하여 기드온은 나머지 이스라엘 사람들을 집으로 돌려보내고 삼백 명만 남겨 두었습니다. 기드온은 집으로 돌아간 사람들의 항아리와 나팔을 받아 놓았습니다. 미디안의 진은 기드온이 있는 골짜기 아래에 있었습니다.
기드온은 삼백 명을 세 무리로 나누었습니다. 그리고 모든 사람에게 나팔과 빈 항아리를 나누어 주었습니다. 항아리 속에는 횃불이 들어 있었습니다. 기드온이 사람들에게 말했습니다. "나를 잘 보고 내가 하는 대로 따라 하세요. 내가 적진의 가장자리에 이르면 나와 내 주변에 있는 모든 사람이 나팔을 불 것입니다. 그러면 여러분도 가지고 있는 나팔을 부세요. 그리고 나서 '여호와를 위하여! 기드온을 위하여!'라고 외치세요."
기드온과 그를 따르는 군사 백 명이 적진의 가장자리까지 갔습니다. 마침 한밤중이었고 적군이 보초를 막 바꾼 뒤였습니다. 기드온과 그를 따르는 사람들은 나팔을 불며 항아리를 깨뜨렸습니다. 세 무리로 나누어진 기드온의 군사들이 모두 나팔을 불며 항아리를 깨뜨렸습니다. 그들은 왼손에는 횃불을 들고 오른손에는 나팔을 들었습니다. 그리고 나서 "여호와와 기드온을 위한 칼이여!"라고 외쳤습니다. 기드온의 군사들은 모두 진을 둘러싸고 자기 자리에 서 있었습니다. 그러나 진 안에서는 미디안 사람들이 소리를 지르며 달아나기 시작했습니다.
기드온의 군사 삼백 명이 나팔을 불었을 때에 여호와께서는 미디안 사람들끼리 칼을 가지고 서로 싸우게 만드셨습니다. 적군은 스레라의 벧 싯다 성과 답밧 성에서 가까운 아벨므홀라 성의 경계선으로 도망쳤습니다. 아벨므홀라는 답밧 성에서 가깝습니다. 그러자 납달리와 아셀과 므낫세에서 모여온 이스라엘 사람들은 미디안 사람들을 뒤쫓았습니다.

2006년에 잭 스나이더(Zack Snyder)가 감독한 "300"이라는 영화가 만들어졌습니다. 이 영화는 프랭크 밀러(Frank Miller)의 "300(그래픽 노블)"이라는 만화 작품을 원작으로 해서 만든 영화입니

9. 이야기 대조식

다. 밀러는 그가 어릴 때 1962년에 제작된 "스파르타 300(300 Spartans)"이라는 영화를 보았는데 그 영화를 평생 마음에 두고 있다가 그것을 자신의 만화로 다시 제작했습니다. 그리고 잭 스나이더 감독이 프랭크 밀러가 만든 그 만화를 원작으로 만든 영화가 바로 "300"이라는 영화입니다. 그 후에 잭 스나이더는 2014년에 그 영화의 후속편으로 "300: 제국의 부활"을 제작했습니다.

　　　그 영화는 "300 대 100만" 신화가 되어버린 페르시아와 그리스의 거대한 전투를 그리고 있습니다. 주전 480년 7월에 크세르크세스왕이 이끄는 페르시아 100만 대군이 그리스를 침공합니다. 그리스군의 연합이 지연되면서 스파르타의 왕 레오니다스는 300명의 스파르타 용사만을 이끌고 테살리아 지방의 "테르모필레 협곡"을 지키게 됩니다. 그들은 그곳에서 가족과 나라, 그리고 명예를 지키기 위해 그들의 모든 것을 바쳤습니다. 그 전투야말로 동서양의 역사를 뒤바꿔놓았습니다. 그래서 역사가들은 그때부터 동서양에 대한 개념이 생겼다고 보기도 합니다.

　　　테르모필레(Thermopylae) 협곡은 산과 바다 사이에 있는 좁은 계곡입니다. 스파르타 정예군 300명과 테스피인 700명은 그곳에서 페르시아 군대의 남하를 저지하려고 했습니다. 그러나 그 고장 출신의 적군 내통자가 산을 넘는 샛길을 적에게 알려주어 그 샛길로 수만 명의 페르시아군이 몰려오게 되자 테스피인들은 모두 도망쳐버렸고 스파르타 군인 300명은 페르시아 군대를 막아내려고 안간힘을 썼습니다. 그래서 그들의 사력을 다하는 전투로 인해 페르시아 군대의 남하를 저지할 수 있었고 그리스 함대는 무사히 퇴각할 수 있었지만, 결국 스파르타 군대는 그들의 왕과 함께 300명 전원이 전사하게 됩니다.

　　　이 영화는 주전 480년에 있었던 실제의 전쟁을 영화화한 것이지만 역사적 고증을 제대로 못 했다는 비난도 많이 들었습니다. 그렇지만 어쩌면 이 영화는 죽음을 통해 승리를 얻을 수 있다는 놀라운 교훈을 준 것도 사실입니다. 특히 페르시아와 크세르크세스와 그리스왕 레오니다스의 유명한 대화 속에서 그러한 교훈을 엿볼 수 있

9. 이야기 대조식

습니다. 크세르크세스가 "승리를 위해서라면 기꺼이 내 편도 죽일 수 있는 나에게 어떻게 대항할 수 있겠느냐?"라고 말하자 레오니다스는 "나는 내 편을 위해 죽을 수 있다!"라고 말합니다. 너무나 상반되는 말입니다. 그리스 왕은 자신의 나라와 군대를 지키기 위해서는 자신이 기꺼이 죽을 수 있다고 말했고 페르시아 왕은 자신은 전쟁의 승리를 위해서라면 기꺼이 자신의 군대도 죽일 수 있다는 것이었습니다. 어쩌면 기독교의 원리와 세상의 원리가 극명하게 대조되고 있는 것처럼 보입니다.

자, 그렇다면 이제는 기드온이 미디안 군대와 전쟁했던 또 다른 "300 용사"에 대한 이야기를 알아보도록 하겠습니다. 우리가 잘 알고 있는 이 이야기는 우리가 조금 전에 살펴보았던 "300"이라는 영화와 묘한 대조를 이루고 있습니다.

사사기 7장에는 세 개의 이야기가 나옵니다. 미디안과 싸우기 위해서 모여든 3만 2천 명 중에서 300명을 추려낸 것이 그 첫 번째 이야기이고, 기드온이 하나님의 지시에 따라 그의 부하 부하를 데리고 밤 중에 적진에 들어가서 한 적군이 꾼 꿈에 대해 말하자 다른 적군이 그 꿈에 대해 해석하는 말을 듣고서 기드온이 승리의 확신을 갖게 된 것이 두 번째 이야기입니다. 그리고 드디어 기드온이 그 전쟁에 나가 이긴 내용이 세 번째 이야기입니다.

먼저 첫 번째 이야기를 살펴보도록 하겠습니다. 7장이 "여룹바알이라 하는 기드온"으로 시작하는 것은 의미심장합니다. 원문은 "여룹바알 즉, 기드온"으로 되어 있는데 그 사사를 "여룹바알"이라는 별명을 앞세움으로 기드온을 부가적인 이름으로 소개하고 있습니다. 단지 '벌목꾼'인 평범한 기드온이 이제는 바알을 상대해서 싸우는 "여룹바알"이 되었음을 보여주고 있습니다. 기드온에게 옷을 입히듯이 성령이 임하셨고 미디안의 연합군과 싸우기 위해 군대를 모집하자 3만 2천 명이 지원했습니다.

현대전에서도 3만 2천 명의 군대는 적은 수가 아닙니다. 서너 개의 사단 병력이기 때문입니다. 그 당시 인구를 고려한다면 그 숫자는 더욱 대단한 것이었습니다. 3만 2천 명을 한 장소에 펼쳐 놓

9. 이야기 대조식

고 전쟁을 치른다면 그 장소는 엄청나게 넓은 싸움터가 되었을 것입니다. 기드온이 진을 친 곳은 갈릴리 바다에서 서남쪽으로 조금 내려가면 모레산이 나오고 그곳에서 좀 더 남쪽으로 내려가면 하롯샘이 나오는데 바로 그 옆이었습니다. 그 일대는 흔히 이스르엘 골짜기(Valley of Jezreel, 수 17:16, 삿 6:33, 삼상 29:1, 11)라고 불렸습니다. 미디안 연합군은 모레산 앞 골짜기에 진을 쳤고 기드온 군대는 하롯샘 곁에 진을 친 것입니다.

그런데 하나님께서는 그 3만 2천 명이 너무 많다고 하셨습니다. "너를 좇는 백성이 너무 많은즉 내가 그들의 손에 미디안 사람을 붙이지 아니하리니 이는 이스라엘이 나를 거스려 자긍하기를 내 손이 나를 구원하였다 할까 함이니라."라고 하신 것입니다. 3만 2천 명은 대단한 숫자이지만 적군은 13만 5천 명이었기 때문에 그에 비하면 아주 많은 것도 아니었습니다. 하나님께서는 그 전쟁을 통해 보여주시기를 원하셨던 것이 있었음이 분명합니다. 그 전쟁이 여호와께 속한 것이고 인간들의 힘이 아닌 하나님의 능력으로 그 전쟁에서 이기게 될 것을 보여주시길 원하셨던 것입니다.

사람들은 어떤 것을 이루는 데 있어서 자신의 노력과 계획, 자신의 열심 등이 많아지면, 말은 하나님께서 하셨다고 하면서 마음속으로는 그래도 자신들이 갖춘 조건이나 노력이 한몫했다고 생각하는 경향이 있습니다. 이 이야기를 보면 하나님께서 기드온을 사용하셨지만, 이스라엘을 구원하신 전체 사건은 전적으로 하나님의 기적으로 된 것임을 분명하게 알 수 있습니다. 하나님께서는 하나님의 사역이 하나님의 방법과 하나님의 능력으로 이루시며, 사람의 역할은 오직 하나님의 명령에 순종하고 전적으로 그분만은 의지하는 것이어야 함을 가르쳐주십니다.

하나님께서는 3만 2천 명의 사람을 줄이시는 첫 번째 방법으로 전쟁에서의 통상적이고 중요한 요소를 사용하셨습니다. 이스라엘 사람들이 진을 쳤던 곳은 하롯샘이었는데 "하롯"은 '떨림', '공포', '두려움'으로 번역될 수 있는 단어입니다. 그것은 마치 기드온과 이스라엘 사람들의 마음 상태를 암시해 주는 것 같습니다. 어쩌면 그들이

9. 이야기 대조식

두려워 떠는 것은 인간으로서 당연하였습니다. 그들의 적은 13만 5천 명이고 제대로 훈련을 받고 칼로 무장한 강한 군대였고 이스라엘 군대는 갑자기 모집된, 무기도 제대로 갖추지 못한 3만 2천 명에 불과했기 때문입니다.

그런데 기드온은 그들에게 이렇게 말했습니다. "누구든지 두려워서 떠는 자여든 길르앗산에서 떠나 돌아가라고 하라!"는 것이었습니다. "떠는"이라는 히브리어 단어는 "하랏"인데 앞에서 말했던 것처럼 그것은 "하롯"과 같은 어근입니다. 또한 여기에서 "길르앗산"도 특별한 의미가 있습니다. 길르앗은 요단강 동편 중앙부 지역인데 그곳은 전사로 유명한 므낫세 반지파 사람들이 사는 곳이었습니다(민 32:39-40, 신 3:13, 15). 그래서 "길르앗 사람"이라고 하면 원기가 왕성하고 잘 싸우는 사람을 가리킬 때 쓰는 말이었습니다. 그러니까 전사의 자격이 없는 사람은 그곳을 떠나라고 말한 것입니다. 그러자 2만 2천 명이 그곳을 떠났습니다. 기드온은 썰물처럼 빠져나가는 이스라엘 사람들을 보면서 무슨 생각 했을까 짐작이 됩니다.

두려워서 싸울 용기가 없는 사람은 승리의 전쟁에 적합한 사람이 아닌 것이 분명합니다. 그런데 사실상 그 전쟁은 인간들에게 속한 것이 아니고 하나님께 속한 것이기 때문에 두려워할 필요가 없었습니다. 지상에서 전투하는 교회도 마찬가지입니다. 신자에게 확고한 신념과 용기가 없다면 영적인 싸움에서도 적합한 사람이 아닐 것입니다. 그래서 우리는 마귀를 두려워할 필요가 없습니다. "마귀를 대적하라. 그리하면 너희를 피하리라"(약 4:7)!

어쨌든 3만 2천 명 중에서 적어도 1만 명은 싸우겠다는 의지와 용기가 있는 사람들이었습니다. 아마도 이스라엘 사람들은 그래도 이렇게 두려움도 없고 용기 있는 1만 명이 있으면 전쟁을 치러볼 만하다고 생각할 수 있습니다. 그들의 가까운 과거 역사에서 여자 사사 드보라와 바락이 철병거 구백승으로 무장한 시스라를 1만 명으로 물리친 것을 상기했었을 수도 있었을 것입니다. 그런데 하나님께서는 그 숫자도 많다고 하셨습니다. 그래서 물을 마시는 모습을 보고서 9,700명을 돌려보내시고 300명만을 남기게 하셨습니다.

9. 이야기 대조식

그러니까 그것은 결과적으로 100명 중에서 단지 3명만을 뽑으셨음을 의미합니다. 그렇다면 300명이라는 숫자는 처음에 모집된 사람 중에서 99%의 사람들을 돌려보내고 1%의 사람들만을 남긴 셈입니다. 물론 돌아갔다는 9,700명이 집으로 간 것은 아닌 것으로 보입니다. 그것은 "각각의 처소"로 돌아갔다는 것이 자신들의 집이 아니고 각각의 "진영"으로 돌아가 있다가 후에 적군이 도망갈 때 추격한 이스라엘 군대가 바로 그들이었음을 알 수 있기 때문입니다.

여기서 문제가 되는 것은 왜 물을 엎드려 마시는 사람과 앉아서 손에 물을 담아 핥아 마시는 사람을 따로 세우고 손에서 물을 핥아 마신 사람들만 뽑았는가입니다. 그런데 우리가 한 가지 기억해야 할 것은 우리 성경의 5절과 6절에서 두 무리에 대한 구분이 분명하지 않다는 것입니다. 처음에는 "개의 핥는 것 같이 그 혀로 물을 핥는 자"와 "무릎을 꿇고 마시는 자"로 되어 있는데, 그 숫자를 말할 때는 "손으로 움켜 입에 대고 핥는 자의 수는 삼백 명" 그리고 "그 외의 백성은 다 무릎을 꿇고 물을 마신 자"로 되어 있습니다. 이렇게 불분명하게 된 것은 한국어 성경 번역상의 문제가 아니고 원문이 그렇습니다. 아마도 그것은 사본의 전승 과정에서 생겨난 오류로 보입니다. 많은 학자는 5절 끝의 "무릎을 꿇고" 바로 뒤에 6절의 "손으로 움켜 입에 대고"를 두어야 바른 표현이라고 보고 있습니다. 그렇다면 그 두 무리를 엎드려 물을 마신 사람들과 무릎을 꿇고 앉아서 손으로 물을 떠서 손으로부터 물을 핥아 마신 사람들로 구분할 수 있을 것입니다.

이 두 무리 중에서 300명의 무리를 택하신 것에 대해 그동안 나름대로 많은 해석들이 있었습니다. 가장 일반적인 해석 중의 하나는 적과 싸워야 하는 군인으로서 갈증이 난다고 적을 경계하지 않고 엎드려 물을 마시는 사람들은 군인의 자격이 없기 때문이라는 것입니다. 군인으로서 그렇게 경계심과 주의력이 없는 사람은 적격자가 아니라는 해석입니다.

두 번째 해석은 역사가 요세푸스가 그의 책, <유대 고대사>에서 주장한 해석입니다. 그는 하나님께서는 물을 대담하고 여유

9. 이야기 대조식

있게 마시지 못하고 소심하게도 적에 대해 두려워서 떨면서 물을 마시는 비겁한 사람 300명을 뽑아서 하나님의 기적을 행하게 하셨다고 주장했습니다.

　　　세 번째는 유대 랍비들의 해석입니다. 그들은 물을 마시는 태도를 보면 그들이 어떤 사람인가가 잘 드러난다고 주장합니다. 그들은 9,700명의 사람이 "엎드렸다"라는 사실을 매우 중시합니다. 그들이 물을 마시기 위해 엎드렸다는 것은 하나님께 경배할 때만 엎드리고 다른 때에는 엎드리지 않는 300명과 달리 우상을 숭배하던 습관이 무의식적으로 그대로 나타난 것이라는 것입니다. 그래서 엎드리지 않은 300명을 뽑으셨다는 주장입니다.

　　　모두 일리가 있는 해석들입니다. 그러나 우리는 하나님께서 왜 그러한 방법을 사용하셨는지, 그 목적이 무엇이었는지를 생각해 봄으로써 보다 더 적절한 해석을 찾을 수 있을 것입니다. 하나님께서는 기드온에게, "내가 너를 위하여 그들을 시험하리라"(7:4)라고 말씀하셨습니다. 여기서 "시험한다."라는 것은 본래 '금속 같은 것을 가려낸다.'라는 뜻입니다. 그러니까 여기의 "시험한다."라는 말은 어떤 것을 구별해낸다는 의미로 쓰인 것임을 알 수 있습니다. 그리고 하나님께서 그들 중에 지목하시는 사람들을 기드온이 선택하면 된다고 말씀하셨습니다.

　　　그런데 물가로 내려가서 엎드려서 개처럼 물에 입을 대고 직접 마시는 사람이 9,700명이었고, 무릎을 꿇고 앉아서 손으로 물을 떠서 손으로부터 물을 마신 사람이 300명이었습니다. 하나님께서는 두 무리를 따로 세우게 하시고 300명 그룹을 선택하셨습니다. 그렇다면 이 상황에서 두 무리에 대해 어느 한쪽이 더 군인 정신에서, 혹은 도덕적으로 혹은 영적으로 바람직하거나 우위에 있다고 결정하는 것은 불가능할 뿐만 아니라 별 의미가 없다는 생각이 듭니다.

　　　사실 만 명이나 되는 사람들이 냇가에서 물을 마실 수 있는 방법은 생각보다 많은 종류가 있었을 것인데, 단지 엎드려 마시는 사람과 앉아서 마시는 사람으로 구분한 것도 이상합니다. 특히 무릎을 꿇고 앉아서 손으로 물을 떠서 손으로부터 물을 핥아 마신 사람이

9. 이야기 대조식

단지 300명이었다는 것도 놀라운 일입니다. 그러니까 하나님께서는 처음부터 300명만을 뽑으시려는 의도를 가지고 계셨고, 그 300명만이 그러한 자세로 물을 마시게 하신 것이라고 볼 수 있습니다. 그렇다면 어떤 자세였느냐가 중요하다기보다는 하나님께서 원하시는 숫자를 뽑으시기 위해 300명만이 그러한 자세를 취하도록 만드신 것으로 보는 것이 더 타당할 것입니다.

또한 그 300명만이 그러한 자세로 물을 마셨다는 것, 그래서 그러한 사람들만이 뽑혔다는 사실은 어떤 중요한 또 한 가지 사실을 생각하게 합니다. 그들은 그 "자세", 혹은 그러한 자세로 물을 마신 그 "신호"(signal)를 통해서 그들이 모두 하나의 확신 - 하나님께서 뽑으신 사람들로서 목숨을 걸고 전쟁을 수행하겠다는 확신을 공유하게 된 것임을 알 수 있습니다. 그들의 물을 마신 자세와 태도를 보고 그들의 어떤 도덕적인 덕성을 발견하려 하고 그것이 하나님께서 그들을 뽑으신 이유라고 주장하는 것은 별 의미가 없으며 오히려 무리라는 사실을 알아야 할 것입니다.

하나님 나라의 전투도 마찬가지입니다. 하나님의 나라를 위해서 싸우는 전투적인 교회의 일원이 되기 위해서는 두 가지가 있어야 함을 기억해야 할 것입니다. 첫째는, 영적인 전쟁을 위해 비겁하거나 두려워 떨어서는 아니 된다는 것입니다. 그런 사람은 전투적인 교회에 적합한 사람이 아닙니다. 둘째로, 싸울 각오가 서서 나가는 사람일지라도 하나님께서 그를 부르셔서 사용하신다는 증거가 어떤 형태로든 나타나야 한다는 것입니다. 기드온의 300명의 용사에게는 그들이 물가에 무릎을 꿇고 앉아서 물을 손으로 움켜서 손으로부터 핥아 마셨다는 것이 하나님께서 그들을 부르셨다는 징표가 되었습니다.

우리는 여기서 먼저 돌아간 2만 2천 명 그들은 처음부터 스스로가 전쟁이 두려워서 떠난 사람들이기 때문에 그들의 신앙에 대해 말할 필요가 없겠지만, 나중에 떨어져 나간 9,700명에 대해서는 한 가지 생각해 볼 필요가 있습니다. 물론 그들이 전쟁의 선봉에 서지는 못했지만, 나중에 미디안 연합군 추격전에서 또 다른 중요한 역할을 했던 것이 사실입니다. 그런데 그들이 최종 선발이 되지 않게

9. 이야기 대조식

되자 그 누구도 300명만 전쟁에 보낼 수 없다고 나선 사람이 없었다는 것입니다. 물론 그들이 그러한 두 그룹 구분 방법에 따른 선택이 기드온을 통해 하나님한테서 나온 것이기에 아무 이견도 내지 않았을 가능성도 있습니다.

그러나 다른 한 편으로 본다면 그들은 비겁자는 아니었지만 그렇다고 적극적이고 능동적으로 그 전쟁에 나가려는 사람들도 아니었다는 것입니다. 그들은 300명만이 그 싸움에 나가도록 내버려두었던 사람들이었습니다. 어쩌면 그것이 그들이야말로 주역이 되기보다는 뒤에서 주역을 돕는 역할을 감당하게 된 이유인지도 모르겠습니다.

이제는 7장에 나오는 두 번째 이야기를 살펴볼 차례입니다. 기드온은 그렇게 뽑힌 300명만을 데리고 전투 준비에 돌입했습니다. 백성들은 양식과 나팔을 손에 들고 있었고 기드온은 그들을 그들의 막사로 돌려보냈습니다. 그리고 300명은 기드온과 함께 있었습니다. 그런데 그날 밤에 하나님께서는 기드온에게 적진으로 들어가라고 말씀하셨습니다. 그러면서 기드온이 두렵다면 부하 부라를 데리고 가라고 말씀하셨습니다. 그것은 12절에 나와 있는 미디안 군대가 "메뚜기의 중다함 같고 그 약대의 무수함이 해변의 모래가 수다함과 같은지라"와 연관되어 있습니다. 그렇게 많은 군대를 어떻게 300명의 군인으로 맞설 수 있을까 하는 두려움과 의심이 있었을 것이기 때문입니다.

그들은 하나님의 지시대로 미디안 진영에 들어가서 미디안의 한 병사가 자신이 꾼 꿈 이야기를 하는 것과 그의 친구가 그 꿈을 해석해 주는 것을 들었습니다. 그 꿈은 보리떡 한 덩어리가 미디안 진영에 굴러들어 와서 한 미디안 장막을 무너뜨렸다는 내용이었습니다. 우리가 그 꿈을 들었다면 그 해석이 그렇게 간단한 것으로 보이지 않았을 것입니다.

그러나 그 친구는 그 보리떡이 기드온의 칼이며 그것이 미디안의 모든 진영을 무너뜨리게 되는 것이라고 해석했습니다. 미디안의 수탈로 이스라엘 백성들이 변변치 않은 음식에 의존하고 살았기

9. 이야기 대조식

때문에 그 보리떡이 이스라엘을 가리킨다고 본 것 같습니다. 그러나 그들이 그 정확한 시간에 적 진영에 도착한 것과 그 꿈에 대한 해석을 그렇게 한 것을 듣게 된 것은 하나님의 섭리가 아니면 불가능한 것이었습니다. 기드온은 그 꿈과 해석을 듣고 하나님께 경배했고 이스라엘 진영으로 돌아와 여호와께서 승리를 보장해 주셨다고 믿고 전투를 위한 준비와 전투에 돌입하게 됩니다.

기드온이 들었던 적군 병사의 꿈과 그 친구의 꿈 해석은 우연히 된 일이 아님이 분명합니다. 미디안 군대는 그렇게 많은 군인으로 채워져 있었지만 그들의 사기는 말이 아니었습니다. 하나님께서 이미 미디안 군인들의 마음에서 역사를 시작하셨던 것입니다. 그들은 벌써 "기드온의 칼"을 두려워하고 있었습니다. 이 사건을 통해서 여전히 두려워하고 근심이 많았던 기드온이 여호와의 사자가 처음에 말해 주었던 "큰 용사"로서의 면모를 이제야 갖추어 가게 됩니다. 하나님께서는 기드온의 마음과 자질을 아시기 때문에 기드온에게 맞는 맞춤형 보장을 준비하셨던 것입니다. 이 사건은 기드온이 언제 어떻게 미디안 연합군과 싸워야 할지에 대한 확신을 갖게 했습니다. 이제는 더 이상 지체할 이유나 필요가 없음을 알게 된 것입니다. 그는 그 사건을 통해 "여호와께서 미디안과 그 모든 진영을 이스라엘의 손에 넘겨주셨다."(7:15)라는 확신을 얻게 되었던 것입니다.

이제는 7장의 마지막 이야기인 13만 5천 명의 미디안 연합군과 300명의 기드온 용사의 전쟁 장면(scene)을 살펴볼 차례입니다. 하나님의 전술과 전략은 인간들의 상식을 뛰어넘는 것이었습니다. 아니, 이해할 수 없는 특별한 것이었습니다. 13만 5천 명을 상대하는 이스라엘 300명 군대의 전략과 전술은 그들이 항아리와 횃불과 나팔을 들고 전쟁에 나가는 것이 전부였습니다. 기드온과 300명의 군인은 하나님의 그 명령을 그대로 순종합니다. 기드온 300명 용사의 위대함과 탁월함은 그들이 잘 훈련되었다는 사실과는 거리가 멉니다. 그들의 위대함은 바로 그들의 상식을 뛰어넘는 명령에 대한 순종에 있었던 것입니다. 왜 그들은 도저히 이해되지 않는 전략과 전술에 이의를 제기하지 않았을까요? 당연히 그것은 그들이 하나님을 전적으로

9. 이야기 대조식

신뢰했기 때문입니다.
　　　　사실 미디안 연합군 13만 5천 명과의 싸움은 엄청난 전쟁 장면(scene)이 될 것이라고 기대했다면 실망스럽게도 그것은 너무도 싱거운 싸움이었습니다. 13만 5천 명이 야영하고 있는 진영을 상상해 본다면, 그것은 엄청나게 넓은 지역에 펼쳐진 대단한 광경이었을 것입니다. 기드온은 300명의 군인을 100명씩 세 그룹으로 나누고 정해진 위치에서 모두 항아리와 횃불과 나팔을 들게 했습니다. 횃불을 항아리 안에 감추게 했고 명령이 떨어지면 그들은 항아리를 깨뜨리며 횃불을 들고 나팔을 불면서 "여호와를 위하라! 기드온을 위하라!"라고 외치도록 했습니다. 그런데 그 군인들은 "여호와와 기드온의 칼이여!"라고 외쳤습니다. 아마도 그것은 기드온이 그렇게 지시한 것으로 보입니다.
　　　　그러자 이미 사기 면에서 바닥에 떨어져 있었던 미디안 연합군은 사방에서의 외침과 불빛을 보면서 아마도 엄청나게 많은 이스라엘 군대가 쳐들어온 것으로 생각하고 좌충우돌하면서 서로서로 죽이기 시작했습니다. 그러면서 그들은 승산이 없다고 판단하고 도망치기 이릅니다. 기드온은 도망치는 적들에 대해 나팔을 불어 이스라엘 백성들과 에브라임 사람들로 하여금 적들을 쫓아가서 죽이도록 했습니다. 기드온은 그렇게 해서 전쟁에서 승리하게 되었습니다. 그 전쟁은 전적으로 하나님께서 승리하도록 만드신 전쟁이었습니다.
　　　　이제 마지막으로 스파르타의 300명의 용사가 치른 전쟁과 기드온의 300 용사가 치른 전쟁을 비교해 보도록 하겠습니다. 두 전쟁의 공통점을 먼저 생각해 보겠습니다.
　　　　첫째로, 두 전쟁은 모두 겉으로 보기에 너무나도 무모한 전쟁이었습니다. 레오니다스가 이끄는 스파르타 300 용사들은 페르시아의 100만 대군과 맞섰고 기드온의 300 용사들은 미디안 연합군 13만 5천 명을 맞서는 전쟁이었습니다. 두 전쟁은 누가 보아도 무모한 것이었고 승산이 없는 전쟁이었습니다.
　　　　둘째로, 두 전쟁의 300 용사들에게는 모두 "두려움이 없는 용기"가 요구되었습니다. 스파르타의 레오니다스는 그의 용사들에게

9. 이야기 대조식

"누구든지 전쟁에 나가 싸우기가 좀 마음에 걸림이 있든지, 썩 내키지 않든지 하거든 돌아가라!"라고 했습니다. 그것은 하나님께서 기드온을 통해서 모집된 이스라엘 군인들에게 하신 말씀도 같은 것이었습니다. "누구든지 두려워 떠는 자는 길르앗산을 떠나 돌아가라!"라고 하셨습니다. 세상 전쟁이든 영적인 싸움이든 모든 전쟁에서 중요한 것은 두려움을 극복하고 용기를 가져야 한다는 것이 드러나고 있습니다.

셋째로, 두 전쟁은 그 300 용사들이 한결같이 지도자의 명령에 이의를 달지 않고 순종했다는 공통점이 있습니다. 그렇게 적은 수로 그렇게 많은 수를 상대하는 전쟁에서 서로의 의견이 갈리고 마음이 갈려 있었다면 전쟁을 시작될 수도 없었을 것입니다. 모든 종류의 전쟁에서 중요한 조건은 군인들은 그 지도자의 명령에 절대복종하며 그의 지시를 따라야 한다는 것입니다.

그런데 두 전쟁은 여러 공통점도 있지만 여러 가지 점에서 너무도 다른 것이었습니다. 첫째로, 스파르타 300 용사들은 대단한 훈련과 선발 과정을 거쳐서 만들어진 부대였습니다. 그들은 태어날 때부터 군인으로 선발된 엘리트 군인들이었고 거기에 다가 혹독한 전쟁 기술을 익혔던 정예부대였습니다. 그러나 기드온의 용사들은 각자가 생업에 종사하다가 짧은 시간에 자발적으로 모집된 사람들이었고 훈련을 제대로 받을 시간도 없었으며 그중에서도 두려움에 떠는 사람들은 제외되었고 그중에서도 특별히 선발된 300명은 그들이 육체적으로, 도덕적으로 탁월함이 있어서 선발된 것이 아니었습니다. 그저 그들은 하나님의 부르심을 받은 평범한 사람들이었습니다.

둘째로, 그 전쟁의 목적이 너무나도 달랐다는 것입니다. 스파르타 군인들은 자신들의 가족과 국가를 지키기 위해서 자신들의 자유를 지키기 위해서 싸움했습니다. 그래서 그들은 "자유와 평화"를 지키기 위해서 죽어간 자기들을 "기억해 달라!"는 말을 남겼습니다. 그러나 기드온의 용사들은 물론 그들의 가족과 민족을 지키기 위함이기도 했지만, 더 중요한 것은 하나님의 이름과 영광을 드러내기 위해 싸움을 했습니다. 그러므로 그 전쟁은 애초부터 그들에게 속한 것

9. 이야기 대조식

이 아니고 하나님께 속한 전쟁이었던 것입니다. 그러니까 기드온의 300 용사들이 치른 전쟁은 "하나님이 하셨음을 기억하라!"는 메시지를 남기고 있습니다.

셋째로, 그 두 전쟁은 목적이 달랐듯이 그 결과 또한 너무나도 달랐습니다. 스파르타 300 용사들은 그 소식을 전달하게 된 한 사람을 제외하고 모두 장렬하게 전사하게 됩니다. 그러나 기드온 용사들은 한 명도 죽지 않았습니다. 그들은 무기 하나도 들고 있지 않았지만, 그 전쟁이 하나님의 전쟁이었고 그들 자신이 하나님의 도구였기 때문에 아무도 죽을 필요가 없었습니다. 세상의 전쟁에서는 전사자나 다치는 사람이 나올 수밖에 없습니다. 그러나 하나님의 군사로 싸우는 사람은 한 사람도 전사자가 있을 수 없게 되어 있습니다. 그 전쟁을 하나님께서 수행하시기 때문입니다.

우리는 모두 영적인 싸움에 관여되어 있는 사람들입니다. 그런데 그 싸움은 우리들의 가족과 공동체와 나라를 지키기 위한 것이 아닙니다. 더군다나 우리 자신의 이름을 기억해 줄 것을 바라는 싸움도 아닙니다. 우리가 싸우고 있는 전쟁은 영적인 것이며 하나님의 영광을 위한 것이며 무엇보다도 승리가 보장된 싸움입니다. 문제는 하나님의 명령에 따라 "순종할 것이냐." 아니면 인간적인 생각으로 "불순종할 것이냐."입니다. 주님께서는 우리를 살리시기 위해 기꺼이 자신의 생명을 십자가 위에서 바치셨습니다. 그것이 바로 우리가 영적인 전쟁에서 승리할 수밖에 없는 이유입니다. 그리고 그것이 바로 전적으로 하나님께 달린 싸움이라는 것이며 승리가 이미 보장된 것임을 보여주는 것입니다.

9. 이야기 대조식

설교 분석

1. 성경 이야기 사용

　1) 성경의 이야기를 하나만 사용하고 있다. 그러나 그 이야기를 사용하는 이유 중의 하나는 세상 역사 이야기와 그것을 제대로 비교하기 위함이기도 하다.
　2) 성경 이야기를 사용할 때 되도록 비교될 다른 이야기를 염두에 두고 설명해야 할 것이다. 그래야 비교 부분에서 쉽게 교훈을 끌어낼 수 있기 때문이다.

2. 성경 이야기 해석과 설명

　1) 성경 이야기에 대한 해석과 설명은 강해 설교의 형태를 가지고 있다.
　2) 성경 이야기를 자세하게 설명함으로 사실상 세상 이야기와 비교하지 않더라고 충분한 교훈을 얻을 수 있다.

3. 성경 이야기와 다른 이야기

　1) 세상 역사 이야기를 먼저 나눴고 그다음에 성경 이야기를 나누고 있다.
　2) 성경 이야기와 세상 역사 이야기를 공통점과 차이점을 들어 서로 비교함으로 교훈을 얻고 있다.

4. 성경 이야기의 적용

　1) 성경 이야기를 설명하고 분석함으로 충분한 적용 거리를 얻을 수 있다.

9. 이야기 대조식

  2) 그러나 두 이야기를 비교함으로 보다 참신하고 통찰력 있는 적용 거리를 찾아낼 수 있게 된다.

5. **이 설교 방법론의 강점과 약점**
  1) 이 방법론의 강점은 두 이야기를 잘 알고 있지만 훨씬 더 새롭고 의미심장하게 다룰 수 있다는 장점이 있다.
  2) 이 방법론의 약점은 성경 이야기 외에 다른 이야기를 정해진 시간에 다루어야 해서 사용된 성경 이야기에 할애할 수 있는 시간이 제약을 받게 된다.

10. 이야기 인물 관점 비교식

10. 이야기 인물 관점 비교식
(Comparing the characters' vantage point of story)

제목; 오병이어 이야기
본문; 요한복음 6:1-15

이 일이 있은 지 얼마 후에 예수님께서는 디베랴 호수라고도 하는 갈릴리 호수를 건너가셨습니다. 많은 사람이 예수님의 뒤를 따랐습니다. 그것은 사람들이 예수님께서 병든 사람들에게 행하시는 표적을 보았기 때문입니다.

예수님께서는 언덕으로 올라가 제자들과 함께 거기 앉으셨습니다. 때는 유대인의 명절인 유월절 무렵이었습니다. 예수님께서는 눈을 들어 많은 사람이 예수님께 나오는 것을 바라보시고 빌립에게 말씀하셨습니다. "이 사람들이 먹을 빵을 어디서 살 수 있겠느냐?" 예수님께서는 빌립이 어떻게 하나 보시려고 이런 질문을 하신 것이었습니다. 예수님께서는 빌립이 어떻게 할 것인가를 이미 알고 계셨습니다.

빌립이 예수님께 대답했습니다. "여기 있는 한 사람 한 사람이 빵을 한 입씩만 먹는다고 해도 그 빵을 사려면 이백 데나리온은 있어야 할 것입니다."

그 때에 예수님의 제자 중 한 사람인 시몬 베드로의 동생 안드레가 말했습니다. "여기 사내아이 하나가 가지고 온 작은 보리 빵 다섯 개와 작은 물고기 두 마리가 있습니다. 하지만 이것만 가지고 이렇게 많은 사람을 어떻게 먹이겠습니까?"

예수님께서 말씀하셨습니다. "사람들에게 앉으라고 하여라." 그곳

10. 이야기 인물 관점 비교식

은 풀이 많은 곳이었습니다. 거기에 앉은 남자 어른의 수는 약 오천 명이었습니다.

그 때에 예수님께서는 빵을 가지고 하나님께 감사의 기도를 하신 후에 그곳에 앉아 있는 사람들에게 그들이 원하는 만큼 나눠 주셨습니다. 예수님께서는 물고기를 가지고도 그렇게 하셨습니다. 사람들은 모두 실컷 먹었습니다.

식사가 끝났을 때에 예수님께서 제자들에게 말씀하셨습니다. "먹고 남은 빵과 물고기를 다 모으고 하나도 버리지 마라." 그래서 제자들은 남은 음식들을 모았습니다. 보리 빵 다섯 개로 사람들이 먹고 남은 조각들이 큰 광주리로 열두 개나 되었습니다.

사람들은 예수님께서 행하신 표적을 보고 말했습니다. "이분은 세상에 오실 그 예언자가 틀림없다." 예수님께서는 사람들이 와서 자기를 강제로 데려다가 그들의 왕으로 세우려 한다는 것을 아셨습니다. 그래서 다시 그곳을 떠나 혼자 산으로 올라가셨습니다.

예수님께서 보리빵 5개와 물고기 2마리로 어른 남자만 5천 명, 아마도 여자와 아이들까지 합하면 2만여 명의 사람들을 배부르게 먹이셨고 남은 음식이 12광주리나 되었던 사건입니다. 적은 음식으로 많은 사람이 먹었다는 것만 가지고 이야기한다면 그러한 이야기는 구약시대에도 있었던 사건입니다. 열왕기하 4장에 보시면 엘리사도 이와 유사한 기적을 베풀었기 때문입니다. "어떤 사람이 보리떡 20개와 자루에 담은 채소를 하나님의 사람에게 드리매 100명의 장정이 먹고 남았더라."(4:42 이하)

그러나 예수님의 이 오병이어 사건은 아주 특별한 사건입니다. 단순히 배고픈 사람들을 먹이신, 인간의 필요를 공급하신 단순한 사건이 아니기 때문입니다.

4복음서에는 예수님께서 일으키신 기적 사건이 35개 정도 기록되어 있습니다. 그런데 그 35개 기적 사건에 대해 4복음서 기자들은 선택적으로 기록하고 있습니다. 그래서 어떤 기적 사건은 1회만, 다른 사건들은 2회나 혹은 3회 중복적으로 기록되어 있습니다.

10. 이야기 인물 관점 비교식

요한은 그중에서 7개만을 뽑아서 예수 그리스도의 신성을 보여주기 위해서 기록했습니다.

그런데 그 35개 기적 사건 중에서 4복음서의 기자들이 모두 기록한 유일한 사건이 있습니다. 그것이 바로 "오병이어" 기적 사건입니다. 성령님의 감동을 한 그 기자들은 모두가 이 사건을 기록했습니다. 그러므로 이 사건은 4번이나 중복적으로 기록된 유일한 기적 사건인 것입니다. 성경에서 반복은 당연히 그것이 중요한 것임을 보여주고 있습니다.

그렇다면 이 사건은 왜 그렇게 중요한 것일까요? 우리는 요한의 기록을 통해 그 사건이 왜 그렇게 중요한지를 짐작해 볼 수 있습니다. 요한복음 6:1-15는 오병이어 기적 사건이고, 16-25는 주님께서 물 위로 걸으신 사건입니다. 그리고 그 이후에 나오는 26-65까지가 주님께서 오병이어 기적을 일으키신 다음 날에 하신 설교입니다.

그런데 그 설교에는 유난히 반복적으로 강조되고 있는 구절을 볼 수 있습니다.

35절은, "내가 곧 **생명의 떡**이니 내게 오는 자는 결코 주리지 아니할 터이요 나를 믿는 자는 영원히 목마르지 아니하리라."

48절은, "내가 곧 **생명의 떡**이로다."

53절은, "**인자의 살**을 먹지 아니하고 **인자의 피**를 마시지 아니하면 너희 속에 생명이 없느니라."

54절은, "**내 살**을 먹고 **내 피**를 마시는 자는 영생을 가졌고 마지막 날에 내가 그를 살리리니"입니다.

"생명의 떡", "살" "피"가 특별히 반복되고 있음을 볼 수 있습니다.

주님께서는 이 설교에서 기적 사건에서 보여주신 그 떡을 생명의 떡과 연결하시면서 그 생명의 떡을 바로 십자가에서 찢기시게 될 자기 몸으로, 살로 말씀하셨습니다. 그러므로 주님께서는 이 오병이어 기적을 예수님의 십자가 사건과 연결하신 것임을 알 수 있습니다. 그것은 바로 이 오병이어 기적 사건이 구원 사건에 대한 모형이라면 십자가 사건은 원형이라는 사실을 보여주는 것입니다.

10. 이야기 인물 관점 비교식

　　　　그러니까 부활 생명은 주님의 살과 피를 먹으므로 얻어지는 것이라는 사실을 오병이어 기적으로 예표적으로 보여주신 것입니다. 주님께서는 빵을 찢어 배고픈 사람들을 먹이셨던 것처럼 자신의 몸을 찢어 주심으로 우리를 사망에서 건져내신 것입니다.

　　　　그래서 히브리서 10:20은 "휘장은 곧 저의 육체니라."라고 말합니다. 그러니까 찢어진 휘장은 예수님의 찢어진 몸을 가리키는 것입니다.

　　　　성경의 핵심 사건이 바로 십자가 사건이라면 그 핵심 사건을 예표적으로 보여주는 사건이 바로 오병이어 사건이기 때문에 4복음서 기자들은 모두 이 사건을 기록할 수밖에 없었을 것입니다.

　　　　이 사건이 그렇게 중요한 사건이라면 이 사건이 주는 의미도 중요한 것이 될 것입니다. 우리가 이 사건을 여러 가지 관점에서 다룰 수 있겠지만 여기에 등장하는 4종류의 사람을 통해 신앙에서 4가지 관점을 살펴보려고 합니다.

　　　　첫째로, 빌립의 시각을 살펴보겠습니다. 왜 주님께서 빌립을 택하셔서 그 많은 사람들에게 먹을 것을 주라고 말씀하셨는지 자세한 이유는 알 수 없습니다. 한 가지 가능성은 이 사건이 벳세다에서 일어나고 있는데 빌립이 벳세다 사람이라는 점입니다. 그곳을 가장 잘 아는 사람이었기에 물으셨을 가능성은 있습니다.

　　　　또 한 가지 분명한 것은 주님께서는 빌립을 시험코자 그렇게 하셨다는 점입니다. 그런데 빌립과 관련하여 놀라운 사실은 주님의 말씀이 끝나자마자 빌립은 지체하지 않고 "이백 데나리온의 떡으로도 부족합니다!"라는 계산을 내놓았다는 점입니다. 그 계산이 그렇게 쉽게 나올 수 있는 것이 아니었습니다. 그 계산이 나오려면 적어도 그곳에 있는 사람들의 숫자, 그 지역의 빵 시세, 한 사람이 먹을 수 있는 빵의 양을 알아야 할 것입니다. 빌립은 그러한 계산을 순간적으로 해낼 수 있는, 계산이 빠른 사람이었습니다.

　　　　우리가 주님을 따르는 데에는 이러한 계산, 대가 지급이 있어야 함을 알아야 합니다. 주님을 따르기 위해 어느 정도의 희생이 따르는지 계산하지 않고 따르는 것은 안타까운 일입니다. 정확한 대

10. 이야기 인물 관점 비교식

가 지금에 관한 생각 없이 주님을 따른다고 했다가 어려움이 찾아오면 주님을 떠나거나 배반할 수도 있기 때문입니다.

1데나리온은 그 당시 로마의 화폐 단위로 장정 한 사람의 하루 품삯이었습니다. 지금의 하루 품삯을 5만 원으로 계산하면 천만 원이고, 10만 원으로 계산한다면 2천만 원이 될 것이기에 적은 빵값이 아닙니다.

그런데 문제는 그 좋은 머리로 계산만 하고 있거나 분석만 하고 있으면 문제가 됩니다. 교회 안에도 그러한 분들이 있습니다. 그 교회의 문제를, 공동체의 약점을, 교역자의 문제를 정확히 분석만 하는 사람이 있습니다.

그래서 우리가 빌립의 잘못된 믿음에 대해 지적하지 않을 수 없습니다. 여러 가지 요소를 계산에 넣어서 200데나리온의 계산을 내놓았을 것입니다. 그런데 그러한 요소들에는 정작 믿음의 눈은 빠져 있음을 알 수 있습니다. 기적의 핵심은 바로 믿음인데 빌립은 그 믿음의 요소를 계산에 넣지 않고 있었던 것입니다.

우리가 신앙생활을 하면서 그리고 주님의 일을 하면서 상황과 조건만을 계산하고 있다면 빌립과 같은 오류를 범하게 됩니다.

둘째는, 안드레의 시각을 알아보겠습니다. 적어도 안드레는 빌립과는 다른 사람이었습니다. 그는 빌립처럼 앉아서 계산만 하는 사람은 아니었습니다. 그는 빌립보다 훨씬 더 실제적인 사람이었습니다. 그는 무리 중에 누가 먹을 가졌는지 찾아 나선 사람이기 때문입니다. 그리고 그는 마침내 뭔가를 찾아냈습니다.

만약에 그가 자신이 찾은 음식을 주님께 드리고 입을 다물었다면 그가 칭찬을 받는 것이 당연했을 것입니다. 그러나 그는 자신이 구해온 보리떡 5개와 물고기 2마리를 주님께 내놓으면서, "그러나 그것이 이 많은 사람에게 얼마나 되겠삽나이까?"라고 자신의 믿음을 말했습니다. 사실상 그의 판단은 옳았습니다. 그 정도의 양으로 2만여 명에게는 턱없이 부족한 것이었습니다. 그는 그가 찾아내어 가져온 음식을 사용할 생각까지는 했지만, 그것을 사용하면서 주님의 능력을 활용할 생각은 전혀 하지 못하고 있습니다.

10. 이야기 인물 관점 비교식

　　　　로이드 존스(Lloyd Jones) 목사님은 "믿음의 수준"은 "활용의 수준"이라고 말했습니다. 주님 말씀의 능력을, 주님의 약속을, 주님께서 주신 능력을 활용하려는 믿음이 없다면 그의 믿음은 낮은 수준이라는 것입니다.

　　　　우리가 나름대로 최선을 다했다고 말하면서 하나님의 능력과 은혜를 활용하지 않는 것은 좋은 믿음이라고 할 수 없을 것입니다. 그런 점에서 하나님의 도움의 손길, 하나님의 능력을 무시하는 것은 결코 수준 높은 믿음이라고 말할 수 없을 것입니다.

　　　　하루는 주님께서 바쁜 사역 일정 때문에 매우 피곤하셨던 것 같습니다. 그래서 폭풍이 몰아치는 호수 위의 배 안에서 주무시고 계셨습니다. 그들의 반 이상이 어부 출신인 제자들은 그들이 도저히 감당할 수 없는 폭풍 때문에 고통을 겪고 있는 상황에서 잠만 주무시는 주님이 야속하게 보였을 수도 있었습니다. 그래서 그들은 주님을 깨우면서 "우리의 죽게 된 것을 돌아보지 않으십니까?"라고 말했습니다. 그러자 주님께서는 "믿음이 적은 자들아!"라고 꾸짖으셨습니다. 그들은 만왕의 왕이시요 우주 만물의 통치자이신 주님의 능력을 활용할 생각은 전혀 못 하고 있었던 것입니다. 그래서 그들은 "믿음이 적은 자들"이었던 것입니다.

　　　　셋째는, 제자들의 시각을 살펴보도록 하겠습니다. 주님의 제자들은 주님의 부름을 받았고 주님과 함께 살면서 주님으로부터 훈련을 받은 사람들이었습니다. 그들은 이미 주님의 숱한 기적을 목격했었고 때로는 그들 자신이 주님으로부터 그러한 능력을 받기도 했습니다. 그들은 이미 물이 포도주로 변하는 기적, 왕 신하의 아들이 말씀만으로 치료되는 사건, 38년이나 된 환자가 치료되는 사건 등을 보았습니다. 그리고 이 오병이어 기적 바로 직전에는 2명씩 파송되어 복음을 전하고 기적을 직접 체험하고 그것을 보고하는 일도 있었습니다.

　　　　그런데도 그들은 한결같이 주님의 테스트에 그들이 직접 보았고 직접 체험했던 것을 활용하지 못하고 있습니다. 우리는 여기서 보고 체험하고 안다는 것이 그것을 활용하여 사는 것과는 차이가 있

10. 이야기 인물 관점 비교식

음을 확인할 수 있습니다.

사도행전 12장에서 그러한 예를 또 찾아볼 수 있습니다. 5절에 "이에 베드로는 옥에 갇혔고 교회는 그를 위하여 간절히 하나님께 빌더라."라고 되어 있습니다. 하나님께서는 그들의 기도를 들어주셨습니다. 베드로는 천사를 통해 기적적인 방법으로 감옥에서 풀려나 성도들이 모여 있는 마가의 어머니 집에 와서 대문을 두드렸습니다. 그때 로데라는 여자아이가 대문 안에서 베드로임을 확인하고 너무 놀라 문을 여는 것을 잊은 채 기도하는 사람들에게 베드로 사도가 왔다고 말했습니다. 그러자 베드로 사도의 석방을 위해 그렇게 간절히 기도하고 있었던 사람들이 그 여자아이에게 한 말을 기억하십니까? "네가 미쳤다!". 계속 그 여자아이가 우기자 그러면 "그의 천사가 왔나 보다!"라고 말했습니다. 왜 이런 일이 일어나고 있는 것일까요?

안다는 것과 가치관이 바뀌어 다른 결정을 내리게 되는 것은 차이가 있음을 알 수 있습니다. 우리는 아는 대로 행동하는 것이 아니고 바뀐 가치관에 따라 마음의 결정이 일어나고 행동한다는 사실을 기억해야 할 것입니다. 그런 점에서 우리의 신앙 훈련은 우리의 가치관이 성경적으로 바뀌는 것까지를 의미합니다.

넷째로, 오병이어를 주님께 드린 아이의 시각을 살펴보도록 하겠습니다. 어떤 사람들은 그 아이가 자신이 먹기 위해 가져온 그 오병이어를 드린 동기에 대해 궁금해하기도 합니다. 또한 어떤 지나치게 창의적인 학자는 그 동기를 안드레의 달변 때문이라고 해석하기도 했습니다. 그러나 분명한 것은 자신의 음식을 소유했던 그 아이가 자신의 음식을 안드레에게 주었다는 것은 헌신이었습니다. 그 아이는 자신의 음식 전부를 드렸기 때문에 다른 사람들을 위해 헌신한 것이 분명합니다.

그러나 그 아이가 내놓은 음식은 그 내용이 결코 대단한 것이 아니었습니다. 일단 그 음식은 그 양이 결코 많은 것이 아니었습니다. 그것은 한 아이의 도시락이었기 때문입니다. 보리떡 다섯 개라는 것도 눈여겨보아야 합니다. 요한은 다른 복음서와 달리 "보리"(κριθίνους)라는 단어를 끼워 넣었습니다. 그 당시에도 밀과 보리가 중요

10. 이야기 인물 관점 비교식

한 곡물이었습니다. 그런데 일반적으로 밀은 사람이 먹는 빵의 재료였고 보리는 동물의 사료로 사용되었습니다. 하지만 가난한 사람들은 동물의 사료로 사용되었던 보리로 만든 검고 거친 빵을 만들어 먹었습니다. 그렇다면 이 아이의 음식은 가난한 사람의 음식이었음을 알 수 있습니다.

여기에 사용된 "물고기"라는 단어도 다시 살펴볼 필요가 있습니다. 성경에서 보통 물고기는 물고기에 대한 일반 명사인 익투스(ἰχθυς)라는 단어가 사용되었습니다. 신약에는 이 단어가 20회(마태-5회, 마가-4회, 누가-7회, 요한-3회, 고전-1회) 사용되었는데 오병이어 표적을 기록한 마태, 마가, 누가는 모두 이 단어를 사용했습니다. 그런데 요한복음 6장에서는 그 아이가 주님께 드린 그 물고기에 대해 옵사리아(ὀψάρια)라는 특별한 단어가 사용되었습니다. 학자들의 연구에 의하면 그 단어가 지칭하는 물고기는 멸치처럼 작은 물고기를 뜻하는 것이었습니다. 그 당시 가난한 사람들은 호숫가에 나가서 어부들이 그물을 씻으면서 그물에 끼어 있는 작은 물고기를 빼서 버렸는데 그것을 주워다가 씻고 소금에 절여 말려서 구워서 먹었다고 합니다. 그렇다면 그 아이의 음식은 양에 있어서나 질이 있어서 실로 형편없는 것이었음을 보여주고 있습니다.

그렇다면 우리가 여기서 얻을 수 있는 메시지는 무엇일까요? 주님께서는 우리에게 대단한 양, 대단한 질의 헌신을 요구하시지 않는다는 것입니다. 마치 이 아이의 음식처럼 그것의 질이 보잘것없고 그 양이 적더라도 드리기만 하면 그것을 사용하시겠다는 것입니다.

마지막으로, 우리는 예수님의 시각에 초점을 맞출 필요가 있습니다. 주님께서는 처음부터 제자들의 신앙 훈련에 관심을 가지고 계셨습니다. 빌립을 시험코자 물으셨고 그분의 모든 말씀과 행동은 제자 양육을 위한 것이었습니다. 사실상 "제자"(μάθητης)라는 단어는 어원적으로는 '배운다.'(μανθάνω)라는 단어에서 나온 것이었습니다. 그러므로 제자는 스승으로부터 배우는 사람인 것은 분명합니다. 그런데 그 "배운다."라는 단어는 스승이 모범을 통해 보여주고 자신도 그

10. 이야기 인물 관점 비교식

것을 만들어 봄으로 훈련을 받게 되고 마침내 그것을 스스로 만들어 낼 수 있는 위임까지를 포함하는 것이었습니다. 그래서 그 당시에는 그 제자라는 단어의 일차적 의미가 '스승과 함께 사는 사람'이었습니다. 주님께서는 제자들에게 모범을 보이시고 그들을 훈련하셔서 사역을 위임하시기 위해서 그들과 "함께 지내기"(막 3:14)를 원하셨던 것입니다.

그래서 로버트 콜만(Robert Coleman)은 주님께서는 그의 모든 시간의 2/3를 열두 제자를 위해 사용하셨고 주장했습니다. 그러므로 주님의 최대 관심은 바로 제자들을 양육하여 주님의 일을 할 수 있는 제자로 만드시는 것이었습니다. 그렇다면 주님의 제자인 우리들도 그와 똑같은 관심을 가져야만 할 것입니다.

우리는 오늘 이야기를 등장하는 사람들의 관점에 따라 주님께서 주시고자 하는 믿음에 관한 교훈을 생각해 보았습니다.

첫째로, 우리는 우리의 모든 계획과 계산에 주님을 넣어야 한다는 것입니다. 신앙인이 모든 조건과 상황을 계산에 넣으면서도 주님을 계산에 넣지 않는다면 그는 가장 큰 실수를 하는 것입니다. 그것은 믿음을 가진 사람의 행동일 수 없기 때문입니다.

둘째로, 우리는 우리의 최선을 다하면서도 주님의 능력과 약속을 활용하는 믿음이 있어야만 한다는 것입니다. 주님께서는 우리에게 이미 모든 것을, 특히 근본적인 문제 해결을 다 해주셨습니다. 믿음의 사람은 그것을 단지 활용하는 사람입니다. 이미 모든 것을 가진 사람인데도 그것을 활용하지 않는다면 그는 믿음의 사람이라고 할 수 없을 것입니다.

셋째로, 우리의 신앙 성숙은 우리가 아는 것으로 되는 것이 아니고 우리들의 가치관의 변화가 일어나야만 가능하다는 것을 알아야 할 것입니다. 그러므로 우리가 뻔히 알면서도 행동으로 옮길 수 없는 핵심적인 이유는 우리가 아는 것에 대해 가치관까지는 변하지 않았기 때문일 것입니다. 그렇기에 결정적인 순간에 본인이 갖고 있는 가치관대로 마음의 결정을 내리게 되고 그래서 그에 따른 행동이

10. 이야기 인물 관점 비교식

나오기 때문입니다.

　　넷째로, 주님께서는 우리가 가진 것을 드릴 때 그것을 사용하셔서 일하신다는 사실을 기억해야 할 것입니다. 그러므로 우리가 따져보아야 할 것은 우리가 얼마나 대단한 것을 가지고 있느냐가 아닙니다. 우리가 얼마나 잘 준비했느냐도 아닙니다. 우리가 지금 가진 것을 주님께 드리면 주님께서는 그것을 사용하셔서 놀라운 일을 하실 것입니다.

　　마지막으로, 우리 주님의 제자 양육적인 삶을 통해서 우리도 그와 같은 삶을 살아야 함을 명심해야 할 것입니다. 주님의 최대 관심은 바로 제자들의 성장이었습니다. 주님은 제자 양육을 위해 모든 것을 염두에 두시고 사역하셨으며 그 사역에 최고의 목적을 두시고 사역하셨습니다.

10. 이야기 인물 관점 비교식

설교 분석

1. 성경 이야기 사용
   1) 이 사건의 다음에 기록된 예수님의 설교 내용을 분석함으로 이 기적 사건의 의미를 찾아냈다.
   2) 예수님의 전체적인 삶에 관한 이야기나 제자들의 행동에 관한 이야기를 사용한다.

2. 성경 이야기 해석과 설명
   1) 이 이야기의 배경과 중요성을 설명 – 예수님의 기적 사건 중에서 가장 중요한 의미를 갖는 기적 사건에 관해 설명한다.
   2) 이 이야기에 등장하는 인물들의 행동을 "믿음" 측면에서 평가하고 교훈을 얻는다.
   3) "제자"라는 단어가 갖는 어원적 의미와 그 당시 일차적인 의미를 분석함으로 예수님의 삶에서 가장 중요한 것이 무엇이었는지를 분석한다.
   4) 요한이 특별히 사용했던 단어나 설명을 덧붙인 것을 통해 아이가 드린 음식을 분석한다.

3. 성경 이야기와 다른 이야기
   1) 비중이 큰 다른 이야기를 사용하지 않는다.
   2) 예화, 즉 로버트 콜만(Robert Coleman)의 말을 인용하는 정도로 사용한다.

10. 이야기 인물 관점 비교식

4. 성경 이야기의 적용
   1) 등장인물들이 보여주는 행동을 통해 그들의 믿음의 장점과 단점을 찾아서 적용한다.
   2) 예수님의 삶에서 가장 중요한 것이 무엇이었는지를 찾아서 적용한다.

5. 이 설교 방법론의 강점과 약점
   1) 강점 - 등장하는 각 인물을 특별한 각도에서 세세하게 살펴볼 수 있다.
   2) 단점 - 그러나 각 인물을 따로 한정하다가 이야기의 전체적인 흐름을 놓칠 수 있다.

이야기식 설교 유형별 비교

이야기식 설교 유형별 비교

	성경 이야기 사용	해석과 설명	다른 이야기 사용	적용
이야기 진행식	성경 이야기를 그대로 사용	성경 이야기의 흐름에 따라 해석, 설명, 적용을 덧붙여감	진행식에서도 다른 이야기를 필요에 따라 사용	적절한 부분에서 수시로 적용 가능
이야기 보류식	먼저 다른 이야기를 사용하고 성경 이야기를 나중에 사용	다른 이야기에서 성경 이야기의 새로운 해석과 설명의 실마리를 찾음	성경 이야기를 들려주기 전에 다른 이야기를 먼저 사용하는 것이 중요	다른 이야기와 성경 이야기 모두에서 적용점이 드러날 수 있음
이야기 대체식	성경 이야기를 그대로 사용하지 않고 다른 이야기로	본문 성경 이야기를 다른 이야기를 통해 해석과 설명을	본문 이야기를 다른 이야기로 대체하거나 새로운	새로운 이야기를 만들 때 적용을 염두에 두고 이야기를

이야기식 설교 유형별 비교

	대체	시도함	이야기를 만들어 사용	만들 것
이야기 전환식	성경 몇 개의 이야기를 차례로 혹은 이야기들을, 새끼를 꼬듯이 교차적으로 사용	선별된 몇 개의 이야기들로 공통된 주제나 일련의 주제를 드러내게 함	이야기 전환 시에 필요에 따라 성경 이야기가 아닌 다른 이야기도 사용 가능	사용된 이야기들에서 적용점을 드러낼 수 있음
이야기 회귀식	다른 이야기로 시작하고 중간은 성경 이야기, 그리고 마지막 부분에서 처음 이야기로 돌아옴	다른 이야기로 성경 이야기의 새로운 시각을 열고 마지막 부분에서 다시 그 이야기로 돌아와 설교를 종결	처음에 사용한 같은 이야기를 시작과 끝에서 두 번에 걸쳐서 사용	처음 이야기를 마지막 부분에서 다시 언급하게 될 때 강한 적용점이 드러남
이야기 종결식	성경 이야기를 먼저 사용하고 종결부에서 다른 이야기로 마무리	성경 이야기를 통해 중요한 해석과 설명이 주어지고 종결부에서 다른 이야기	본문 이야기와 관련이 깊은 다른 이야기로 설교를 종결함으로 강한 인상	종결부에서 다른 이야기를 사용할 때 선명한 적용점이 드러남

이야기식 설교 유형별 비교

		사용	남김	
이야기 강해식	성경 이야기를 그대로 사용하면서 강해 설교의 요소로 설교를 이끌어 감	강해 설교처럼 본문 이야기의 중요한 것들을 문학적, 역사적, 문맥적으로 다룸	특별히 다른 이야기가 필요하지 않으나 필요시에 어느 부분에서든지 예화로 사용 가능	일반 강해 설교처럼 해석과 설명할 때에 적용점들을 드러낼 수 있음
이야기 적용식	다양한 이야기식 설교를 마친 후에 결론 부분에서 적용을 따로 간단하게 정리함	적용을 마지막 부분에서 따로 다루기 때문에 본문에 대한 해석과 설명에 집중하여 다룸	필요에 따라 다른 이야기를 사용할 수 있으며 마지막 부분에서는 적용에 초점	적용점들을 설교의 마지막 부분에서 집중적으로 다루는 특징이 있음
이야기 비교식	성경의 두 이야기, 혹은 성경 이야기와 다른 이야기를 서로 비교함으로 진행	성경 이야기와 비교되고 있는 이야기의 모든 부분에 지나치게 의미를 부여하는 것을 지양	성경 이야기와 유사하거나 서로 대조되는 일반 이야기를 사용	이야기가 비교되는 점들이 적용점과 밀접한 관계를 함

이야기식 설교 유형별 비교

| 관점 비교식 | 본문 성경 이야기의 등장인물들이나 다양한 청중들 관점, 혹은 몇 가지 주제 관점에서 이야기를 서로 비교함 | 관점이 달라지면 같은 내용이나 상황이 다른 해석과 설명을 가질 수 있음을 시사 | 다양한 관점을 설명하기 위해 다른 이야기들을 사용할 수도 있음 | 관점이 다르다는 것은 사람이나 상황에 따라 다른 적용을 할 수 있음을 시사 |

참고문헌

참고문헌

김연수. 『왜 이야기인가?』. 서울: 프리셉트출판사, 2021.
김자영. 『말을 디자인하면 경영이 달라진다』. 서울: IGM 세계경영연구원, 2013.
이범석. 『비블리오드라마』. 서울: (주)한국학술정보, 2008.
이시형. 『창조의 심장 '우뇌'』. 서울: 도서출판 풀잎, 2010.
이연길. 『이야기 설교학』. 서울: 쿰란출판사, 2009.
임정섭. 『씽킹 - 왜 나는 아이디어가 없을까』. 서울: 루비박스, 2016.
한진환. 『설교, 그 영광의 사역』. 서울: 프리셉트, 2013.

Adler, Mortimer J. & Doren, Charles Van. 독고앤 역. 『생각을 넓혀주는 독서법』. 서울: 도서출판 멘토, 2000.
Alter, Robert. 황규홍· 박영희· 정미현 역. 『성서의 이야기 기술』. 서울: 아모르문디, 2015.
Cron, Lisa. 문지혁 역. 『끌리는 이야기는 어떻게 쓰는가』. 서울: 웅진지식하우스, 2015.
de Mello, Anthony. 이미림 번역. 『개구리 기도 1권』. 서울: 분도출판사, 2004.
Edwards, J. Kent. 김창훈 역. 『강단의 비타민 일인칭 강해 설교』. 서울: CLC, 2008.
G. Howard & Hendricks, W.D. 정현 역. 『삶을 변화시키는 성경연구: 귀납법적 개인 성경연구 가이드 북』. 서울: 도서출판 디모데, 1993.

참고문헌

Lakoff, George. 유나영 역. 『코끼리는 생각하지 마』. 서울: 와이즈베리, 2015.

Lipschutz, Natsuyo N. 황미숙 역. 『한문장으로 말하라』. 서울: 비즈니스북스, 2020.

Lowry, Eugene. 이연길 역. 『이야기식 설교 구성』. 서울: 한국장로교출판사, 1996.

_____. 주승중 역. 『신비의 가장자리에서 춤추는 설교』. 서울: 예배와 설교 아카데미, 2008.

_____. 이주엽 역. 『설교자여, 준비된 스토리텔러가 돼라』. 서울: 요단출판사, 2009.

Marshall, Tim. 김미선 역. 『지리의 힘』. 서울: 사이, 2015.

Mathewson, Steven D. 이승진 역. 『청중을 사로잡는 구약의 내러티브 설교』. 서울: CLC, 2004.

McLuhan, Marshall. 김상호 역. 『미디어의 이해-인간의 확장』. 서울: 커뮤니케이션북스, 2011.

Noebel, David A. 류현진·류현모 역. 『충돌하는 세계관』. 서울: 꿈을 이루는 사람들, 2021.

Ong, Walter J. 임명진 역. 『구술문화와 문자문화』. 서울: 문예출판사, 2018.

Peterson, Eugene 외. 이승진 역. 『영혼을 살리는 설교』. 서울: 좋은씨앗, 2008.

Pieterse, H.J.C. *Communicative Preaching*. 정창균 역. 『설교의 커뮤니케이션』. 수원: 합동신학대학원출판부, 2002.

Postman, Neil. 홍윤선 역. 『죽도록 즐기기』. 서울: 굿인포메이션, 2009.

Robinson, Haddon W. & Torrey W. Robbinson. 전광규 역. 『1인칭 내러티브 설교』. 서울: 이레서원, 2004.

Robinson, Wayne Bradley. 이연길 역. 『이야기식 설교를 향한 여행』. 서울: 한국장로교출판사, 1998.

Sachs, Jonah. 김효정 역. 『스토리 전쟁』. 서울: 을유문화사, 2013.

참고문헌

Schultz, Richard L. 김태곤 역.『문맥, 성경 이해의 핵심』. 서울: 아가페북스, 2014.
Shapiro, Daniel & Roger Fisher. 이진원 역.『원하는 것이 있다면 감정을 흔들어라』. 서울: 한국경제신문, 2013, 85.
Sire, James. 김헌수 역.『기독교 세계관과 현대 사상』. 서울: IVP, 1995.
Stanley, Andy. 김창동 역.『최고의 설교자를 만드는 설교 코칭』. 서울: 디모데, 2006.
Tolmie, D. F. 이상규 역.『서사학과 성경내러티브』. 서울: CLC, 2008.
Warren, Rick. 김현회·박경범 역.『새들백교회 이야기』. 서울: 도서출판 디모데, 1996.
Wiersbe, Warren W. 이장우 역.『상상이 담긴 설교』. 서울: 요단출판사, 2009.
Williams, Richard. 고원 역.『사람을 움직이는 피드백의 힘』. 서울: 글로벌브릿지, 2021.
Willis, Avery T. & Mark Snowden. 김연수· 김택주 역.『성경스토리텔링』. 서울: 아가페북스, 2015.

Allen, Ronald J. *Interpreting the Gospel*. St. Louis: Chalice, 1998.
Blomberg, Craig L. *Preaching the Parables*. Grand Rapids: Baker Academic, 2008.
Broadus, John A. *A Treatise on the Preparation and Delivery of Sermon*. New York: A.C. Armstrong and Son, 1897.
Campbell, Charles. *Preaching Jesus: New Directions for Homiletics in Han Frei's Post-liberal Theology*. Grand Rapids: Eerdmans, 1997.
Cohan, Steven & Linda M. Shires. *Telling Stories, A Theoretical Analysis of Narrative Fiction*. New York: Routledge, 1988.

참고문헌

Cox, James W. *Preaching on the Patriarchs in Biblical Preaching: An Expositor's Treasury.* Philadelphia: Westerminster Press, 1983, 37.

Craddock, Fred B. *Overhearing the Gospel.* Nashville: Abingdon Press, 1978.

Graves, Mike & David J. Schlafer. eds. *What's the Shape of Narrative Preaching?* St. Louis, Missouri: Chalice, 2008.

Jensen, Richard A. *Telling the Story: Variety and Imagination in Preaching.* Augsburg Publishing House, 1980.

_____. *Thinking in Story - Preaching in A Post-literate Age.* Lima, Ohio: C.S.S. Publishing Co., Inc., 1993.

Jowett, John Henry. *The preacher: his life and work.* London: Hodder & Stoughton, 1912.

Lewis, Ralph & Gregg Lewis. *Inductive Preaching.* Wheaton, Illinois: Crossway Books, 1983.

Litfin, Duane A. *Public Speaking.* Grand Rapids: Baker Book House, 1981.

Longman III, Tremper. "Biblical Narrative." *in A Complete Literary Guide to the Bible.* ed. Leland Ryken and Tremper Longman III, Grand Rapids: Zondervan, 1993.

Lowry, Eugene. *Doing Time in the Pulpit.* Nashville: Abingdon Press, 1985.

_____. *The Sermon: Dancing the Edge of Mystery.* Nashville: Abingdon Press, 1997.

_____. "Narrative and the Sermonic Plot". ed. Richard L. Eslinger. *A New Hearing.* Nashville: Abingdon, 1987.

_____. *How to Preach a Parable.* Nashville: Abingdon Press, 1989.

참고문헌

Maffesoli, Michel. trans. Don Smith. *The Time of the Tribes: The Decline of Individualism in Mass Society.* London: Sage, 1996.

McLuhan, Marshall. *Understanding Media: The Extensions of Man.* New York: Signet Books, 1964.

Mehrabian, Albert. *Silent Messages.* Belmont, CA: Wadsworth Publishing Company, Inc., 1971.

Miller, Calvin. *Preaching - The Art of Narrative Exposition.* Grand Rapids: Baker Books, 2006.

Olford, Stephen F. *Anointed Expository Preaching.* Nashville: Broadman & Holman Publishers, 1998.

Ramachandran, V.S., *The Tell-Tale Brain - A Neuroscientists's Quest for What Makes Us Human.* New York: Norton, 2011.

Reid, Barbara E. *Parables for Preachers.* Collegeville, Minnesota: The Liturgical Press, 1999.

Robinson, Haddon W. & Torrey W. Robbinson. *Biblical Preaching.* 2nd ed., Grand Rapids: Baker, 2005.

Sachs, Jonah. *Winning the Story Wars: Why Those Who Tell and Live the Best Stories Will Rule the Future.* Boston, MA: Harvard Business Review Press, 2012.

Salmon, Bruce C. *Storytelling in Preaching - A Guide to the Theory and Practice.* Brentwood, Tennessee: Broadman Press, 1988.

Schramm, Wilbur. L.(ed.). *The Science of Human Communication: New Directions and New Findings in Communication Research.* New York: Basic Books Inc., 1963.

Stroup, George. *The Promise of Narrative Theology.* Wipf and Stock, 1997.

참고문헌

Troeger, Thomas H. "Shaping Sermons by the Encounter of Text with Preacher." *Preaching Biblically*. ed. Don M. Wardlow. Philadelphia: The Westminster Press, 1983.

Vines, Jerry. *A Guide to Effective Sermon Delivery*. Chicago: Moody Pub, 1999.

Whitesell, Farris D. *Power in Expository Preaching*. Westwood, NJ: Fleming H. Revell Co., 1967.

김연수. "스토리텔링 1차 워크숍." 비출판 인쇄물. 스토리텔링사역연구소, 2020.

Bloede, L. W. "Preaching and Story." Paper read during the Congress of the Academy of Homiletics, 8-9 December 1979 in Des Paliners, Illinois.

Duduit, Michael. "Theology and Preaching in the 90s: An Interview with R.C. Sproul," *Preaching* (March-April 1994): 23-2.

Eslinger, Richard L. "Preaching the Parables and the Main Idea." *Perkins Journal* 37(1), 1983, 24-32.

McClure, John S. "Narrative Preaching: Sorting It All Out." *Journal for Preachers* 15, 1991.

Mohr, Martin A. and Mohr, Mary Hull. "Interpreting the Text and Telling the Story." *Dialog 21, no. 2* (03/01, 1982): 105.

Young, Terry. "Pastor, What Was that You Said?". *Proclaim, 8*. April-June, (1978).

Van Seters, A. "The Preacher's Own Story as Integral to Preaching the Torah/ Jesus Story." Paper read at the congress of the Academy of homiletics. 8-9 December 1979 in Des Plainers, Illinois.